高等院校旅游管理专业系列教材 Gaodeng Yuanxiao Lüyou Guanli Zhuanye Xilie Jiaocai

主编◆李东和

旅游经济学

Tourism Economics

安徽人民出版社

图书在版编目(CIP)数据

旅游经济学 / 李东和主编. —合肥：安徽人民出版社，2008. 12
ISBN 978-7-212-03414-6

Ⅰ. 旅… Ⅱ. 李… Ⅲ. 旅游经济学—高等学校：技术学校—教材
Ⅳ. F590

中国版本图书馆 CIP 数据核字（2008）第 190315 号

旅 游 经 济 学

李东和　主编

出版发行：安徽人民出版社
地　　址：合肥市政务文化新区圣泉路 1118 号出版传媒大厦 8 楼
发 行 部：0551－3533258　3533292（传真）　邮编：230071
组　　编：安徽师范大学编辑部　电话：0553-3937079 3883579
经　　销：新华书店
印　　制：芜湖新欣传媒有限公司
开　　本：787×960　1/16　印张：17.625　字数：297 千
版　　次：2009 年 12 月第 1 版　2009 年 12 月第 1 次印刷
标准书号：ISBN 978-7-212-03414-6
定　　价：28.00 元

高等院校旅游管理专业系列教材编委会

（按姓氏笔划排序）

总序

改革开放30年，我国国民经济与社会发展取得了举世瞩目的伟大成就。国富民强，和谐安定催生旅游业的快速发展，我国旅游业从小到大，从弱到强，已经实现了从旅游资源大国向亚洲旅游大国进而向世界旅游大国的历史性跨越，正积极向世界旅游强国的目标迈进。

入境旅游快速增长。从1978年至2007年，我国入境旅游接待从180.92万人次增加到13 187.33万人次，增长71.9倍，年均增幅达15.9%；过夜旅游人数从72万人次增加到5 471.98万人次，增长75倍，年均增幅16.1%，高出同期世界旅游同类指标12个百分点；旅游外汇收入从2.63亿美元增加到419.19亿美元，增长158.4倍，年均增幅达到19.1%，高出同期世界旅游同类指标10个百分点。我国已经成为世界第四大入境旅游接待国。

国内旅游持续攀升。1993年至2007年的15年间，我国国内旅游接待从4.1亿人次增长到16.1亿人次，年均增速达到10.3%；国内旅游收入从864亿元增长到7 771亿元，年均增幅达到17%。我国已经形成世界上最大的国内旅游市场。

出境旅游蓬勃发展。自1997年起，我国在试办港澳游、边境游的基础上，正式开展中国公民自费出境旅游业务。之后，出境旅游目的地的数量逐步增加，截至2007年底，除香港、澳门两个特别行政区外，已有132个国家成为我国公民出境旅游目的地。中国公民出境旅游人数增速迅猛，2007年已达到4 095.4万人次，是2000年的3.9倍，其中因私出境旅游人数达到3 492.4万人次，已占到出境总人数的85%。我国已经成为亚洲最大的出境旅游客源国。

旅游企业日益增加。经过30年的培育和发展，旅游业基本形成了多方位、多层面、多维度的产业体系格局。到2007年末，全国已有旅行社18 943家，其中国际旅行社 1 797 家;星级饭店 13 583 家;旅游景区(点)超过 20 000 家,其中国家等级旅游区(点)3 100 余家,4A 级以上等级旅游区(点)928 家;国家旅游度假区 12 家;优秀旅游城市 307 个,旅游强县 17 个;工农业旅游示范点 1 098 家;国家重点风景名胜区 187 个,国家级自然保护区 303 个,国家森林公园 627 个,国家地质公园 138 个,世界地质公园 20 个,列入《世界遗产名录》的世界遗产 35 处。

科教兴旅迫在眉睫。当前,中国旅游业进入了新的发展阶段。中国将全面推进旅游业转型升级,实现从世界旅游大国向世界旅游强国的新跨越,当务之急是加快实施科教兴旅、人才强旅战略,培养和建设一支高素质的旅游人才队伍。因此,中国旅游业发展将对旅游教育产生重大影响。中国旅游教育将面临前所未有的重大发展机遇和挑战,涉及旅游人才需求和旅游人才供给的许多方面。

旅游人才需求连年走高。从需求层面看,中国旅游业持续快速发展需要大量旅游人才。据预测,到 2010 年,中国旅游主体人才占旅游直接从业人员的比重将达到 24.7%。到 2015 年,我国旅游直接就业人数将达到 1 700 万人,间接就业人数将达到 8 300 万人,旅游就业总量将达到 1 亿人。中国旅游业产业规模扩大及对旅游就业的强劲拉动使旅游人才需求连年走高。

旅游人才供给持续升温。从供给层面看,旅游教育是旅游产业发展的基础性支持和持续推动力。至 2007 年,全国举办旅游教育的院校共有 1 711 所,在校生为 77.38 万人,旅游专业教师 3.32 万人,其中高等旅游院校 770 所,在校生 39.74 万人,教师 1.69 万人;中等职业学校 941 所,在校学生 37.64 万人,教师 1.63 万人。据统计,目前招收旅游管理博士的院校有 11 所,招收旅游管理硕士的有 90 所,开设与旅游相关的专业(方向)近 30 个,逐步形成了涵盖博士、硕士、本科、专科(含高职)各层面的旅游教育体系。

旅游高等教育是我国旅游教育体系的重要组成部分,与旅游经济和社会发展的关系密切,是一种直接为旅游业发展服务的特殊类型的高等教育,肩负着为中国旅游业培养中高级专门旅游人才的重任。

旅游教材建设刻不容缓。教材建设是院校人才培育的基础。目前,我国旅游教材建设已有一定的规模和基础。在各级行政管理部门、院校和出版社的共同努力下,已出版了一批高等旅游管理专业教材。但从整体性看,已有的多数教材有以下缺憾:一是专业性不足,相当多的旅游教材"脱胎"于各自相关专业母体的痕迹比较严重，旅游专业特点凸显不够；二是系统性不足，多数版本的教材只有4—8本，涵盖整个旅游管理专业的系列教材比较缺乏；三是适宜性不足，从高等院校旅游管理专业的历届毕业生的就业现状来看，由于实际操作能力不强以及旅游行业就业的相对低门槛特性，旅游管理专业学生逐渐丧失旅游行业就业竞争力，部分旅游高等院校教育并非以适应社会需要为目标，以培养技术应用能力为主线来设计学生的知识、能力、素质结构和培养方案，以致强调理论教学和实践训练并重不够，培养出来的毕业生直接上岗工作的能力不强。另外，目前的多数教材普遍存在内容交叉、重叠、陈旧，编的多，写的少；引用的成果多，研究性成果少；理论性的多，操作性的少；继承的多，创新的少等现象。有鉴于此，在安徽人民出版社安徽师范大学编辑部的策划下，成立了高等院校旅游管理专业教材编委会。经过高等院校旅游管理专业教材编委会精心组织和相关高校教师的认真编写，推出一套结构合理、内容精辟、信息前沿、案例丰富的高等教育旅游管理专业系列教材。

本套系列教材有三个特点：一是专业系统性。旅游高等教育系列教材计划出版28本，涵盖高等院校旅游管理专业全部教育教学内容，避免各院校使用教材分散，常出现一个专业使用多个版本的教材而不利于专业教学的一体化和系统化。二是实践应用性。本套教材充分体现了旅游高等教育的人才培养应用型特色和能力本位，调整了新形势下旅游人才必须具备的能力基础和技术基础，突出了旅游人才的创新素质和创新能力的培养。三是参与广泛性。在对旅游专业的人才培养模式和教学内容体系改革进行充分调查研究和论证的基础上，充分吸收高等院校旅游管理专业在探索培养技术应用型专门人才方面取得成功经验和教学成果的骨干教师参加编写。

本套教材适用于高等院校旅游管理专业使用，同时对旅游行业的工作者与旅游爱好者有重要参考价值。本系列教材是作者在百忙之中完成，我感谢我的同事们的敬业精神。同时，对于系列教材总体框架设计可能存在的缺憾，对于每本教材的疏漏与不足，我并代表作者表示歉意，恳切希望广大读者批评指正，不断推动旅游高等教育教材建设的发展与提高。

章锦河

2009年11月18日

前　言

随着国际、国内旅游业的不断发展，旅游人才的教育与培训工作显得尤为重要。旅游产业地位的不断提高，需要大量通晓旅游经济理论和专业知识的专门人才。为此，在高等院校旅游管理专业教材编委会的指导下，我们编写了这本《旅游经济学》，以期对有志于旅游事业的人士初步了解与掌握旅游经济学的基本理论知识提供帮助。

本书广泛借鉴和吸收了国内外有关旅游经济学理论研究的最新成果，较为全面、系统地阐述了旅游经济学研究的基本理论和内容，并在体例构架和内容安排上较前人的同类成果有所突破。全书强调创新、内容翔实、信息量大，并将理论与实践紧密结合，具有较强的科学性、系统性和实用性。本书不仅可以作为高等院校旅游管理专业的必修课程教材，对从事旅游经济管理的人员也具有重要的参考价值。

全书共分为十一章。主要内容包括绪论、旅游经济活动与旅游产业、旅游需求与供给基本理论、旅游产品、旅游市场及开拓、旅游消费及效果、旅游投资与决策、旅游收入与分配、旅游经济影响与效益、旅游发展中的政府、旅游经济发展模式与发展战略。

本书由安徽大学旅游管理系李东和副教授主编，协同安徽师范大学国土资源与旅游学院韩卢敏老师、安徽大学旅游管理系蒋海萍老师、合肥学院旅游管理系韦传慧老师、柳百萍老师、安徽经济管理学院邵延平老师、芜湖职业技术学院外语系杨阳老师共同编写完成。具体写作分工为：李东和、韦传慧：第一、十一章；杨阳：第二、六章；蒋海萍、邵延平：第三、十章；韩卢敏：第四、五、八章；柳百萍：第七、九章。全书最后由李东和、韩卢敏、蒋海萍负责统稿和定稿。此外，安徽大学旅游管理系钱晓慧、沈祥、马兵、蒋海萍等为书稿的修订付出了大量的辛勤劳动，在此一并致谢。

由于时间和水平所限，书中疏漏和不足之处恳请广大读者批评指正。

李东和

2009年夏于合肥

目录

第一章 绪论

随着经济的发展和人民生活水平的提高，在世界范围内旅游正在成为现代人类社会重要的生活方式和社会经济活动。旅游业也随之成为世界各国社会经济的一部分,参与整个社会经济活动的运行。与传统产业相比,旅游业是一个新兴的产业部门,拥有不同于工农业等行业的特殊性,具有自身运行的特点和规律。为指导旅游经济的健康发展,掌握旅游经济的发展规律,一门具有独立性的专门学科——旅游经济学产生了。

全书从旅游经济活动和旅游产业的分析入手，较为系统地阐述了旅游需求与供给的基本理论、旅游产品、旅游市场及其开拓、旅游消费及效果、旅游投资与决策、旅游收入与分配、旅游经济影响与效益、旅游发展中的政府以及旅游经济发展模式与发展战略等内容。

本章为全书的绪论，通过本章的学习，可以熟悉旅游经济学的概念、了解旅游经济学的研究范围和研究方法、了解旅游经济学与其他学科的关系,为后续各章的学习打下基础。

第一节　旅游经济学的研究对象和内容

旅游经济学是一门年轻的学科,建立的时间不长。国外对旅游经济的研究起步较早,萌芽于19世纪末期,1899年意大利人博迪奥的论文《关于在意大利的外国人的流动及其消耗费用》是历史上最早对旅游经济活动进行分析的文章。1927年罗马大学马里奥蒂出版了《旅游经济讲义》,被认为是对旅游经济进行系统化研究的第一次尝试,该书的问世可以看作是旅游经济学诞生的标志。二战以后,旅游经济活动的研究从不同层面和不同角度对旅游经济进行了系统的研究,既重视对旅游经济活动的运行和发展规律的研究，又重视对旅游经济系统和综合性的研究，这些研究最终促成了旅游学科体系的形成。

我国对旅游经济的研究起步较晚，但发展速度很快。1978 年以来，随着我国旅游业由事业型向产业型转变，旅游经济活动的本质和规律开始显露，关于旅游经济的研究也取得了长足发展。

一、旅游学的研究对象和内容

研究对象是对某一学科研究内容、范围的高度概括，它确定学科研究的内容、范围、方向等问题。确定研究对象的意义在于，它是学科研究的起点。只有确立了科学的研究对象，才能建立科学的学科体系。任一学科都有特定的研究对象，学科间的区别主要在于研究对象的区别。

(一)旅游学的研究对象

旅游学是研究旅游以及旅游业的发展历史和运动规律的科学。旅游活动及与旅游活动有关的一切有特殊规律的现象，就是旅游学研究的对象。旅游是由旅游主体、旅游客体和旅游媒体三个基本要素构成，旅游主体即动态的人，如旅游者；旅游客体即旅游的对象及相配套的设施与服务，如旅游景点、旅游饭店等；旅游媒体即旅游主体向旅游客体移动所依赖的组织、手段、方法和信息，如旅行社、旅游电子商务网站等。现代意义上的旅游业，是建立在旅游客体和旅游媒体基础上的。即使旅游者去观赏自然天成的原始旅游资源，也离不开旅游业为之提供的服务。旅游主体、旅游客体和旅游媒体三者的联系与运动就产生了旅游活动。旅游学就是研究旅游活动的各要素以及各要素之间的相互关系，研究其产生、发展及运行的一般规律。

(二)旅游学的研究内容

旅游学研究对象的复杂多样，决定了旅游学本身的内容十分广泛。旅游学的研究内容，归纳起来大体有如下几个方面：

1. 旅游发展史的研究

研究旅游活动产生、发展的历史及其与社会经济发展的关系。旅游是社会历史发展到一定阶段，社会生产力发展到一定水平的产物。旅游发展史是人类社会发展史的一个侧面。研究旅游发展史，有助于探索和揭示旅游在其发展过程中的特殊规律，从而形成旅游学的一门分支学科——旅游史学。

2. 旅游经济的研究

旅游是以经济形式表现出来的一种综合性的社会活动。旅游者为了达到和实现其旅游目的，必然会在食、住、行、游、购、娱等方面发生经济支出，进行旅游消费，而社会也必须为这种活动提供必要的条件，进行等价交换，实现供需双方各自需要的价值和使用价值。作为旅游供给方的旅游业，为满足旅游者的各种需求，必须通过对有限的旅游资源的合理分配使用，来获得最佳效益。旅游经济的研究中包括了对旅游营销、旅游管理、旅游服务等应用经济实务的研究。研究旅游经济有助于揭示和加深了解旅游的本质属性，也正因为旅游活动的本质属性是经济性，从而决定了旅游经济学在旅游学中的主体学科地位。

3. 旅游文化和旅游与社会的研究

旅游既是一种社会经济现象，又是一种社会文化现象。旅游业的兴起和发展，影响到社会生活的各个方面。这些影响既有社会经济方面的，又有社会文化方面的；既有积极的，又有消极的。因此，研究旅游行为发生的特定的社会条件，研究旅游对个人、家庭、其他群体以及整个社会的影响，从而保证旅游业的健康发展，便成为旅游学不可或缺的范畴。

4. 旅游地理的研究

把旅游作为一种地理现象进行科学研究。旅游的三大要素——旅游主体、旅游客体和旅游媒体，无不与地理环境存在着密切的关系；而任何旅游活动，又无不是在一定的地点或地域范围内进行。从这个意义上说，旅游也是一种地理现象，必然遵循着一定的地理规律，由此而产生了旅游学的一门分支学科——旅游地理学。其主要内容包括旅游目的地的地理描述、旅游区的划分、旅游流量的预测、旅游区域的形态分析及地理规划设计等。

5. 旅游心理学的研究

它研究的是旅游活动和旅游业中有关人的心理、人的行为和人与人之间的关系。具体而言，主要研究旅游者（需方）与旅游企业及其服务人员（供方与分供方）之间的关系。

6. 旅游行政管理机构和旅游政策法规的研究

旅游业涉及政治、经济、文化等许多方面，是一个政策性很强的行业。如何设立旅游行政管理机构，如何制定旅游政策法规，对于一个国家或地区旅游业的发展至关重要。这一分支领域中包括旅游管理学、旅游规划、旅游产业政策及旅游法学等。

二、经济学的研究对象和内容

人类社会发展的历史表明，人的欲望和由此引起的对物品和劳务的需要是无限的；而用来满足这些无限需要的手段，也就是用来提供这些物品和劳务的生产资源是稀缺的。经济学的研究目的正是研究怎样用相对稀缺的生产资源来满足人们无限多样化的需要，即“经济问题”。简单的理解，经济学就是专门研究物质的有限性与人的欲望无限性之间关系的学问。

这里要注意的是，经济学上所说的稀缺性是指相对的稀缺性，即从相对的意义上来谈资源的多寡，它产生于人类欲望的无限性与资源的有限性这一矛盾。也就是说，稀缺性强调的不是资源的绝对数量的多少，而是相对于欲望无限性的有限性。但是，这种稀缺性的存在又是绝对的，这就是说，它存在于人类历史的各个时期和一切社会。稀缺性是人类社会永恒的问题，只要有人类社会，就会有稀缺性。

经济学正是由于稀缺性的存在而产生的，没有稀缺性就没有经济学存在的必要性，整个经济学就是为了解决稀缺性问题而存在的，经济学的研究对象也正是由这种稀缺性所决定的。

具体而言，经济学研究的主要内容可以归纳为四个方面：

(1)生产什么、生产多少？即如何选择用总量既定的生产资源来生产哪些产品，并最大限度地满足人们的需要。

(2)怎样生产？人们生产一种物品的方法可以多种多样，比如生产一件衣服，可以用手工，也可以用机器，甚至还可以用计算机，是什么原因决定到底使用哪一种方法呢？也就是说，在生产同一种产品的许多种不同方法中选择一种最有效率的方法，这既要考虑技术可行性，也要考虑经济的合理性。

(3)为谁生产？主要是研究分配问题。即生产出来的产品归谁享用以及享用多少的问题。

(4)谁来决策？主要研究经济制度的问题。一般有两种制度：计划经济制度和市场经济制度。计划经济制度下是通过专门的计划机构发布命令，告诉人们生产什么、生产多少、怎样生产、怎样分配和消费。前苏联和我国改革开放前就是实行的这种经济制度。市场经济制度以市场自由交换为基础，主要由市场机制决定上述问题，自亚当·斯密提出“看不见的手”理论以来，世界主流经济学理论就是以此为基础。

三、旅游经济学的研究对象和内容

在旅游经济领域中，同样存在生产资源的稀缺性与人们日益发展的旅游需要的矛盾。因此,旅游经济学的研究目的应该是怎样利用相对有限的旅游生产资源来满足人们日益发展的无限多样的旅游需要。

(一)旅游经济学的研究对象

旅游经济学是研究旅游活动中所产生的经济现象、经济关系和经济规律的科学,旅游活动中的经济现象、经济关系和经济规律就是旅游经济学研究的对象。

现代旅游活动规模庞大、形式多样、内容繁杂、涉及部门广泛,必然导致旅游活动中的经济现象和经济关系复杂多样。如旅游业的市场关系、旅游者与旅游目的地经济的关系、旅游者与旅游业的经济关系、旅游者运动的经济影响、旅游企业内部的经济关系、旅游业与其他经济部门的关系、旅游业与地区的经济关系、旅游业与国家的经济关系、旅游和旅游业的发展变化趋势等。

旅游活动中的经济现象和经济关系,就其内在本质联系而言,包含两种类型的经济规律:一类是反映社会经济运行的一般规律;一类是旅游经济内部的特殊规律。旅游经济是整个国民经济的一部分,因而它的运动必然要遵循社会经济发展的一般规律,如供求规律、价值规律、外汇货币交换规律等。同时,旅游经济作为国民经济结构中的一种特殊类型,又具有其特殊性。这就决定了旅游经济内部有其固有的特殊规律,如旅游业的结构、旅游消费、旅游市场、旅游经济和社会政治文化的关系等方面,都有自己特殊的运行规律。旅游经济学,更多的是致力于这类特殊经济规律的研究。

(二)旅游经济学的研究内容

根据旅游经济学的研究对象,其研究的主要内容有以下几个方面:

1. 旅游经济活动与旅游产业研究

旅游经济是社会生产力发展到一定历史阶段的产物，是国民经济的有机组成部分。因此,研究旅游经济学首先应明确旅游经济的形成及发展特点,明确旅游经济产业的性质及主要标志，并从社会经济发展的角度把握旅游经济在国民经济中的重要地位,以及其对社会、文化和生态环境的作用和影响。

2. 旅游需求与旅游供给以及二者的矛盾运动和调节机制研究

旅游需求与旅游供给是旅游经济活动中两个最基本的因素，也是旅游市场诸多矛盾中的基本矛盾。二者之间既存在适应的关系，又存在不适应的关系。正是这种相互适应和不适应的矛盾统一关系不断推进着旅游经济的发展。因此，如何运用各种手段进行调节，以实现旅游经济的持续发展，是旅游经济学研究的重要内容之一。

3. 旅游产品研究

旅游产品不同于一般社会产品，所以有必要对旅游产品的概念、特点、构成以及开发策略进行专门的分析。

4. 旅游市场研究

旅游市场是旅游经济活动的载体，是产品实现交易的条件。探讨旅游市场问题，是为了了解不同细分市场的特点，采取合适的市场开拓策略，以便在市场中不断增强旅游竞争力。

5. 旅游消费研究

旅游消费是旅游经济活动的重要环节。旅游产品的消费不同于物质产品消费发生在生产活动之外，而是在生产活动过程之中的现场消费，因而它直接构成了旅游经济活动的一部分。旅游产品消费需要研究的是游客的消费行为、消费结构、消费倾向等，探寻旅游消费的合理化途径，以实现旅游者消费的最大满足。

6. 旅游产品的经营成本及效益研究

追求旅游经济效益是旅游经营者从事旅游经营活动的主要目标，也是旅游目的地国家发展旅游业的基本目标之一。因此，要研究旅游的经营成本及投资，研究旅游的收入及分配，研究旅游的效益指标体系，并通过对旅游经济宏观和微观的效益分析，对旅游经济效益的实现作出合理的评价。

7. 旅游发展中的政府问题研究

在旅游可持续发展和知识经济等新的背景下，政府干预对提高旅游产业的国际竞争力是必不可少的。政府一方面要促进旅游业的发展，一方面应采取措施减少发展带来的负面影响，使旅游产业建立在环境优美和文化丰富的基础上，实现旅游发展的长期目标。因此，政府在旅游业发展中的定位，应实行积极而有效的政府职能。

8. 旅游经济发展模式与发展战略问题研究

旅游经济发展模式和发展战略是涉及旅游全局性和长远性发展的根本问

题。在发展旅游经济的过程中,各国(或地区)需依据本国的国情与世界旅游发展现状与趋势,制定本国的旅游发展战略和选择本国的旅游发展模式,以此指导旅游发展的总体方向。

第二节 旅游经济学与其它相关学科的关系

旅游经济学是旅游学的一门分支学科,是一门最基本最主要的学科。它对于确立旅游学的根本属性、带动旅游学的形成和发展,具有举足轻重的意义。旅游经济学也是人类旅游活动发展到一定阶段后兴起的一门交叉性很强的学科,它以经济学、管理学、社会学等的观点来研究旅游运动发展过程中的经济现象、经济关系和经济规律,为旅游学科体系的形成打下了坚实的基础。

一、旅游经济学的学科性质

(一)旅游经济学是一门应用性学科

旅游经济学同经济学之间既有区别,又有联系。经济学是把整个社会经济作为一个整体,从生产、交换、分配和消费诸环节的内在联系及其矛盾运动中,揭示整个社会经济发展的一般规律性,属于理论经济学的范畴。而旅游经济学则是以经济学的一般理论为指导,专门研究旅游经济活动中的特有现象及矛盾,揭示旅游经济发展的规律及其条件、范围和表现形式,从而指导旅游经济健康地发展,因而具有较强的应用性,属于应用经济学的范畴。

(二)旅游经济学是一门产业经济学

旅游经济学本质上属于产业经济学的范畴。产业经济学是针对某一产业或领域的经济活动进行研究,从而揭示该产业经济运行的内在规律及其外在形式的科学。旅游经济学作为一门产业经济学,是研究旅游经济活动过程中各种经济现象之间的内在联系,揭示旅游经济运行中的特殊矛盾及规律,并把经济学的一般原理用于指导旅游经济活动,以促进旅游业健康、持续地发展。

(三)旅游经济学是一门基础学科

旅游经济学是旅游专业的基础学科,但又不同于旅游学和管理学。旅游学是以世界为整体,研究旅游活动产生、发展及其运行规律的科学,目的是揭示旅游活动的内在性质、特点及发展趋势;而旅游经济学则是在旅游学理论指导下,揭示旅游活动在经济领域中所发生的矛盾运动,以及经济关系的发展规律等。旅游管理学则是在旅游经济学的指导下,研究旅游经济活动的合理组织及科学管理,以提高旅游经济运行的效率和效益。因此,旅游管理学实质上是旅游经济学的延伸,是在旅游经济学揭示了旅游经济运行规律的前提下,而进行的经济管理活动。

(四)旅游经济学是一门新兴的边缘科学

旅游经济学随着其形成和发展已逐渐形成一门独立的学科,具有区别于其他学科的不同特点。但是,由于旅游经济活动的综合性特点,使旅游经济学同其他学科相比较,实际上是一门新兴的边缘科学。因为研究旅游经济不仅要以经济学、旅游学的理论为指导,还必须借助各种学科的理论及研究成果来丰富旅游经济学的研究内容。例如,只有运用心理学、地理学、资源学、社会学、统计学、市场学等学科的理论和方法,来综合考察旅游活动在经济领域中的各种反映,才能加深对旅游经济内在规律及其运行机制的认识,更好地掌握旅游经济的理论和方法。

二、旅游经济学与其它相关学科的关系

(一)旅游经济学与经济学的关系

旅游经济学是一门经济类的应用学科,经济学理论在本学科中也是适用的。旅游经济学的研究领域——旅游经济活动是整个社会经济活动的一部分,旅游经济活动的运行也要受到一般经济活动中一些共同的普遍规律的作用,所以旅游经济学的研究必须用经济学的基本原理进行指导。但旅游经济活动的运行具有一些不同于一般经济活动的特点,因此经济学的研究不能代替旅游经济学的研究。旅游经济规律与经济学的一般规律是个性与共性的关系。

(二)旅游经济学与旅游学的关系

一般认为,旅游学是研究旅游活动的产生、发展及其一般规律的科学。由于旅游活动是一种综合性的社会现象,从主体——旅游者方面来说,它包括社会、

文化、心理和生理等方面的因素；从客体——旅游资源、旅游设施和旅游服务方面来说，它涉及自然、经济、法律等方面的因素，所以旅游学的研究范围较广，涉及学科众多，如经济学、管理学、心理学、法学、社会学、历史学、美学等，其中每一种学科的理论与旅游结合便成为旅游学的一个分支。旅游经济学正是如此，它是旅游学的一部分，是从经济角度来研究旅游活动的规律，它与旅游学的关系是一般与特殊的关系。

（三）旅游经济学与其他旅游学科的关系

旅游是一种综合性的社会经济现象，从不同侧面在理论上反映和概括这种现象的学科甚多，如旅游市场学、旅游统计、旅游文化学、旅游地理学等。这些学科同旅游经济学的关系大致可分为两类：

第一类是与旅游经济学成平行关系的学科，如旅游心理学、旅游社会学、旅游法学、旅游地理学、旅游美学等。它们都是分别从旅游活动的不同侧面来探讨旅游与有关学科边缘结合的特点和规律，都属于旅游学的分支学科，它们同旅游学的关系与旅游经济学同旅游学的关系相同，都是特殊与一般的关系。因此，旅游经济学同它们的关系是平行的相互联系的，纽带为旅游活动。

第二类是与旅游经济学成纵向关系的学科，如旅游市场学、旅游饭店管理、旅行社管理、旅游管理学等。其中，旅游市场学、旅游管理学是旅游经济学的延伸，即以旅游经济学的原理为基础，从宏观和微观的角度出发分别在旅游管理和旅游市场方面进一步地分析和研究。旅游饭店管理、旅行社管理、旅游交通管理均属于旅游企业管理，它们以旅游经济学的基本原理作指导，仅从微观角度探讨旅游行业中企业经营与管理的思想、原则、方法和技术。由此可见，旅游经济学同这些学科的关系是抽象与具体的关系，它们都是旅游经济学的基本理论在各具体领域的应用和具体化。

第三节　旅游经济学的研究任务与研究方法

旅游经济研究的目的是通过对旅游经济活动运行过程中各种经济现象、经济关系的研究，以探索支配旅游经济活动运行的规律，更好地指导旅游实际工作，促进旅游业协调、稳定、持续的发展，获得更大的经济和社会效益。

同时，旅游经济学是一门综合性的学科，其研究的内容十分广泛，涉及多种学科的内容。因此，要完成学习任务，还必须掌握科学的研究方法。

一、旅游经济学的研究任务

学习旅游经济学的任务在于指导我国旅游经济的实践，拓展理论研究空间。所谓指导我国旅游经济实践，是指通过学习和研究旅游经济活动运行过程中各种经济现象、经济关系，找出规律，以便在旅游产业发展过程中，按规律办事，做到扬长避短，以取得更大的经济效益和社会效益。例如我国是人口众多、地域辽阔的发展中国家，旅游经济发展模式不能单一的模仿发达国家或别的发展中国家，而应根据国情采取政府主导型模式，发挥政府的调控作用。

拓展理论研究空间，是指旅游经济学是一门新兴学科，在理论及形式方面仍未成熟，研究方法、研究对象以及相应的框架体系等方面都有待于进一步完善，尤其是旅游经济学基础理论研究。经济学一直是旅游经济学的基础性学科。传统的旅游经济学主要是从政治经济学、西方古典经济学或新古典经济学移植而来，而新制度经济学中的一些最新研究成果和前沿探索应用在旅游经济学的学科建设中却相对滞后。旅游经济学研究的进一步深化，需要基础理论平台的提升与创新。学科应全面借鉴和吸收经济学等相关学科和领域的最新理论成果，构建更具解释力的理论体系，形成一个包括微观、中观、宏观在内的多视角、结构完整的旅游经济学理论新范式。

二、旅游经济学的研究方法

（一）理论联系实际的方法

科学的理论来源于实践又指导着实践，理论是对实践的概括和总结，同时又必须接受实践的检验。在旅游经济学的研究中，必须坚持理论与实践相结合的方法，一方面通过分析、解决旅游经济活动中的实际问题，充实、深化旅游经济理论，另一方面将理论研究成果运用于旅游实践，促进旅游基础理论与实践活动的全面发展。如表1-1所示，每章节的学习内容都可以与实践联系起来，既能加深对理论的理解，又能学以致用。

（二）定性分析与定量分析相结合的方法

一切客观事物都具有质的规定性与量的规定性，旅游经济活动亦然。因此旅游经济研究必须采取定量分析与定性分析相结合的方法。通过定量分析揭示各种旅游现象之间的变动关系及发展趋势，为定性分析提供科学的依据；通过定性分析，准确界定事物的本质和属性，为定量分析提供指导，从而达到事物的质和量的统一，促进旅游经济的持续发展。举例来说，旅游者到某地去旅游，这一现象在现代旅游经济活动中表现为旅游者愿意花一定的时间，按照一定的价格购买该地的旅游产品，旅游需求就是旅游者这种行为的科学概括，它的本质特征就是由旅游者的意愿、一定的时间和一定的价格来规定的。它决定了旅游需求同其他旅游经济现象间的本质区别。如果旅游产品价格或闲暇时间发生了变化，旅游需求就必定会受到影响，从而引起旅游经济活动的变化。

表 1–1　理论联系实际示例

章节	主题	案例
旅游需求	潜在需求向现实旅游需求的转化	末日促销的理论解释——告别"三峡游"
	旅游需求弹性	门票价格变动对于欢乐谷和白云山旅游需求影响的对比
旅游市场	旅游市场细分	阳朔旅游目标市场及其需求特征
	旅游市场恶性竞争及治理	云南大理景区"捆绑"事件及其启示
旅游消费	旅游消费结构	广州和三亚游客消费结构对比
旅游收入与分配	旅游乘数	旅游收入乘数的作用过程和机理
	旅游漏损	世界各国旅游收入漏损对比国内旅游开发中旅游收入漏损：黄山、三亚案例
旅游经济结构	旅游经济组织结构与优化	国内旅游集团化趋势和特征：北京、上海、广州比较
旅游经济效益	损益平衡分析法	餐厅每日保本销售量的确定
旅游投资决策	旅游项目投资的经济评价	分别用投资回收期法和净现值法评价项目的投资效益
旅游经济发展战略	旅游经济发展战略的制定	广州、东莞、佛山、深圳等珠三角城市旅游经济发展战略的制定

（三）微观分析与宏观分析、中观分析相结合的方法

微观分析主要是描述旅游个体经济成分如何进行选择的科学。微观分析可以说明，一旦影响个体经济单位行为的因素发生变化，个体经济单位的行为以及受其行为影响的经济将发生什么样的变化。宏观分析主要是从整个旅游地角度研究旅游经济的运行状况和质量。它研究旅游经济体系的整体功能和发展，分析各种宏观因素变化对旅游经济的可能性影响，在比较各种旅游政策导向的前提

下,为旅游地选取适当的旅游发展模式。

从旅游经济活动的运行特征分析，除了以上两种因素可能制约旅游地的旅游发展进程之外,旅游产业内部的运作机理也有很大的影响。如各种旅游产业要素内部的关联影响,旅游产业链之间的相互影响,旅游客源地产业链与旅游目的地产业链之间的影响等，都对旅游目的地旅游产业的发展水平和质量存在着决定性的影响,需要做深入系统的分析。因此,产业分析(也称中观分析)也是旅游经济分析方法中不可或缺的内容。

采取宏观分析和中观、微观分析相结合的综合方法对旅游活动过程做全面的分析、考察,才能从整体上、系统的研究揭示旅游经济运行的内在规律。

(四)坚持运用多学科知识综合的方法

旅游经济活动是一项综合性的社会经济活动,其研究涉及经济学、旅游学、心理学、社会学、统计学、会计学等多个学科。因此,在研究旅游经济学中应注意学习这些学科的理论,借鉴这些学科的研究方法及最新研究成果,不断丰富旅游经济学的内容,提高旅游经济学的研究水平和对实践的指导性。

复习思考题

1. 说明旅游经济学的研究对象及学科性质。
2. 旅游经济学研究内容主要有哪些?
3. 我们如何学好旅游经济学?

主要参考文献

刘俊. 研究性教学方法在《旅游经济学》本科教学中的运用[J]. 中山大学学报论丛,2007.

林南枝,陶汉军. 旅游经济学[M]. 天津:南开大学出版社,1994.

罗明义. 旅游经济学[M]. 北京:高等教育出版社,1998.

钱林晓. 旅游经济学的研究体系初探[J]. 桂林旅游高等专科学校学报,1999.

田里. 旅游经济学[M]. 北京:高等教育出版社,2002.

王大悟,魏小安. 新编旅游经济学[M]. 上海:上海人民出版社,1998.

周振东. 旅游经济学[M]. 大连:东北财经大学出版社,1999.

第二章
旅游经济活动与旅游产业

现代旅游经济活动是一种社会现象，它是在一定的社会条件下所产生，并随着社会经济发展而发展的一种综合性社会活动。旅游经济活动的顺利进行，又离不开旅游产业的支持。因此，学习旅游经济学，首先必须了解旅游经济活动与旅游产业。

本章从现代旅游的概述入手，阐述了现代旅游经济活动的产生及发展，并从社会的角度阐述了旅游经济活动在国民经济中的重要地位和作用，同时分析了旅游产业的形成过程及旅游经济产业化的标志，介绍了旅游产业对经济、政治、社会和环境的作用。

第一节 旅游经济活动概述

要掌握旅游经济活动与旅游产业之间的关系，首先必须了解旅游经济活动这一名词的内涵、由来和发展。

一、现代旅游概念

旅游是在一定的社会经济条件下所产生的，并随着社会经济发展而发展的一种综合性社会活动。在古代社会中，旅游实际上是旅行和游览的结合。旅行是指人们离开居住地而客居异地的行为，是一种为了生存或某种特定目的而进行的被动性的活动；而游览则是以消遣为主、积极主动的活动，是一种追求享乐、调节生活情趣的活动。由于旅行和游览在古代社会中具有本质性的区别，因而旅行主要成为人民群众为生计而四处奔走的活动；而游览则仅仅是王公贵族、富豪人家消遣、寻乐的行为。

在现代社会中,由于社会经济的发展和人们生活水平及条件的不断改善,旅行和游览已有机结合起来,形成以游览为目的,以旅行为手段的现代旅游活动。因此,现代旅游是指人们暂时离开居住地而到异地进行各种包含游览、度假在内有目的的全部活动的总称。如果从更广泛的角度看,凡是包含着游览内容在内的各种旅行活动都可称之为现代旅游,诸如公务出差、参加会议、宗教朝拜、探亲访友、科学考察、康复疗养、体育竞赛、商务活动等。因此,现代旅游与古代旅游相比,具有以下几方面的基本特征:

(一)现代旅游已成为人们物质文化生活的组成部分

不断提高人们的物质文化生活水平是社会经济发展的基本目标。在人们的物质文化生活消费中,一般包括生存消费、享受消费和发展消费,而旅游消费则介于享受消费和发展消费之间。随着社会经济的发展及个人可随意支配收入的提高,人们用于享受和发展的消费支出会相对增加,进而会增加旅游消费的支出。于是,人们为了减少或消除工作带来的身心疲劳,丰富物质文化生活,就会主动外出旅游。例如,游览名胜古迹、欣赏山水风光;了解异地风情以增长见识;探亲访友以追怀故旧;休闲度假以增进身心健康,从而使旅游活动成为人们物质文化生活的重要组成部分。

(二)现代旅游是一种有益于身心的文化审美活动

现代旅游不仅是物质资料的消费,更是一种精神文明的享受。因此,从文化角度看,旅游是一种文化活动,既是文化的创造过程,又是文化的消费过程。作为文化的创造过程,通过旅游活动体现出一种社会、民族文化的内涵及特质,从而创造出一种包括食、住、行、游、购、娱在内的新的物质文化生活方式。作为文化的消费过程,通过旅游活动使旅游者对旅游目的地国家或地区优美的自然风光和奇异的民风、民俗进行认识和鉴赏,这不仅是一种有益于人们身心健康的审美活动过程,而且有利于促进不同国家、不同民族之间的文化交流,缩小地区之间的差异,增进国家、民族之间的团结。

(三)现代旅游是一种以经济活动为基础的综合性社会活动

现代旅游虽然不是以经济活动为目的,但其整个活动过程必须以经济活动为基础。因为任何旅游者要想在旅游活动过程中,有效地实现旅游的目的和满足旅游需求，都离不开食、住、行、游、购、娱等各方面的服务，这样就需要有专门的服务部门，并与之发生一定的交换行为，从而产生一系列经济活动。因此，现代旅游已不是一种单一的社会文化活动，而是建立在经济活动基础上，把多种要素集合在一起的综合性社会活动。特别是随着以提供旅游服务为主的旅游业的产生和迅速发展，现代旅游就逐渐发展成以旅游为目的、以经济活动为基础的旅游经济活动。

二、旅游经济活动的产生与发展

旅游经济活动是随着社会经济的发展，在旅行活动发展到一定阶段时产生的。人类社会早期的旅行活动对社会经济的发展毫无推动作用。直到产业革命后，随着工商业的发展和人们旅游需求的增多，出现了专门组织和提供旅游服务的机构，餐饮、住宿、游乐也得到了迅速的发展。现代旅游经济活动在其长期的发展过程中，逐渐形成一个相对独立的经济产业。特别是第二次世界大战以后，旅游经济活动的发展速度之快，综合经济效益之高，产业带动力之强，吸收劳动力就业效应之大，以及其发展的光明前景，促使许多国家、特别是发展中国家都把旅游业作为经济发展的重点产业，积极地扶持和发展，从而又进一步促进旅游产业规模的迅速扩大，产业结构体系的不断完善。产业范围的全球性扩展，使旅游业不仅成为现代经济发展中的“朝阳产业”，而且成为第三产业中的带头产业，带动第三产业及相关物质生产部门的发展，在整个社会经济发展中占有十分重要的地位和作用。

三、现代旅游经济活动的性质

旅游活动发展成为现代旅游经济活动，并成为国民经济的重要组成部分，是现代科学技术进步、社会生产力提高和商品生产与交换长期发展的结果。因此，现代旅游经济活动是以现代旅游活动为前提，以商品经济为基础，依托现代科学技术，反映旅游活动过程中旅游者和旅游经营者之间，按照各自利益而发生经济交往所表现出来的各种经济活动和经济关系的总和。现代旅游经济活动作为社会经济的重要组成部分，具有以下主要的特征：

（一）旅游经济活动是一种商品化的旅游活动

在自然经济条件下，旅游活动主要表现为旅游者依靠自己力量而满足自我需求的活动,因而一般不涉及旅游产品的生产和交换。而现代旅游经济活动是建立在商品经济基础之上的,是以旅游产品的生产和交换为主要特征的旅游活动,因而必然要产生经济活动中的供需双方和交换的对象。一方面,只有当市场上存在着旅游经济活动的需求主体——旅游者,才可能产生大量的旅游需求。而旅游需求的规模数量、消费水平、旅游目的、游览内容等,不仅决定着旅游经济活动能否有效地进行,而且对旅游经济活动发展的规模和水平具有决定性的影响和作用。另一方面,只有当市场上存在着旅游经济活动的供给主体——旅游经营者,才有可能为旅游者提供各种旅游产品,满足旅游者的各种需求。因此,旅游经营者既是旅游产品的生产者,又是旅游产品的经营者,是保证旅游产品价值得以实现,并促进旅游经济活动有效进行的重要前提和基础。此外,现代商品生产和交换的发展,还为旅游活动的商品化提供了相应的媒介和手段。这样,旅游活动便完全建立在以旅游产品为对象、以旅游者和旅游经营者为主体、以货币交换为媒介的基础上,真正成为一种商品化的社会经济活动。

(二)旅游经济活动是一种综合性的服务活动

旅游活动虽然不是以经济活动为目的,但其整个活动过程是以经济活动为基础。特别是在现代旅游活动中,旅游者要有效地实现其旅游需求都离不开食、住、行、游、购、娱等各种综合性服务。因此,从供给角度看,旅游经济活动是一种以服务为主,并涉及众多企业和行业的经济活动。这种服务性经济活动,既可以借助物的形式提供,也可以通过活劳动本身发挥作用来提供。正如马克思所强调的,“服务无非是某种使用价值发挥效用,而不管这种使用价值是商品还是劳动”。

由于现代旅游经济活动是一种以服务为主的经济活动,因而不仅要为旅游者提供包括食、住、行、游、购、娱在内的各种直接旅游服务,而且还要为旅游者提供汇兑、通讯、医疗、保健、商务等多种辅助性服务。因此,现代旅游经济活动不仅涉及到旅行社、旅游饭店、旅游餐馆、旅游交通等企业,还要涉及到金融、邮电、医院、公安、海关、商检等相关企业和部门。所以现代旅游经济活动实质上是以旅游为目的,以经济为基础,以服务为主的综合性经济活动。

(三)旅游经济活动是一个相对独立的经济产业

现代旅游经济活动在其长期的发展过程中,逐渐形成一个相对独立的经济产业。特别是第二次世界大战以后,世界上许多国家,尤其是发展中国家都把旅游业作为经济发展的重点产业之一,给予其积极地扶持。旅游产业规模不断扩大,产业结构体系不断完善,产业范围在全球扩展,使得旅游业不仅成为现代经济发展中的“朝阳产业”,而且成为第三产业中的带头产业,带动第三产业及相关物质生产部门的发展,从而在整个社会经济发展中占有十分重要的地位和作用。

四、现代旅游经济活动的发展特点

现代旅游经济活动形成于19世纪中叶，但长时间处于缓慢发展过程中,一直到了20世纪50年代以后才进入快速发展的时期。第二次世界大战以来,随着现代科学技术的进步,交通运输工具的不断改善,世界各国经济的迅速发展,以及国际形势的相对稳定,推动了全球旅游经济活动的快速发展。旅游经济活动的发展有以下几方面显著的特点:

(一)旅游经济活动的大众性

自20世纪50年代以来，旅游经济活动不再是以少数富有者为主而进行的活动,而是一种面向人民群众的社会经济活动。特别是随着社会生产力的迅速提高,人们可支配收入的不断增加,以及工作时间的缩短,使许多人不仅具备了旅游消费的能力,也具备了外出旅游的时间条件和交通运输条件,从而推动了旅游活动的大众普及性。而旅游活动的大众化发展,创造了大量的旅游需求,又促进了旅游资源的开发和旅游接待设施的建设，为旅游者提供更为方便的旅游条件和旅游服务,从而促使现代旅游业迅速地发展。

(二)旅游经济活动的全球性

现代旅游经济活动已经不再局限于国内旅游或近距离旅游，而是打破了地域、疆域的界限,发展成为全球性的社会经济活动。现代科学技术的发展,通讯手段的现代化,交通运输条件的极大改善,大大缩短了国际间的距离,为全球性的旅游提供了物质技术条件。同时,旅游经济活动的全球化发展,又增进了世界各国政府、企业及人民之间的交流和联系,为推进全球化的旅游活动创造了更好的条件。

(三)旅游经济活动的规范性

现代旅游经济活动在其发展过程中，还逐渐形成了一种有组织的规范化旅游模式。无论是国际旅游还是国内旅游，通常都是由旅行社作为主要的组织者，依托各类旅游企业和旅游风景区，按照预定的旅游线路、活动内容和时间，提供综合性的旅游服务，满足旅游者多方面的需求。而旅游者只须承担一定的费用就可以尽情地享受旅游的愉悦，不用再为旅游活动中的食、住、行等问题操心。正是由于旅游经济活动的规范性发展，才推动了旅游经济活动的大众化和全球化发展，才促使现代旅游业逐渐成为一个相对独立的经济产业，成为国民经济的重要组成部分。

(四)旅游经济活动发展的持续性

旅游经济活动发展的持续性是指从第二次世界大战之后旅游活动进入了现代旅游经济时期，其增长一直保持着高速度的态势。2006年，全球游客人数达到8.42亿人次，旅游业总收入达到7 350亿美元。旅游经济活动的迅速发展，使其在国民经济中的地位和作用有了显著的提高。此外，随着旅游经济活动的广泛开展，促使人们更加重视生态环境的保护，更加重视对环境污染的治理，以谋求旅游与自然、文化和人类生存环境融为一个和谐的整体，促进社会经济的持续发展。

第二节 旅游产业

旅游经济活动的发展最终形成了旅游产业，旅游经济活动的产业化标志着旅游经济活动的最终成熟。本节从产业的形成入手，介绍了旅游经济产业的形成阶段以及旅游经济的产业化标志。

一、产业的形成

经济中产业的形成，都是与社会化大生产的发展相适应的，而社会化大生产是现代各种产业部门形成和发展的前提条件，因而要把握旅游经济产业化过程，首先必须对产业形成的共性特征有明确的认识。

(一)产业的概念

在现代社会化大生产条件下，国民经济通常是由不同的分工领域所组成，这些分工领域就是通常所说的产业或行业。根据现代经济学理论和国际标准产业分类规定，所谓产业是指国民经济内部按照一定的社会分工，专门从事同类经济活动的企业和事业单位的总称，如农业、工业、交通运输、商业和建筑业等。每一产业内部又可以进一步细化，如工业内部可进一步划分为冶金、机械、电子、化工、纺织工业等。因此，在国民经济管理中，为了区别不同层次的部门，通常把较高层次的部门称为“产业”，如第一、二、三产业和农、工、商、建筑、交通五大产业；而把较低层次的部门称为“行业”，如机械行业、电子行业、纺织行业等。为了正确认识产业的概念，除了以上界定外，还必须正确地把握以下几点：

(1)产业作为国民经济体系中较高层次的部门，它以其经济活动的内容和范围来划定，通常是指从事同类产品(替代品或互补品)或劳务的生产经营单位的集合。

(2)产业主要是指直接从事经济活动的部门，包括从事物质资料(物质产品)生产和非物质资料(提供劳务)生产的部门集合，但一般不包括非经济活动的部门，如教育、文化艺术部门等。

(3)产业与行业的层次界定和划分是相对的，而不是绝对的。例如，冶金工业相对于较高层次的工业而言，属于行业；但相对于较低层次的钢铁工业、有色金属工业而言，它又是高一级产业。综上所述，旅游产业是指在国民经济体系中，按照一定的社会分工，采取商品形式提供各种旅游产品，以满足旅游者消费需求的各类企业的集合。

(二)产业的形成特征

产业的形成，是由于社会生产力水平提高，社会分工的必然结果。现代科学技术的进步和社会生产力的不断发展，促进了社会生产分工的专业化，进而又促进社会生产向集中化、协作化和联合化发展，从而促使各种产业不断形成和发展。现代社会分工一般分为三个层次，即一般分工、特殊分工和个别分工。第一层次的分工称为一般分工，即有关一、二、三产业和农、工、商、建筑和交通等五大产业部门之间的分工。第二层次的分工称为特殊分工，也就是对第一层次中每个产业部门内部的行业分工，如农业内部进一步划分为种植业、养殖业、林业等；工业内部进一步划分为机械工业、冶金工业、电子工业、纺织工业等。第三层次的分工称为个别分工，主要指个别经济单位内部的分工，如机械加工企业内部的车、钳、铣、刨、磨等工种的分工等。

根据现代社会分工的三个层次，社会分工引起产业形成和发展的途径主要有两条。第一条途径是随着社会生产力的发展而导致分工深化，促使个别分工日益普遍并逐渐独立为新的分工领域,上升为特别分工乃至一般分工,从而形成新的产业。例如,工业是从农业中的个别分工基础上逐步发展而形成的独立产业,而商业又是在工业中的个别分工基础上分化成的新的产业。第二条途径是由于现代科学技术的进步,使各种新技术、新材料、新工艺、新产品不断涌现和广泛应用,逐渐独立为新的分工领域而形成新的产业。例如,化学工业部门的形成是由于化学科技成果在生产领域中广泛应用的结果;而现代集成电路及微电子技术的广泛应用,则推动了现代计算机产业的迅速形成。

通过以上分析可以看出:一个产业的形成可能是社会分工发展的结果,也可能是科学技术进步的推动。但无论是从哪一种途径形成的产业,在其形成过程中都具有以下几方面的共同特征:

(1)经济活动的集中化。表现为人们对某类产品需求的集中指向和需求量的快速增长,以及为了满足市场需求扩大而出现的生产和供给的迅速集中化。

(2)产品生产的专业化。在经济活动集中化基础上,出现了从事同类产品或其中某一部分产品生产和经营的专业化,从而有可能形成相对独立的生产经营领域。

(3)生产经营过程的协作化。随着产品生产专业化和经济活动集中化的发展,必然会引起企业之间、部门之间经济关系的变化,促使它们之间在产品和零部件生产和交换关系上的相互依存、密切协作,从而促进产业的形成。

(4)生产经营的联合化。随着专业化和协作化的发展,特别是随着市场竞争的加剧,促使从原材料采掘、加工、经营到各种生产废料的综合利用等相关的企业、部门联合起来,形成了具有一定内在技术经济联系的经济联合体,并逐渐发展为相对独立的产业。

二、旅游经济产业的形成阶段

旅游业作为一个相对独立的经济产业,是伴随着社会生产力的发展和社会分工的深化,伴随着人民生活水平的不断改善和提高,以及人们对旅游需求的不断增加,而逐步从商业中分化出来,形成在第三产业中具有综合性带动效应的"龙头"产业。旅游经济产业化过程,实质上就是旅游经济形成和发展过程,其大致可以划分为三个阶段:

(一)旅游经济的萌芽阶段

旅游经济是在旅游活动有了一定的发展,并具备了一定物质条件的前提下才产生的一种社会经济活动。因此,旅游经济萌芽于现代旅游的发展,而现代旅游的起源可追溯到人类社会的初期。早在原始社会时期,由于社会生产力水平低下,人们的生活条件极为艰苦,特别是各种自然环境变化所引起的各种灾害及民族部落之间的争斗,使人们不得不为了生存而发生经常性的空间转移活动。尽管这种为生存而进行的空间转移并不是旅游,甚至也不是旅行,但其事实上已蕴含着旅游活动最基本的雏形。从原始社会、奴隶社会到封建社会的长期发展过程中,人类社会经历了三次大规模的社会分工,促进了社会生产力水平的不断提高。社会生产力的提高又促进了经济发展和剩余产品的增加,产生了私有制、阶级和国家;促进了社会分工和商品经济的进一步发展;促进了市场空间的不断扩大和商品交换活动范围的拓展。于是围绕以商品生产、商品交换及各种商业活动为中心的旅游活动就产生了。

在漫长的古代历史中,旅游的发展与当时的社会政治、经济及文化发展相适应,出现了各种各样的形式。例如,马可·波罗的出游,阿拉伯民族的经商往来,孔子周游列国,玄奘西域取经,鉴真东渡日本,郑和七下西洋,徐霞客遍游中华大地等等,都为旅游经济的产生打下了基础。但是,由于古代社会生产力不发达,社会经济的发展水平还不能促使旅游活动商品化,因而旅游活动最终没有成为一种商品化的社会活动,而仅仅是孕育了旅游经济的萌芽。

(二)旅游经济的形成阶段

旅游经济的形成是旅游活动向商品化发展的过程。从旅游经济的发展历史看,现代旅游经济的形成主要发端于18世纪的产业革命。18世纪的产业革命,以机器大工业代替了工场手工业,形成了以机器大工业为基础的社会化大生产,促使社会生产力得到了迅速的提高,促进了资本主义商品生产和交换的迅速发展,从而为现代旅游经济的形成和发展提供了物质技术基础和经济条件。

(1)产业革命促进了生产手段,尤其是交通运输工具的改善,不仅使社会化大生产的规模扩大、市场空间范围扩展,而且汽轮、火车的产生为人们有目的的大规模、远距离的旅游活动提供了便利的物质技术条件。

(2)产业革命促进了资本主义制度的形成和发展,使资本主义社会生产力有了迅速的提高,商品经济繁荣、兴旺,人们生活水平迅速提高和改善,从而为现代旅游经济的产生和发展创造了大量的社会需求。于是,伴随着人们可支配收入的增加,交通运输条件的改善,以及工厂化制度的建立,旅游活动逐渐成为人们物质文化生活的组成部分,从而为现代旅游经济的形成提供了需求前提和经济条件。

(3)在产业革命为旅游经济的产生奠定物质技术基础,资本主义商品经济发展为旅游经济形成创造大量需求的同时,各种专门从事旅游服务机构的建立,标志着现代旅游经济的产生和形成。特别是1845年,英国的托马斯·库克成立了第一家包括食、住、行、游等旅游活动在内的旅行社,开创了有组织地提供旅游活动的各种专门性服务,从而促进了旅游活动的商品化进程。在此之后,诸如旅行社、旅游饭店、旅游交通等各种以经营旅游业务为主的企业纷纷建立,各种旅游住宿、餐饮接待设施不断建设和完善,从而使旅游活动发展成为一种商品化的经济活动,逐渐成为社会经济活动的重要组成部分。于是,具有现代意义的旅游经济就正式形成了。

(三)旅游经济产业化发展阶段

现代旅游经济虽然形成于19世纪中叶,但一直到了20世纪50年代以后才进入一个快速发展时期。特别是在迈向21世纪的最后几年中,旅游业已成为世界经济中发展势头最为强劲的产业,旅游经济的产业化发展突出表现在以下几方面:

(1)从世界旅游业的发展规模和速度看,1994年全世界的国际旅游人数比1950年增长了19.9倍,年均递增9.1%;国际旅游收入增长了122.6倍,年均递增14.8%。旅游业的增长速度不仅远远超过了世界经济3.2%的平均增长速度,而且也超过了增长势头最好的工业5.3%的平均增长速度。

(2)从世界旅游业对国民经济的贡献看,旅游业年新增价值已占到世界年新增价值总额的5.9%;提供的税收也占每年世界企业提供税收的5.6%。根据国际旅游与观光理事会的研究报告,在美、英、法、日、德五国旅游业同其它产业新增价值的比较中,五国旅游业新增价值分别是五国农业的3.1倍,汽车工业的3.6倍,金属工业的4.3倍,纺织工业的5.7倍。这充分表明:当代旅游业对国民经济的贡献远远高于那些被认为发展势头较好的产业。

(3)从世界旅游业吸收就业人员及创汇水平看,全世界每年新增就业人员中每15个人中就有1人进入旅游业工作。此外,在一些发达国家旅游业创汇占出口总收入的比重高达20%以上,成为国民经济中重要的创汇产业。

(4)从世界旅游业的地位看,其在国民经济中是一个综合带动效应较强的产业,不仅可以直接创汇,吸收大量的劳动力,而且可以带动相关产业的发展,吸收更多的劳动力就业,增加更多的间接收入,并带动旅游目的国的对外开放和经济发展。综上所述,由于现代旅游经济已发展成为一个高增值、高就业、高创汇、高效益的新兴产业,因而旅游业在世界经济及各国经济发展中占有越来越重要的地位。许多国家,特别是发展中国家不仅积极推进旅游经济的产业化进程,而且都把旅游业作为经济发展的重点产业,积极扶持和发展。

三、旅游经济的产业化标志

通过以上对旅游经济产业化形成过程的分析,我们可以看出旅游经济产业是派生的,是随着物质生产的发展和人民生活需要的扩大而逐渐从商业中派生出来的,并形成相对独立的市场结构和生产经营体系,具有独立的分工领域,它是以服务为主的,在长期的发展过程中已形成了自己的主体部门和产业结构体系,具备了成为一个经济产业的基础,并且正日益成为社会经济发展中的重要产业。其具体标志主要体现在以下几方面:

(一)旅游消费需求的集中化

工业化的推进促使国民收入水平不断提高,促进人们生活水平的不断改善,并引起消费结构发生很大的变化。特别体现人们从注重物质生活的需求向更注重精神方面满足的转变,旅游活动越来越成为人们生活中必不可少的内容。随着人们收入水平的不断提高和生活条件的改善,人们对于休闲、娱乐、观光、游览、度假等旅游需求日益增长,从而为旅游经济产业的发展提供了广泛和集中的市场需求。据有关研究表明:当人均国民生产总值达到300美元时,人们即产生旅游需求;当人均国民生产总值达到1 000美元时,人们即产生邻国旅游需求;当人均国民生产总值达到3 000美元以上时,人们即产生远距离的国际旅游需求。可见,随着人们收入水平的不断提高和生活条件的改善,人们对于休闲、娱乐、观光、游览、度假等旅游需求日益增长,从而为旅游经济产业的发展提供了广泛和集中的市场需求。

(二)旅游生产供给的专业化

伴随着旅游消费需求的不断增长,旅游业逐渐从商业服务业中分化出来,形成以旅游经济活动为中心,根据旅游者需求,把多个企业和行业集合起来,向旅游者提供食、住、行、游、购、娱等综合性的旅游产品和专门服务的新兴产业。这些专门经营旅游产品和服务的企业，尤其是旅行社、旅游饭店和旅游交通，不仅对旅游产业的形成和发展具有十分重要的作用；而且成为现代旅游业的三大支柱，标志着现代旅游产业的成熟。

旅行社是指依法成立并具有法人资格，在旅游经济活动中从事招徕、接待旅游者，组织旅游活动，获取经济收入，实行独立核算、自负盈亏的旅游企业。旅行社在旅游产业内部各行业部门中发挥着“龙头”作用，它既是旅游产品的生产者，又是旅游产品的营销者，通过自己的活动把旅游者和旅游经营者联结起来，实现旅游经济活动的有效进行。

旅游饭店是为旅游者的活动提供旅游住宿、餐饮、娱乐和其它服务的旅游企业。旅游饭店是一个国家或地区发展旅游业必不可少的物质基础，也是衡量一个国家旅游业是否发达的标志。旅游饭店发展的数量、规模、档次、服务质量一定程度上决定和影响着一个国家旅游业的发展规模和水平。

旅游交通是旅游业的重要组成部分。没有发达的现代交通运输业，就不可能有发达的现代旅游业。因此，旅游交通和食、住、游、购、娱等共同构成综合性旅游产品，满足旅游者消费需要，并保证旅游经济活动得以有效地进行。

（三）旅游经济运行的规范化

在市场经济条件下，旅游经济的运行实质上就是旅游者和旅游经营者之间的旅游产品交换过程，其包括旅游产品的购买与销售两个对立统一的活动过程。一方面，是旅游者通过支付一定的货币而购买旅游产品，以获得旅游活动中的各种体验和享受；另一方面，是旅游经营者将旅游产品销售给旅游者，以获取一定的经济收入。由于旅游产品是一种以服务为主的产品，因而旅游产品的构成要素可以多次重复使用和提供。从而形成了在旅游经济运行过程中，以旅行社为主将各种旅游产品要素进行有机组合，提供给旅游者。而以旅行社为主的经营活动，就促进了旅游经济运行的规范化，促使旅游经济产业遵循客观经济规律而有效地进行，从而促进了旅游业作为一个独立经济产业的发育和成熟。

《徐霞客游记》评述

《徐霞客游记》是以日记体为主的中国地理名著。明末徐弘祖经30多年旅行，写有天台山、雁荡山、黄山、庐山等名山游记17篇和《浙游日记》、《江右游日记》、《楚游日记》、《粤西游日记》、《黔游日记》、《滇游日记》等著作，除佚散者外，遗有60余万字游记资料。死后由他人整理成《徐霞客游记》。世传本有10卷、12卷、20卷等数种。主要按日记述作者1613-1639年间旅行观察所得，对地理、水文、地质、植物等现象，均作详细记录，在地理学和文学上卓有成就。

在地理学上的重要成就有：(1)喀斯特地区的类型分布和各地区间的差异，尤其是喀斯特洞穴的特征、类型及成因，有详细的考察和科学的记述。仅在中国广西、贵州、云南3省区，他亲自探查过的洞穴便有270多个，且一般都有方向、高度、宽度和深度的具体记载。并初步论述其成因，指出一些岩洞是水的机械侵蚀造成，钟乳石是含钙质的水滴蒸发后逐渐凝聚而成等。他是中国和世界广泛考察喀斯特地貌的卓越先驱。(2)纠正了文献记载的关于中国水道源流的一些错误。如否定自《尚书·禹贡》以来流行1 000多年的"岷山导江"旧说，肯定金沙江是长江上源。正确指出河岸弯曲或岩岸近逼水流之处冲刷侵蚀厉害，河床坡度与侵蚀力的大小成正比等问题。对喷泉的发生和潜流作用的形成，也有科学的解释。(3)观察记述了很多植物的生态品种，明确提出了地形、气温、风速对植物分布和开花早晚的各种影响。(4)调查了云南腾冲打鹰山的火山遗迹，科学地记录与解释了火山喷发出来的红色浮石的质地及成因；对地热现象的详细描述在中国也是最早的；对所到之处的人文地理情况，包括各地的经济、交通、城镇聚落、少数民族和风土文物等，也作了不少精彩的记述。他在中国古代地理学史上超越了前人的贡献，特别是关于喀斯特地貌的详细记述和探索，居于当时世界的先进水平。

在文学上的主要特点是：(1)写景记事，悉从真实中来，具有浓厚的生活实感；(2)写景状物，力求精细，常运用动态描写或拟人手法，远较前人游记细致入微；(3)词汇丰富，敏于创制；绝不因袭套语，落入窠臼；(4)写景时注重抒情，寓情于景，情景交融，同时注意表现人的主观感觉；(5)通过丰富的描绘手段，使游记表现出很高的艺术性，具有恒久的审美价值。

此外，在记游的同时，还常常兼及当时各地的居民生活、风俗人情、少数民族的聚落分布、土司之间的战争兼并等等情事，多为正史稗官所不载，具有一定历史学、民族学价值。《徐霞客游记》被后人誉为"世间真文字、大文字、奇文字"。

第三节　旅游经济活动的地位及作用

旅游经济活动在各国和各地区的国民经济以及社会生活中扮演中非常重要的作用。本节全面介绍旅游经济活动在国民经济中的地位和作用，以及旅游经济活动对政治、社会、文化和环境的影响。

一、旅游经济活动在国民经济中的地位及作用

旅游经济活动作为一个经济性产业，是国民经济的重要组成部分，国民经济作为一个有机整体，要求各部门之间保持一定的比例关系，而每一个经济部门在整个国民经济中的地位，则取决于其本身的性质、规模和运行状况。

因此，旅游经济活动在国民经济中的地位如何，主要取决于旅游业的性质、发展规模及运行状况。从旅游业的性质看，旅游业是一个以提供服务为主的综合性服务行业。通过为人们提供食、住、行、游、购、娱等各种服务，不仅为物质资料生产部门的简单再生产和扩大再生产提供了实现的途径和方式，即满足人们对基本生活和精神生活的需求；而且也是社会总产品供给实现的重要环节，促使社会产品在社会各劳动者间进行合理分配，并不断创造着新的需求。从旅游业的发展规模看，随着社会生产力提高和社会经济的发展，旅游业在国民经济中日益占据重要地位。因为，人们的消费水平是随社会经济发展而不断提高。随着人们经济收入的增多，用于精神需求、满足享乐方面的开支就相对增加，从而促进以满足人们精神、享乐需求为主的旅游业的迅速发展，规模也不断扩大，进而在国民经济中占据重要地位。从旅游业的运行状况看，旅游业是一种“无烟工业”，符合当今世界经济发展的潮流，与发展“绿色产业”相适应。而且旅游业还是一个“朝阳产业”，正展现着良好的发展势头。从现代旅游经济发展的实证分析，当今世界上经济发达的国家，同时也是旅游经济发达的国家，即经济越发达，旅游业在国民经济中的地位就越高。如瑞士、法国、美国、日本、新加坡等国家和地区，并且许多国家旅游收入在国民经济中都占有相当比重。

旅游经济活动不仅在国民经济中占有重要地位，而且其对国民经济的发展及促进，对相关产业的带动，对经济结构的改善等都具有十分重要的作用。具体表现在以下几方面：

（一）增加外汇收入

任何国家要扩大对外经济合作关系，就必须扩大外汇收入。而扩大外汇收入，一是通过对外贸易获得贸易外汇；二是通过非贸易途径而获得非贸易外汇。在当今世界贸易竞争剧烈，关税壁垒林立的背景下，旅游业作为非贸易外汇收入的来源渠道，作用非常突出。因为，旅游业是一个开放性的国际性产业，通过旅游经济活动的发展，不仅能吸引国际闲置资金的投入，参与国际市场竞争，改善对外经济关系；而且旅游业能吸引国外大量旅游者，增加外汇收入，因此人们通常把旅游业创汇称为“无形出口”收入。特别是由于旅游业创汇能力强、换汇成本低，又不受各国税制限制，因而已成为各国创汇的重要手段。

（二）加快货币回笼

积极发展国内旅游业，不仅能够满足广大国内消费者对旅游的需求，而且能够大量回笼货币，促进市场的稳定和繁荣。特别是随着人们收入增多，生活水平提高，必然促使人们的消费结构改善，从而有更多的可支配收入用于旅游活动。因此，大力发展旅游经济活动，激发人们对旅游产品的购买动机，促进各种旅游活动的进行，就能扩大旅游消费，加速货币回笼；同时还能减少人们持币待购而造成的市场压力和风险，增进市场的稳定和繁荣。

（三）增加就业机会

旅游业是一个综合性服务行业，能为社会提供大量的就业机会。因为旅游业本身就是包含多种服务内容的产业，并且许多服务项目不是用现代手段就能取代人力的，因而旅游业所需的就业人数相对于其它产业要高得多。再加上旅游业的带动力较强，除了自身迅速发展外，还能带动相关产业的发展，从而增加相关产业的就业，能为社会提供较多的就业机会。

（四）带动相关产业

旅游业虽然是一个非物质生产部门，但它的关联带动功能很强，不仅能带动物质生产部门的发展，而且能带动第三产业的迅速发展。因为，一方面，旅游业的发展必须建立在物质资料生产部门的基础之上，没有一定水平的物质生产条件，就不可能为旅游业的发展提供基础，因此要发展旅游业，必然要促进各种物质生产部门的发展。另一方面，旅游业作为国民经济中的一个独立综合性的行业，其生存和发展与其它行业密切相关，能够直接或间接地带动交通运输、商业服务、建筑业、邮电、金融、房地产、外贸、轻纺工业等相关产业的发展，从而促进整个国民生产总值的发展。据测算，国外旅游业每收入 1 美元，可促使国民生产总值增加 2.5 美元；而在中国，旅游业每收入 1 美元，可使国民经济增加 3.12 美元，利用外资金额增加 5.9 美元。

（五）积累建设资金

任何经济产业的发展都离不开资金的投入，但相对于传统产业而言，旅游业的发展主要是依靠自身的经济效益，并且还为其它产业发展积累资金。

从中国旅游业看,“七五”期间旅游业总投资为250亿元人民币,而国际国内旅游总收入则达到1 135亿元人民币,投入产出比为1∶4.6。此外,旅游创汇之比也为1∶2.03,说明旅游业是一个高产出、高创汇的产业。其经济效益的增长,不仅为自身发展创造了良好的条件,同时也为整个国民经济及社会发展积累了资金。

(六)带动贫困地区脱贫致富,缩小地区差异,有利于社会稳定

贫困问题是全人类面临的重大难题,世界许多国家都十分关注并提出许多解决问题的对策及措施,从实际上看,贫困地区多数是经济不发达地区,同时也是旅游资源丰富的地区。因此,通过开发贫困地区旅游资源,大力发展旅游业,不仅有利于充分发挥贫困地区旅游资源富集的特点,开发特色鲜明、品质较高的旅游产品;而且能够通过旅游开发及旅游业发展,带动贫困地区及其周边地区人民群众的脱贫致富,加快贫困地区的开发和社会经济的发展,从而缩小了地区与地区之间的差异,为社会治安稳定做出了积极的贡献。

综上所述,旅游业在国民经济中的重要地位,决定了其在促进经济发展中具有显著的作用。因此,大力发展旅游经济活动,以旅游带动地区经济发展,进而促进整个社会经济发展已为许多国家和地区所认识,从而采取了许多政策及措施来加快旅游经济活动的发展。例如,把旅游经济纳入国家的发展计划,增加旅游投资和设施,广泛进行旅游宣传,大力培养旅游人才,制定旅游法规,减免税收,简化出入境手续等等,从而促进了世界旅游经济的高速发展。

二、旅游经济活动对政治的影响及作用

旅游经济活动的发展,不仅对经济具有影响作用,而且对国际政治及国内政治均产生相应的影响及作用。从国内情况看,追求生活质量的提高是每一个国家的任务,而旅游经济活动的发展就在于创造了一种高质量的生活方式及内容,是物质文明和精神文明的结合。因此,大力发展国内旅游,使人民通过旅游活动而开拓眼界,更多的了解国家和民族状况,不仅有利于提高人们的爱国心和民族自豪感,而且使人们的身心健康也得到发展,从而提高整个民族的素质,促进政治的开放和民主。从国际上看,通过国际旅游活动,一方面可以增进旅游者对旅游接待国的认识和了解,澄清一些不正确的信息传播,提高旅游接待国在国际上的

地位、知名度及影响;另一方面,旅游接待国也借此机会增进对世界各国的了解,宣传自己的政治立场及观点,从而加深了国家之间、人民之间的友谊。从对国际政治影响看,旅游经济的发展一般是以比较成熟的外交条件为基础的。如果国家之间没有建立外交关系,没有航空条约,通常很难开展国际旅游业务。因为,在跨国旅游中有关出入签证、外币兑换、人身保险、交通运输及保护本国公民的合法权益等问题都需要通过政府外交途径来解决。所以,国际旅游实际上相当于一种“准外交活动”,其在促进各国人民的相互了解及对世界的共同认识,在协调国家关系,缓和国际危机,以及争取世界和平方面都具有积极的促进作用。

三、旅游经济活动对社会的影响及作用

旅游经济活动的发展对社会的影响,主要体现在对旅游接待国社会的影响。当旅游经济活动发生时,旅游者和旅游接待国人们之间就发生接触并产生一种特殊的社会关系。一方面,作为旅游者,在一个非寻常生活的地方,正沉浸于各种感受之中,因而精神放松,情绪良好,花费随意大方;另一方面,作为旅游接待国的服务人员通常是固定的,他们大部分时间是为满足游客的需求而提供各种服务,因而他们只是日复一日地重复相同的内容的工作。正是由于这种特殊的社会关系,使旅游经济对社会形成不同的影响及作用。

首先,从其对国际社会的影响看,大规模的旅游经济活动,使社会信息得到充分的交流,从而传播了现代文明,促进了各种社会关系的协调及进步。即使是一些非常落后的国家,也因旅游经济发展的影响而不得不打破陈腐的观念及限制,实行对外开放的政策,接受现代文明的洗礼,从而推动了整个人类社会的进步。其次,从其对国内社会的影响看,外国旅游者进入旅游接待国的影响表现在:一是通过旅游者的“示范效应”,引起旅游接待国价值观念和道德准则的变化,如对生活方式的看法,对人生价值标准的转变等;二是引起旅游接待国社会结构的变化,特别是由于旅游业收入较高,女性就业率较高等特点,使旅游接待国的就业结构发生相应变化;三是引起旅游接待国生活方式的变化,特别是青年人受到国外旅游者的“示范”,有些人可能从中受到鼓励,而努力向上,成为社会中富有朝气的人才,也有些人可能更注重外国人的衣着及日用品,从而在生活消费方式上发生改变;四是引起社会环境的改善,例如在交通条件、住宿设施、餐饮特色,乃至个人安全等方面都促使旅游接待国必须加以改善,才能满足国外旅游者的需求。

但是,旅游经济活动的发展对旅游接待国也会产生一些消极的社会影响。例如,旅游业把过多的基础设施和良好的旅游条件提供给国外旅游者消费,使国内人民产生不平等的社会心理;而国外旅游者的挥霍消费,把富裕展现于贫穷之中,造成人们价值准则、心理压力的影响;国外一些不健康的思想、行为的渗入,造成一些令人不满的社会行为。总之,旅游经济活动发展对旅游接待国的社会影响是多方面的,有些是可见的、显性的,但有些也是潜移默化的;有些是积极的,但有些也是消极的。因此,要注意分析和研究,制定正确的对策措施,促使旅游业健康地发展。

四、旅游经济活动对文化的影响及作用

文化是人类在社会发展过程中所创造的全部物质财富和精神财富的总和。文化作为一种社会现象,是以一定的物质基础为前提,其内容随社会物质生产的发展而发展,具有很大的内涵性,以至有人认为,人类社会的发展实质上是一种文化的变迁。因此,旅游经济活动的发展必然与文化产生密切的关联性。一方面,旅游经济活动中的各个过程及内容,无一不是与文化的接触,以至于有旅游就必然有文化,文化是旅游业发展的基础;另一方面,旅游活动是一种流动的活动,是一种文化与另一种文化的交流过程。随着旅游者的流动,就为不同的社会群体及民族文化的接触和交流创造了良好的条件,因而旅游经济的发展过程,也就是世界各个民族文化频繁交流的过程。

旅游对文化的影响及作用,主要表现在:一是旅游经济活动的发展促使民族优秀的传统文化得到发掘、振兴和光大。在旅游经济活动中,旅游者神往的是各民族独特的文化,它是各国发展旅游业必须珍重并充分利用的旅游资源。许多趋向于衰退和消失的优秀传统文化,只有在旅游的发展中才能重新复活并振兴和光大。二是旅游经济活动的发展促使民族文化的个性更加突出。现代文明的发展,促使世界各民族文化的交流,在文化交流中必然有选择和淘汰。旅游经济活动是推动世界各民族文化交流中最广泛、最深刻的方式。在旅游中,通过各种物质文化、非物质文化及语言的广泛交流,使民族文化的精华得到锤炼、保留及发扬,而落后的东西则将逐步淘汰,使各民族文化的个性更加突出,又增强了民族文化特色对旅游者的吸引力。三是旅游经济活动的发展促进了整个人类精神的进步。通过旅游交往来了解其他国家和人民,是文化交流的重要途径。因此,旅游经济活动的发展有利于世界文化的共同发展,有利于促进整个人类精

神文明的进步。因为,旅游经济活动促使各国人民具有了国际观念和开放意识,增强了人们对经济改革与发展的紧迫感,加深了各国人民之间的相互了解及友谊,促进了国家之间科技、文化的交流等,这些都从不同角度促进了整个世界文明的进步。

但是,旅游经济活动发展对文化也有一定的消极影响。一方面,随着外国旅游者带来的外来文化的冲击,可能造成民族自卑心理的滋生和发展,也可能使优秀珍贵的民族文化发生蜕变、甚至消退,还有可能带来一些腐朽的生活方式等,从而使民族文化的健康发展受到冲击。另一方面,为适应旅游经济活动发展的要求,会使许多优秀的传统文化变成一种商业性的娱乐内容,从而失去其原有文化蕴含的特色及内容,并促使一些优秀传统文化的实质发生改变。总之,旅游经济活动与文化是相辅相承的,从文化角度看,旅游经济活动也是一种文化现象。因此,在发展旅游经济的同时,必须对民族文化进行分析,以促使民族文化的特色及精华能随旅游经济活动的发展而发展。

五、旅游经济活动对环境的影响及作用

旅游经济活动的发展促进了国民经济的发展,使世界上许多国家竞相大力发展旅游业,并促使各国重视对旅游资源及生态环境的保护,以实现可持续旅游发展。例如,国际、国内进行的各种世界遗产保护、自然保护区、风景名胜区、历史文物的评级和保护,既保护了人类社会的生存环境、优秀文化遗产,又为旅游经济活动的发展提供了丰富的内容。但是,旅游业的发展也引起了一系列生态破坏、环境恶化的情况。例如,泰国著名旅游风景区帕蒂亚海滩,曾是诗一般的秀丽,而今到处充斥游客丢下的各种垃圾,大量的排泄物使海水也受到污染;世界登山圣地喜马拉雅山,由于大量的登山者的光顾,而失去昔日“纯洁”的形象;埃及的金字塔及狮身人面像,在许多游客的不文明行为下正经受着侵蚀性的破坏;中国的故宫由于数以万计的游客参观和游览,使宫墙受损,各种走道、门槛变得坑坑洼洼;一些原始森林因旅游开发而遭破坏,诸如此类,不胜枚举。总之,随着旅游业的发展,其对环境造成的破坏性影响也是突出的。

旅游经济活动发展对环境的不良影响主要表现在:一是旅游产品生产过程所造成的不良影响,如自然景观的破坏,原始森林的砍伐,各种污染物的排放等;二是旅游活动过程中的破坏,如旅游者排放的各种垃圾,各种车辆、运输工具排放的废气、噪音等;三是游客过多而造成的人为破坏,交通拥塞等。因此,发展旅

游经济必须同保护环境协调起来。通过对环境的保护，为发展旅游业创造更好的条件；通过发展旅游业，改善环境，提高环境的美感，从而把发展旅游经济和保护旅游资源、旅游环境有机统一起来，达到既发展旅游经济，又保护环境的目的。

北京市怀柔区旅游规划的泛旅游产业整合思路

1. 新城城市休闲战略

现代城市的一个重要功能就是游憩功能。城市不仅是生产、交通、居住的空间，更应该是人们休闲、游憩、旅游、交往的地方。通过发展旅游业，能在很大程度上促进怀柔区城市基础设施的完善、综合功能的加强、生态环境的美化和社会文明程度的提高。

新城休闲化战略具体说就是新城城市化功能往旅游化、休闲化、景观化的方向发展，实现新城城市化和大旅游产业的对接，符合创意创业、会展产业的休闲环境需求，形成城市市民休闲和游客休闲场所一体化的结构，实现"景在城中、城在景中"的新城发展目标。

新城休闲化战略的实施，不仅有利于怀柔市成为一个富有特色的旅游目的地，还有利于改善区域投资环境，增加城市的综合竞争力。旅游发展与城镇建设是双向互动、互惠互利的，实施旅游发展与城镇建设一体化战略已成为区域旅游发展至关重要的前提。

2. 长城深度开发战略

旅游产业发展到今天，应以"旅游产品和市场互动开发"为原则指导区域旅游开发，即以需定产、以产促需，寻求两者间的最佳结合，实现产品的供需两旺，并在市场的期待和检验中打造出特色长城旅游精品，满足客源市场的最大需求。

3. 奥运经济借势战略

立足怀柔当前的旅游产业背景，以长远利益为奋斗目标，优先开发资金到位、带动性强、经济效益好的奥运接待与休闲项目，形成极性带动。

4. 产业发展联动战略

旅游业的发展，不仅要凭借旅游资源的优势，更要依托工业、农业和第三产业的发展。作为新兴产业，旅游业必须通过"渗透—相对独立—再渗透"的依托性战略，在国民经济产业体系中扩大产业规模，提高产业素质和效益，形成旅游业和其他产业相互推动发展的格局。

5. 旅游结构平衡战略

着力改善怀柔旅游格局南强北弱的失衡状况，改变这种信息、物流的极端不对称性的现状，加强北部旅游开发力度，发挥森林与民俗的资源优势，将旅游扶贫的社会意义圆满体现于此。民俗旅游低级重复开发过度，要控制平衡，搞出特色，建立良性竞争的业态环境；观光景区低级开发过渡，休闲度假产品相对不足，都是需要解决的问题。

6. 一体化发展战略

(1)生态建设与旅游发展一体化。通过旅游开发建设，改善生态环境和进行生态文化建设。

(2)环境建设与旅游发展一体化。大力进行自然环境和社会环境建设,使其适应旅游业的发展。

(3)城镇建设与旅游发展一体化。以旅游区主题形象包装城乡(城区和涉及旅游的乡镇、村庄),旅游开发与城乡建设要加上文化符号和旅游服务功能,赋予城乡新的文化内涵。

(4)文化建设与旅游发展一体化。将文物、文化资源的深刻内涵强力挖掘、搞活,将旅游文化、旅游观光、旅游参与融为一体。

(5)经济建设与旅游发展一体化。充分认识旅游业的发展对当地经济发展的拉动作用,并最大限度地加以利用,旅游扶贫的意义尤其重大。

(6)精神文明建设与旅游发展一体化。树立旅游区居民"人人都是旅游形象,处处都是旅游环境"的基本意识,以文明待客、热情服务、童叟无欺的要求来规范旅游服务质量。

(7)旅游发展同周边区县旅游建设一体化。利用相对的区位优势及长城在全区、全国旅游市场所占份额,组成长城黄金旅游线,发展怀柔区旅游。

资料来源:绿维创景.

航空产业与旅游产业相互促进比翼齐飞

前不久,新组建的海航集团旗下的海航旅业集团以机票让利在北京推出了 2000 元以下低价的"海南双飞五日游",不到一周,吸引了数百名游客报名参团。尤其在北方寒冷的冬季,温暖如春的海南更是吸引了许多老年人的兴趣。

国家旅游局日前发布市场预测,到 2015 年,国内旅游总人数将达到 30 亿人次,比现在翻一番。巨大的市场吸引各大航空公司进入旅游市场,航空与旅游两大产业融合趋势日益明显。

1. 航空与旅游两产业优势互补

今年以来,国内航空巨头纷纷发力旅游市场,国航、南航、东航等都采取不同促销方式吸引游客。日前,南航与港中旅集团签署战略合作协议,双方通过强强联合实现客源互动、资源共享、优势互补,以提升企业市场竞争力。而海航集团整合其航空、旅游等各项优势资源组合而成的海航旅业集团在今年旅交会上首次亮相,吸引了业界的广泛关注。

海航旅业集团总裁马国华对记者说,"作为一个既有航空公司又有旅行社的集团来讲,它熟知航空公司的报价系统,它在设计旅游产品控制产品成本的时候,几乎可以说对机票的价格了如指掌"。

据统计,航空业 30%的客源来自旅游,而机票占了旅游成本的 60%以上。民航与旅游的融合让游客得到了实惠,提升了航空客座率。而依托旅行社产品同步推行的机票预售,也让航空公司解决了多年来的机票预售难题。

马国华说,"今年海航股份拿出了 100 万张机票来让旅业集团协助做机票预售,到目前为止，光是这100万张机票销售之后，给航空带来的利润上千万元，如果没有旅游产品打包，这是不可能实现的”。

目前，中航、国航、南航、东航等各大航空集团都已建立了自己的旅游板块，并通过控股、收购等方式涉足到酒店、旅行社、旅游网、景区等，一些航空公司的旅游产业增长迅猛，有望在短期内与主营业务收入平分天下。

2.“海航”整合资源促进发展

航空与旅游息息相关，目前国内几家航空巨头都拥有一些旅游资源，但与其他航空巨头不同的是，海航旅业集团的相关旅游产业资源十分丰富，自身不仅拥有一个强大的企业实体支撑，而且旗下还拥有多家航空公司、旅行社、酒店等，年综合产值已达30亿元，其实力可见一斑。

据了解，海航旅业集团是海航集团的7大业务板块之一，负责整个海航集团旅游产业链的资源整合和旅游业务拓展。该集团拥有4家航空公司：金鹿公务航空公司、金鹿航空公司、西部航空公司和云南祥鹏航空公司，总共拥有19架飞机。3家定期飞行的航空公司目前通航城市已有北京、广州、重庆、杭州、昆明、西安、哈尔滨等数10个城市，同时机队规模和航线网络也正在迅猛扩展。此外，海航旅业集团还拥有其兄弟公司海南航空的航空资源支持。

从酒店资源看，海航集团的酒店管理公司是国内实力雄厚的酒店集团之一，并跻身世界酒店业百强，拥有10 000多间客房、30余家酒店，在北京、上海、广州、深圳、杭州、昆明等旅游城市均有高档酒店。与此同时，海航旅业集团还拥有丰富的地面交通资源，如拥有海南最大的汽车租赁公司——思福汽车租赁公司，该公司在北京、上海、西安、海口、三亚等地拥有分公司，并计划陆续在全国各重点城市开设分公司，力争打造中国最大最专业的汽车租赁服务企业。此外，集团还拥有2家全国一类旅游企业：幸运国际旅行社和吉林省旅游集团。能够拥有如此丰富的旅游相关资源，这在旅游业极为少见。

马国华对记者说，“针对集团旅行社资源不足的情况，今年我的大部分时间都在各地建立旅行社，目前通过兼并或合作已与6家旅行社建立了关系”。

如何将这些资源整合起来发挥最大优势？海航旅业集团研究发现，随着信息技术和旅游业的飞速发展，旅游信息化已成为全球瞩目的又一新兴行业。今年第二季度，中国网络旅游市场总体市场规模达到6.24亿元。

为提高各种旅游资源的利用率，海航旅业集团决定为这些资源建立一个强大的信息化网络做支撑。前不久，集团推出了一个旅游产品批发平台——龙腾九州网。该网是集团全力打造的B2B旅游产品分销平台，它集产品交易、业务管理、知识信息共享于一体，集海航众多旅游资源于同一平台。

马国华告诉记者，明年集团将加强对所控资源的管理，加大旅游信息化的建设，制定旅行社品牌服务标准，规范旅游市场秩序，充分发挥集团资源优势，大力拓宽旅游产业发展。

业内人士认为，目前国内旅行社依然面临小、散、弱的局面，实力雄厚的大企业比较少。像海航旅业这样能为游客提供航空、酒店、汽车、导游等品牌服务的旅游企业，在国内还不多见。此次海航旅业携强大资源优势，并借助海航集团航空、金融等平台进军旅游产业，其未来发展态势不可小觑。这样的大型航旅集团将为旅游业的发展注入新生力量。

3. 合作发展天地宽

在航空公司进入旅游业的同时，旅游集团也在进入航空领域。春秋国旅和东星国旅两年前率先组建了春秋航空和东星航空。如今，依托每年上百万的游客基础，春秋航空推出了超低价机票和机票手机预订业务，大力扩张航空市场份额。今年，春秋集团的旅游和航空业务都将实现两位数的增长。

作为进入航空领域比较早的旅行社，春秋航空在发展之初就定下了“两高两低两单两减”的发展模式，这就是高客座率、高飞机利用率；低营销费用，低管理费用；单一机型，单一舱位；减少非必要成本，减少日常费用。

说到国际上的低成本经营，美国西南航空公司有着多项创新，比如只采用波音 737 一种机型，飞机备件利用率高，机舱布局统一，不设头等舱，不提供餐饮服务，登机不对号入座等。在美国航空界运力过剩和燃油价格飙升的今天，美国西南航空公司仍然保持着连续 30 年以上盈利——这在航空历史上极为少见。

如今春秋航空的一招一式，也可以与美国西南航空相媲美了。

春秋航空的目标客户定位在 3 个层面：旅游客户；自掏腰包的商务旅客——这部分群体对价格敏感；年轻的都市白领——他们上网购买机票的能力很强。凭借春秋国旅年组团 200 万人次的庞大客源网络，旅游客户每年可以为春秋航空贡献 40%的旅客量，余下的 60%则依靠春秋航空廉价的机票政策和优质的服务。

据了解，春秋航空只为旅客免费提供一小瓶矿泉水，没有一般航空公司的餐食；空乘人员自己打扫机舱；在航班上推销各种小吃和公司的各种纪念品；他们的服装一套一般不足 1 000 元；航班上全部是经济型座位，没有头等舱。春秋开航两年多，机票价格比市场平均水平低了 36%。低成本、低价格最终赢得了大量客源，现在春秋航空平均每个航班的上座率达到了 95%，远远高于 70%的行业水平，8 架飞机两年累积实现利润 6 700 万元。

一位业内人士认为，旅行社进入航空领域，让更多的游客享受到低廉的票价和飞机的便捷。但同时也应该看到，在燃油价格不断飙升的情况下，这些航空公司在资金、管理、人才等方面也遇到不少的困难。

当然，在国际上也有旅游集团涉足多个领域比较成功的案例。如全球企业 500 强之一的欧洲途易集团旗下拥有 81 个品牌，4 700 家旅游批发商，1.5 万多家旅游零售商，参控股欧洲 7 家航空公司，拥有 142 架飞机，285 家酒店，年营业额高达 224 亿欧元。业内人士认为，途易的成功主要受益于管理、品牌、质量 3 个方面的原因。但愿不久的将来，中国旅游市场也能出现几个这样有实力的旅游大企业，从而推动中国旅游业健康、快速发展。

今后，随着我国旅游市场的日益兴旺，各大航空公司进入旅游业的速度将会加快，航空与旅游的产业融合趋势将会更加明显，两大产业将呈现相互促进比翼齐飞的共赢局面。

资料来源：中国经济网.

复习思考题

1. 现代旅游与传统旅游相比有何差别？
2. 现代旅游经济有何基本特征及发展特点？
3. 阐述旅游经济形成的条件及过程。
4. 旅游经济产业化的标志有哪些？为什么？
5. 旅游经济在国民经济中有何重要地位和作用？
6. 旅游经济对社会、文化有何作用和影响？
7. 从可持续发展角度阐述旅游与环境的关系。

主要参考文献

百度百科：http://baike.baidu.com.

罗明义. 旅游经济学[M]. 北京：高等教育出版社，1998.

绿维网：http://www.anyscape.com.

中国经济网：http://www.ce.cn.

周振东. 旅游经济学[M]. 大连：东北财经大学出版社，2002.

赵恒伯. 旅游经济学[M]. 北京：高等教育出版社，2004.

第三章 旅游需求与供给基本理论

旅游需求与旅游供给是旅游经济活动中一对基本矛盾，它们之间的关系既对立又统一，它们之间的矛盾运动构成了旅游经济活动的主要内容。

本章从论述旅游需求与旅游供给的概念入手，分析了旅游需求与旅游供给发生改变的主要影响因素，揭示了旅游需求与旅游供给的内在规律及弹性，探讨了旅游需求与旅游供给的矛盾运动及其均衡，从而为解决旅游市场上的供求矛盾问题提供理论指导。

第一节　旅游需求基本理论

旅游需求是旅游经济活动的重要组成部分。本节从一般商品需求与旅游需求的比较入手，分析了旅游需求产生的条件、特征以及影响旅游需求的因素。

一、一般商品需求与旅游需求比较

(一)一般商品需求的概念

在经济学中，需求一词意味着消费者对某种商品的需要，需求量指消费者在一定的时期内(比如一周、或一月、或一年)，既定的价格下愿意且能够购买的数量(不是指人们想要消费的数量)。需求量的增加与减少会导致市场价格波动，但是影响市场价格的不是单个消费者的需求量，而是市场中所有消费者需求量的总和——总需求量。

(二)旅游需求的概念

旅游需求同样意味着旅游消费者对某种旅游商品的需要，其有效需求表现为具有一定经济支付能力和余闲暇时间、并爱好旅游的消费者,在一定时期内,愿意以既定的价格购买旅游商品的数量。正确理解这一概念,必须掌握以下几点:

1. 旅游需求表现为旅游者对旅游产品的购买欲望

旅游需求作为旅游者的一种主观愿望，表现为旅游者对旅游活动渴望满足的一种欲望,是激发旅游者的旅游动机及行为的内在动因。但旅游需求并不是旅游者实际购买旅游产品的数量,它只表现为对旅游产品的购买欲望,而这种欲望能否实现,则取决于旅游者的支付能力及旅游经营者提供旅游产品的数量。

2. 旅游需求表现为旅游者对旅游产品的购买能力

购买能力是指人们在其收入中用于旅游消费支出的能力。在其他条件不变的情况下,个人可支配收入越多,则人们对旅游产品的需求就越大。

3. 旅游需求表现为旅游市场中的一种有效需求

在旅游市场中,有效的旅游需求是指既有购买欲望、又有支付能力的需求。它反映旅游市场的现实需求情况，因而是分析旅游市场变化和预测旅游需求趋势的重要依据,也是旅游企业经营者制定经营计划和营销策略的出发点。

二、旅游需求产生条件

旅游需求是怎样产生的,或者说产生旅游需求需要具备哪些条件,这是一个涉及面很广的复杂问题,需要从社会、经济、心理等多个角度进行分析。归纳起来主要与两个方面有关:一是旅游者的主观因素;二是一定的客观条件。主观因素为旅游动机,客观因素包括可自由支配收入的增加、闲暇时间的增多及现代交通运输业的发展。

(一)旅游需求产生的主观条件——旅游动机

旅游动机是旅游需求产生的主观条件。日本的旅游研究学者田中喜一在1950年撰写的《旅游事业论》一书中,将人们的心理动机归纳为思乡心、郊游心、信仰心;精神动机归纳为知识欲望、见闻欲望、欢乐欲望;身体动机归纳为保养欲望、运动欲望;经济动机归纳为购物目的、商业目的等。

人们之所以想去旅游就是为了满足自己上述的旅游欲望。换句话来说,旅游者购买旅游商品本身并不是其行为目的,最根本目的是为了满足自身的旅游欲望。如果没有这种旅游欲望, 人们便不会有意去购买旅游商品, 这样与旅游商品就无缘了。有了旅游欲望,并具有能实现其欲望的良好环境,就一定会产生旅游动机。

(二)旅游需求产生的客观条件

1. 可自由支配收入的增加是产生旅游需求的首要条件

可自由支配收入指个人收入中扣除应交纳的个人所得税后的余额,是人们可以任意决定其用途的收入。可自由支配收入是产生个人旅游需求的必要的经济条件,可自由支配收入越多,用于旅游消费的可能性越大。因为享受是人与生俱来的欲望,人们都想在满足了吃、穿、住等基本生活必需后,追求精神富裕的享受。

2. 闲暇时间的增多是产生旅游需求的必要条件

产生旅游需求的第二个客观条件就是要有足够的可用于外出旅游的闲暇时间。因为旅游产品不是具体的物品,而是一条旅游路线,完成一条旅游路线必然需要旅游者的移动,而移动又必然需要时间。闲暇时间是指一个人在日常工作、学习、生活以及其它日常限制性活动之外,可用以随意支配的自由时间。但不是所有的闲暇时间都可以用于外出旅游。因为闲暇时间有长有短,旅游所需时间是比较长的,用于旅游的闲暇时间实际上是指历时较长的连续几天的假期。

3. 现代运输的发展是产生旅游需求的保障条件

现代化交通包括航空运输、铁路运输、公路运输、水上运输四个方面。不论旅游者出于何种动机外出旅游,都不愿把宝贵的时间花在漫长的旅途中,中远程旅游者更是如此。现代科学技术的进步为人类提供了大型民航飞机、空调客车、高速列车等现代化的交通运输工具,使旅游者在旅游活动中更加快捷、方便、安全和舒适,从而有效地刺激了旅游需求的产生。

三、旅游需求特征

旅游需求是人类需求的重要组成部分,它既有人类需求的一般特征,又有不同于人类一般需求的特殊性。

(一)旅游需求是一种高层次的需求

美国心理学家马斯洛认为,由于人们的兴趣爱好及所处环境的差异,使人们产生各种各样的需求。他将需求分为生理需求、安全需求、社交需求、尊重需求和自我实现需求五个层次,五个层次的需求总是由低向高逐渐得到满足的。随着低层次需求得到一定满足,人们就会追求更高层次的需求,如探亲访友、考察学习、疗养度假、观光旅游、揽胜探奇等。

(二)旅游需求是一种综合性的需求

一般旅游者在购买旅游产品品之前都会将多种旅游服务(食、住、行、游、购、娱)综合进行考虑,这就意味着旅游者对旅游产品产生一种综合性的需求。旅游需求所具有的综合性特征,导致旅游需求所要求的旅游服务也是由不同的行业来提供。由于各行业的归属不同,在针对旅游者的需求提供服务方面则不存在自动协调的机能,有时会制约旅游业的发展。为适应旅游需求的综合性的特征,要求提供旅游供给的各行业之间要具有互相协调的精神,以及政府在政策上需要实施宏观调控。

(三)旅游需求是一种主导性的需求

旅游需求是在外部刺激影响下,经过人的内在心理作用而产生的,是人类各种行为发生的内在动力。旅游需求的产生虽然受旅游产品的吸引力作用,受经济、社会、政治、文化及环境等各种因素的影响,但最根本的还是由人的心理因素所决定。人们的价值观、生活方式、生活习惯、消费特点等都会直接决定和影响旅游需求的产生,因而旅游需求是一种主导性的需求。

(四)旅游需求具有季节性

旅游需求的季节性是指旅游者的流量具有在一年当中集中在短期内或特定时期的倾向。例如欧美的旅游季节集中在7月至8月,而日本的最大旅游需求量集中在每年的4月底至5月初的黄金周期间、7月至8月的暑假期间以及年末年初期间。中国的旅游需求量过去则集中在"春节"、"五一"、"十一"这三个黄金周以及7、8月的暑假期间,但随着节假日的调整,"中秋"等传统节日将成为新的旅游集中时间。

四、影响旅游需求的因素

旅游需求除了受到旅游者自身的旅游动机、收入水平、闲暇时间及交通条件的直接作用外,还是在政治、经济、文化、法律、自然、社会等各种因素的综合影响下而形成的一种社会经济现象。因此,全面地掌握和了解旅游需求,还必须对影响旅游需求的各种因素进行分析。通常,影响旅游需求的主要因素有人口因素、经济因素、社会文化因素、政治法律因素、旅游资源因素等。

(一)客源地的人口因素

旅游是人的一种行为活动，客源地人口状况是影响旅游需求的重要因素之一。人口的数量、结构、分布状况等对旅游需求产生着重要影响,从而形成不同的旅游需求规模和结构。

1. 客源地的人口数量

尽管没有直接数据表明人口总数大的客源地,旅游者的人次就一定多,但是客源地产生旅游者的绝对数量必然要受到其人口总数的限制。一般来说,人口基数大的客源地在出游率不高的情况下出游的人次依然可能较多；在出游率相同的情况下,人口基数越大,旅游人次数也就越多。而且,从长远来看,人口基数大的客源地,其潜在的旅游需求也大,在客观条件具备的情况下,转化为现实旅游需求的数量也会比较大。

2. 客源地的人口结构

人口结构是指人口的年龄、性别、职业、素质等的构成情况。从年龄结构上看,不同年龄段的人,其经济收入、兴趣爱好、身体健康状况、消费需求等也各不相同。年轻人一般精力充沛,好奇心强,渴望外出旅游,但往往受到经济收入的限制;中年人年富力强,收入稳定,带薪节假日多,出游率较高;老年人有经济积累,又很少有子女负担,旅游时间也比较充裕,但容易受到健康条件的约束。从性别结构上看,对旅游需求的影响主要表现在旅游需求的数量和构成方面。由于性别不同,生理、心理、兴趣也明显不同,导致男女旅游者在旅游活动中表现出明显不同的旅游需求构成和倾向。相对而言,女性旅游者对于逛街购物、美容等表现出较强的需求倾向。

3. 客源地的人口分布

人口分布是指人口在一定时间内、一定地理空间中的集散状态,是在自然条件、社会经济条件和政治条件等综合作用下形成的。一个客源地特定的人口分布状态也是上述条件的必然反映。不同客源地的自然环境、社会经济环境和政治环境之间的差异性是旅游者产生旅游动机的客观基础，不同客源地中生活的人们往往具有不同的旅游需求和旅游倾向。就人口城乡分布而言,城市居民渴求旅游的人数远比农村居民要高。这是因为城市居民的收入普遍比农村居民要高,具有产生旅游需求的基础;同时城市人口稠密、居民工作压力大,迫使人们外出旅游调节生活、缓解压力。此外,发达的交通条件、灵敏的信息及服务、良好的教育背景等也造成了城市居民的出游比例远较农村居民高。

(二)经济因素

旅游需求是一种基于生存需求层次之上的高层次需求，以发展自我和精神享受为主要内容，没有丰富的物质基础和良好的经济条件，旅游需求不可能产生。因此,国内生产总值、旅游产品价格、外汇汇率等因素会直接或间接影响旅游需求的规模与结构。

1. 国内生产总值(GDP)

国内生产总值是指一个国家或地区在一定时期内所生产的最终产品和最终劳务总量的货币表现。它反映了一个国家或地区在一定时期内整个社会物质财富的增长状况,是衡量经济发展水平的重要指标。国内生产总值的高低决定着人们收入水平。旅游客源地国内生产总值越高,人们可自由支配收入也就越多,产生的旅游需求也就越多,旅游的规模和结构就会相应提高。旅游接待地国内生产总值越高,人们收入水平越高,用于改善生活水平、提高生活质量的投入就越多,旅游设施及接待条件就相应较好,从而可以吸引更多的旅游者。

2. 旅游产品价格

旅游产品属于高档消费品,价格的变化会使旅游需求大幅度变化,在我国,旅游业的发展历史不长,大多数工薪阶层收入不高,则价格的小小波动会对旅游需求量产生很大的影响。一般来说,旅游需求与价格具有负相关关系,即旅游产品价格上升,旅游需求就下降;旅游产品价格下降,旅游需求就上升。

3. 货币汇率

货币汇率是指两个不同国家货币之间的比价。在国际旅游市场上,旅游客源国与旅游接待国之间的货币汇率发生变动时,便会导致实际旅游价格的变动,进而间接影响旅游需求及其分布。如果旅游接待国同旅游客源国之间的汇率上升,旅游接待国的货币升值,旅游产品的实际价格就会上涨,该接待国的国际旅游需求就会减少,旅游者就会倾向于选择其他的接待国进行旅游;相反,如果旅游接待国同旅游客源国之间的汇率下降,旅游接待国的货币贬值,旅游产品的实际价格下降,该接待国的国际旅游需求就会增多。

(三)社会文化因素

世界上不同国家或地区具有不同的社会文化背景,形成了不同的价值观念、风俗习惯、语言文字、宗教信仰等。国家、地区和民族之间社会文化的差异性也必然导致旅游者对旅游产品的需求和感受具有较大的差异性。

(四)政治法律因素

影响旅游需求市场的政治因素主要有:政府对发展旅游业的政策和措施、政府对国际旅游业的态度、国家内部及国家之间的政治冲突、战争、恐怖主义活动等。政治稳定对该国的旅游产生促进作用;反之,不稳定的政治环境使旅游者可能承担各种风险,从而造成旅游者的心理压力,使旅游需求下降。政治环境的稳定与否会引起旅游需求的剧烈波动,有时这种波动甚至会扩大到邻近的国家和地区,导致整个旅游区域的旅游需求下降。

(五)旅游资源因素

旅游资源和旅游需求相辅相成,旅游资源刺激旅游需求的产生,旅游需求则促使旅游资源转换成经济优势,二者相互影响,相互作用,相互促进。旅游接待地的旅游供给决定着旅游需求被实现和满足的程度。例如,20 世纪 80 年代去敦煌的旅游者很多,但在旅游旺季时由于交通运力不足,导致游客是进不去,出不来,从而制约了当时敦煌旅游业的发展。

第二节 旅游需求规律

从经济学的观点来看,假定其它因素不变,人们在某一特定时期内对某种商品的需求数量会随着该商品价格的变化而变化。也就是说,当某商品的价格上升时,人们对该种商品的需求量会下降;反之,当某种商品的价格下降时,人们对该种商品的需求量会上升,这种现象称为需求规律。经济学的这一需求规律应用在旅游产品的需求时,就成了旅游的需求规律。

一、旅游需求规律的价格效果

旅游产品价格是影响旅游需求的基本因素,在其他条件不变的情况下,旅游需求量会随着旅游产品的价格上升而下降,会随着旅游产品的价格下降而上升。旅游需求规律之所以能够成立是因为价格效应在起作用,价格效应包括替代效应与收入效应。

(一)旅游产品的价格与旅游需求量的关系

旅游需求规律告诉我们,在其他条件不变的情况下,旅游需求量会随着旅游产品的价格上升而下降,会随着旅游产品的价格下降而上升。旅游需求量与旅游价格之间的关系,反映在坐标轴上就形成了旅游需求价格曲线(图 3-1)。

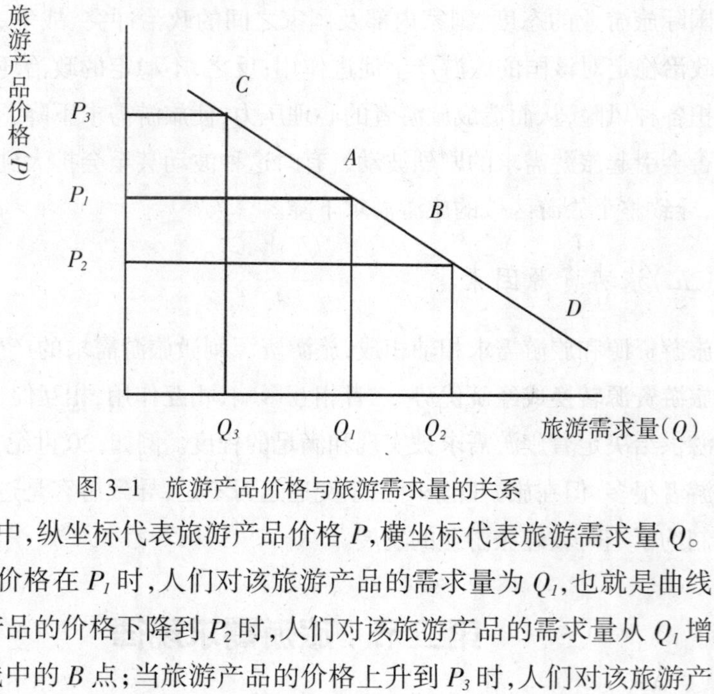

图 3-1 旅游产品价格与旅游需求量的关系

在图 3-1 中,纵坐标代表旅游产品价格 P,横坐标代表旅游需求量 Q。当某一旅游产品的价格在 P_1 时,人们对该旅游产品的需求量为 Q_1,也就是曲线中的 A 点;当旅游产品的价格下降到 P_2 时,人们对该旅游产品的需求量从 Q_1 增加到 Q_2,也就是曲线中的 B 点;当旅游产品的价格上升到 P_3 时,人们对该旅游产品的需求量从 Q_1 减少到 Q_3,也就是曲线中的 C 点。

把 A、B、C 这三点连接起来可以绘制出旅游需求曲线 D(Demand Curve)。可以看出,在这一坐标图上,旅游需求曲线是自左上方向右下方倾斜的一条曲线。说明旅游需求量与旅游产品价格之间成反方向变化的关系,即旅游需求量会随着旅游产品的价格上升而下降,会随着旅游产品的价格下降而上升。

如果将旅游需求量(P)与旅游产品价格(Q)之间的变化关系用函数来表示则为:

$$Q_d = f(P)$$

其中 Q_d 表示一定时期内的旅游需求量，P 表示该时期内旅游产品的价格，f 表示两者之间的函数关系。

若需求函数为线性，则可表示为：

$$Q_d = a - bP$$

式中，a、b 为常数，且 a、b>0。①

(二)旅游需求曲线向右下方倾斜的原因

旅游需求曲线向右下方倾斜，即旅游需求规律之所以能够成立，是因为价格效应在起作用。价格效应包括替代效应和收入效应。

1. 替代效应

替代效应反映了某旅游产品与其它旅游产品之间存在着替代关系，当该旅游产品的价格与其它旅游产品的价格发生不同变化时，会导致旅游者对该旅游产品的需求产生变化，一般来说会用相对便宜的旅游产品代替相对昂贵的旅游产品。在其它旅游产品的价格不发生变化和旅游总需求不变的条件下，若某项旅游产品的价格上升，该旅游产品的需求量就会减少，则其它旅游产品的需求量就会增加；反之，若此旅游产品的价格下降，该旅游产品的需求量就会增加，则其它旅游产品的需求量就会减少。这种旅游产品的价格变化而导致旅游产品与其它旅游产品之间产生相互取代的效应，被称为替代效应。

2. 收入效应

在可自由支配收入没有增减的情况下，当旅游产品的价格上升时，人们会减少外出旅游的需求，而当旅游产品的价格下降时，则会增加对外出旅游的需求。这是因为尽管人们的收入没有发生任何变化，但旅游产品的价格下降相当于人们的可自由支配收入实际上得到了增加，从而使人们有能力以原有的收入水平扩大对旅游产品的需求。

二、可自由支配收入与旅游需求量的关系

人们的可自由支配收入与旅游需求也有着密切的联系。人们只有旅游欲望而无支付能力，形成的是潜在需求，只有既有旅游欲望又有支付能力时，才能形

---

① a 表示需求曲线在横轴上的截距，即当 p=0 时，Q_d=a。-b 表示需求曲线相对于价格轴的斜率，$-b=\frac{\Delta Q_d}{\Delta P}$，或者 $-b=\lim_{\Delta p\to 0}\frac{\Delta Q_d}{\Delta P}=\frac{dQ_d}{dP}$。

成有效需求。在其他因素不变时，人们的支付能力与其可支配收入呈正相关关系,即可自由有支配收入越多,支付能力越强。因此,在其他因素不变的情况下,人们的可自由支配收入越多,对旅游产品的需求越大;人们的可自由支配收入越少,对旅游产品的需求越小,可见人们的可自由支配收入与旅游需求之间存在着正相关关系。

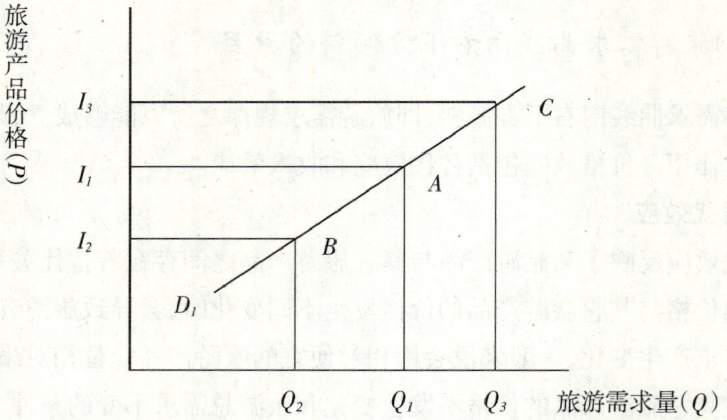

图 3–2 可自由支配收入与旅游需求量的关系

如图 3–2 所示,横坐标轴表示旅游需求量 Q,纵坐标轴表示可自由支配收入 I。当可自由支配收入为 I_1 时,旅游的需求量为 Q_1,相对应的点为 A;当可自由支配收入减少到 I_2 时,旅游的需求量减少到 Q_2,相对应的点为 B;当可自由支配收入增加到 I_3 时,旅游的需求量增加到 Q_3,相对应的点为 C,把 A、B、C 这三点连接起来则构成了旅游收入需求曲线图。

在其他条件不变的情况下,可自由支配收入与旅游需求量呈正相关关系。两者之间的这种关系可用一个函数来表示:

$$Q_d = f(I)$$

其中 Q_d 代表一定时期内的旅游需求量,I 代表可自由支配收入,f 表示两者之间的关系。

三、闲暇时间与旅游需求量的关系

旅游活动作为一种异地开展的消费活动,必须占用和花费一定的时间。闲暇时间不仅对旅游需求量的产生具有决定性作用，而且直接影响着旅游需求量的变化。在其他条件不变的情况下,当人们的闲暇时间增多时,人们对旅游产品的需求量就会相应增加;当人们的闲暇时间减少时,人们对旅游产品的需求量就会相应减少。旅游需求量与闲暇时间呈正相关关系。

四、旅游需求弹性

在前面的介绍中，我们已经知道，旅游需求量与旅游价格之间成反方向变化,即旅游价格上升,旅游的需求量减少,旅游的价格下降,旅游的需求量增加。但旅游经营企业如何制定价格,使其收入最大化呢？为解决这个问题,我们引进旅游需求弹性的概念。

(一)弹　性

在现代微观经济学中,弹性是指一变量对另一变量微小变化的敏感程度,并用弹性系数加以表征和度量。所谓弹性系数是指因变量对自变量变化的敏感程度,即因变量变化的百分比同自变量变化的百分比之间的比率。用公式表示为:

$$E_a = \frac{\Delta Y}{Y} \div \frac{\Delta X}{X}$$

式中:E 为弹性;Y 为因变量;X 为自变量;ΔY 为因变量增量;ΔX 为自变量增量。

弹性一般又分为点弹性和弧弹性。点弹性是指当自变量变化很小时所引起的因变量的相对变化;弧弹性是指自变量变化较大时,所引起的因变量的相对变化。一般用中点的弹性来表示,公式为:

$$E_a = \frac{Y_2-Y_1}{(Y_2+Y_1)/2} \div \frac{X_2-X_1}{(X_2+X_1)/2}$$

式中:E_a 为中点弧弹性;Y 为因变量;X 为自变量。

(二)旅游需求的价格弹性

旅游需求的价格弹性是指旅游需求量对旅游价格变化的敏感程度,即旅游需求量变化的百分比同旅游价格变化的百分比之间的比率。其点弹性基本公式为:

$$E_p = \frac{Q_2-Q_1}{Q_1} \div \frac{P_2-P_1}{P_1}$$

弧弹性公式为:

$$E_p = \frac{Q_2-Q_1}{(Q_2+Q_1)/2} \div \frac{P_2-P_1}{(P_2+P_1)/2}$$

式中:E_p 表示旅游需求的价格弹性系数;Q_1 表示最初(变化前)旅游需求量;

Q_2 表示最终（变化后）旅游需求量；P_1 表示最初（变化前）旅游产品价格；P_2 表示最终（变化后）旅游产品价格。

由于一种旅游产品的需求量与其价格负相关，所以，数量变动和价格变动总是反方向的，计算出的需求价格弹性总是负数。为便于比较旅游弹性系数的大小，在公式前加了负号，从而使弹性系数为正。

例：假设某旅游产品的价格与旅游需求量之间的关系如表 3–1。

表 3–1 旅游需求表

价格（元 / 天）	2 000	1 800	1 600	1 400	1 200	1 000
需求量（天数）	7	8	10	11	12	15

当旅游产品的价格从每天 2000 元下降到 1800 元时，旅游的需求量从 7 天增加到 8 天，则旅游需求的弹性系数为：

$$E_p = -\frac{8-7}{7} \div \frac{1\,800-2\,000}{2\,000} = 1.43$$

这一系数表明，该旅游产品的价格每减少 1%，人们对该旅游产品的需求量增加 1.43%。

根据旅游需求价格弹性的大小，可以把旅游需求分为三种情况：

（1）当 $E_p>1$ 时，表明旅游需求富有弹性，需求曲线的斜率较大。此时，旅游价格的微小变化，便会引起旅游需求的大幅度变化。此种情况下，提高旅游产品价格，会引起旅游需求的锐减，导致旅游总收入减少；相反，降低旅游产品的价格，则会引起旅游需求的剧增，增加旅游总收入。

（2）当 $E_p<1$ 时，表明旅游需求缺乏弹性，需求曲线的斜率较小。此时，旅游价格的微小变化，只会引起旅游需求的较小幅度的变化。此种情况下，提高旅游产品价格，导致旅游总收入增加；相反，降低旅游产品的价格，则会引起旅游总收入减少。

（3）当 $E_p=1$ 时，表明旅游需求量与旅游价格的变化相一致，称为单位弹性。此时，价格的变化，对旅游总收入不产生影响。

（三）旅游需求的收入弹性

旅游需求的收入弹性是指旅游需求量对人们的可自由支配收入变化的敏感性，即旅游需求量变化的百分比同人们的可自由支配收入变化的百分比之间的比率。其点弹性基本公式为：

$$E_I = \frac{Q_2-Q_1}{Q_1} \div \frac{I_2-I_1}{I_1}$$

弧弹性公式为：

$$E_I = \frac{Q_2-Q_1}{(Q_2+Q_1)/2} \div \frac{I_2-I_1}{(I_2+I_1)/2}$$

式中：E_I 表示旅游需求的收入弹性系数；Q_1 表示最初(变化前)旅游需求量；Q_2 表示最终(变化后)旅游需求量；I_1 表示最初(变化前)人们的可自由支配收入；I_2 表示最终(变化后)人们的可自由支配收入。

由于旅游需求量与人们的可自由支配收入同方向变动，因此，旅游需求的收入弹性系数通常为正值。根据旅游需求收入弹性系数的大小，可以把旅游的收入弹性分为三种情况：

(1)当 $E_I>1$ 时，表明旅游需求对人们的可自由支配收入变化的敏感性大，人们的可自由支配收入的较小变化，会引起旅游需求的较大幅度变化。

(2)当 $E_I<1$ 时，表明旅游需求对人们的可自由支配收入变化的敏感性小，人们的可自由支配收入的变化，只会引起旅游需求的较小幅度的增减。

(3)当 $E_I=1$ 时，表明旅游需求与人们的可自由支配收入变化的程度相一致，旅游需求收入弹性为单位弹性。

国际旅游组织的有关研究表明：目前，旅游产品尚属于高档消费品，旅游需求的收入弹性系数较高，有的国家甚至高达 3.0 以上。随着社会的发展，人们生活水平的提高，旅游将成为人们日常生活必不可少的内容，旅游需求收入弹性系数将会逐步降低。

(四)旅游需求的交叉价格弹性

旅游产品是一种由食、住、行、游、购、娱等诸多要素构成的综合性产品，既表现为一个整体的产品，又表现为由若干产品组成的系列，即每一种要素都能够成为独立的旅游产品。因此，从旅游需求的角度看，旅游产品之间既有一定的替代性，又有一定的互补性，从而使得某一种旅游产品的需求会受到另外旅游产品价格变化的影响。

旅游产品的替代性是指性质相同、类型相近的旅游产品在满足旅游消费需求时具有相互替代的关系。比如说，饭店行业中的商务饭店、温泉旅馆、度假村、招待所等都能满足旅行者的住宿需求，但同一消费者在某一特定时间只能选择一处下榻。

旅游产品的互补性是指旅游产品各部分的构成相互补充，某一部分的存在和发展必须以其他部分的存在和发展为前提。例如,某旅游景点的饭店增加,旅游人数增多,就必须增加交通运输能力,只有交通运输能力相应的增加,才能使旅客方便进出该旅游景点。

正是由于旅游产品之间具有替代性和互补性,因此,某种旅游产品的需求量不仅对其自身的价格变化有所反应，而且对其他旅游产品的价格变化也有一定的反应。旅游交叉价格弹性是指某一旅游产品的需求量对其他旅游产品的价格变化的敏感程度。其公式为：

$$E_{xy} = \frac{Q_{y2}-Q_{y1}}{Q_{y1}} \div \frac{P_{x2}-P_{x1}}{P_{x1}}$$

如果旅游产品 x 与旅游产品 y 之间具有替代关系，那么旅游产品 x 的价格下降必将引起对旅游产品 y 的需求量的减少;反之,旅游产品 x 的价格上升必将引起对旅游产品 y 的需求量的增加。因此,对于具有替代性的旅游产品而言,其需求交叉价格弹性系数必然为正值。换而言之,若两种旅游产品之间的需求交叉价格弹性系数为正值,则表明这两种旅游产品之间具有替代关系。

如果旅游产品 x 与旅游产品 y 之间具有互补关系，那么旅游产品 x 的价格下降必将引起对旅游产品 y 的需求量的增加;反之,旅游产品 x 的价格上升必将引起对旅游产品 y 的需求量的减少。因此,对于具有互补性的旅游产品而言,其需求交叉价格弹性系数必然为负值。换而言之,若两种旅游产品之间的需求交叉价格弹性系数为负值,则表明这两种旅游产品之间具有互补关系。

在旅游经济中,旅游产品的替代性和互补性不是绝对的,在一定条件下两者间可以互相转化。例如,航空、铁路、公路运输本是替代关系,但为了开拓国内外旅游市场而把几者有机配套起来,它们从替代关系转化为互补关系;同理,旅游汽车公司与宾馆本来是互补关系,但如果宾馆建立附属车队,扩大服务内容,则旅游汽车公司与宾馆车队就由互补关系转化为替代关系。

第三节　旅游供给基本理论

旅游供给是旅游经济活动的又一重要组成部分。本节从旅游供给的概念入手,分析了旅游供给的特征以及影响旅游供给的因素。

一、旅游供给概念

供给与需求是经济学中相互对应的一组概念，二者之间的矛盾运动过程就是经济的运行过程。就旅游经济而言，旅游供给和旅游需求的矛盾运动构成了旅游经济的运行过程。

(一)一般商品供给概念

在经济学中，供给是指生产者在一定时期内，在一定价格水平下愿意并且能够提供商品的数量。影响整个市场的价格不是单个生产者的供给量，而是市场中所有生产者供给量的总和。影响供给量的因素很多，如商品本身的价格、相关商品的价格、生产要素成本、生产技术水平、政府的经济政策等。

(二)旅游供给的概念

在旅游经济学中，旅游供给是指在一定时期和一定价格水平下，旅游经营者愿意并且能够向旅游市场提供旅游产品的数量。这里的旅游产品包括旅游资源、旅游设施、旅游服务以及一切间接的为旅游者服务的其它设施。正确认识和理解旅游供给的概念，还必须从以下几点加以把握：

1. 满足旅游需求是旅游供给的目的

旅游供给与旅游需求是互相对应的一组概念。旅游目的地的旅游经营者必须以满足旅游者的需求为经营目标，通过建立一整套满足需求的旅游供给体系，保证提供满足旅游者需求的高质量旅游产品。在现代旅游经济活动中，由于旅游市场的不断拓展，旅游供给也在不断地增加，旅游生产经营者在提供旅游产品的时候，必须对旅游需求的动向、内容、数量、层次等进行分析和预测，科学组织旅游产品生产，以达到满足人们旅游需求的目的。

2. 旅游供给必须是有效的供给

虽然旅游需求决定了旅游供给的方向、数量和质量，但是旅游需求仅仅是旅游供给的前提和目标，真正决定旅游供给的关键在于旅游目的地的经营者是否愿意在一定的价格条件下提供旅游产品的愿望。在这里，提供旅游产品的愿望是相对于旅游产品的价格而言，即在某一特定价格下，会有多少旅游产品的供给量与之相适应。有时候旅游产品的供给者虽然具备生产能力，但由于市场价格太低，生产经营者不愿意提供旅游产品。

3. 旅游供给的组成

旅游供给包括基本旅游供给与辅助旅游供给。基本旅游供给是针对旅游者的需求而开发和提供的旅游供给部分，包括吸引旅游者来访的旅游资源、旅游经营者提供的各种旅游设施、与旅游设施相应的各种服务以及连接旅游地之间的交通运输。辅助旅游供给体系是指旅游目的地的基础设施，主要包括当地的公用设施和满足现代社会生活所需要的基本服务设施，如道路、供水、供气、供电等设施。辅助性旅游供给体系的特点在于这类设施的主要服务对象是当地的居民，而不是旅游者。旅游者在旅行期间不可避免地使用这些基础设施，因此，这类设施也是旅游供给的必要组成部分。

二、旅游供给特征

旅游产品是一种特殊的综合性产品，决定了旅游供给是一种特殊的供给。与一般商品的市场供给相比，其特殊性主要表现在以下几个方面：

(一)旅游产品的时间性

旅游产品是以时间消费型服务为中心的，特别是季节性的旅游产品，在特定的季节中销售不出去的话，该旅游产品就会失去它自身的价值，从而导致旅游供给量的减少。例如砀山的梨花节、长丰的草莓节，一旦错过时间，该旅游产品就会失去价值。

(二)旅游供给的计量差别性

一般商品的供给，其供给量是可以累加的，但由于旅游产品的供给是多种资源、设施与服务要素组合而成，且这些构成要素又各具有异质性的特点，因而旅游供给量不能简单的累加，只能用旅游者人数来表示。

(三)旅游供给的产地消费性

地域固定性是旅游产品的一大特点。因此，旅游供给在地域上是不可以移动的，旅游产品的消费只能通过旅游者的移动来完成。这和一般商品的供给有很大区别，一般商品的供给是通过物流环节，把商品运到消费者居住地进行消费。

(四)旅游供给的关联性

由于旅游需求是一种综合性的需求，旅游者在旅游过程中的食、住、行、游、购、娱等方面的需求,单靠某一个旅游企业的供给无法满足,必须由各行各业的多个部门协同完成。因此,旅游供给与社会各行业、各部门之间有着广泛的关联性。

三、影响旅游供给的因素

影响旅游供给的因素主要有旅游资源因素、社会经济因素、旅游价格因素及政府对旅游调控的政策因素等。

(一)旅游资源因素

旅游供给的基本要素是旅游资源，而旅游资源是在特定的自然和社会环境下形成的,是旅游经营者无法改变的。旅游经营者只能把旅游资源作为旅游供给和旅游经济增长的依托,以市场为导向,通过对旅游资源的合理开发和利用,向旅游市场提供具有特色的旅游产品,实现旅游资源优势向经济优势转换。因此,一个国家或地区的旅游资源种类、品位和特色等,决定了这个国家或地区旅游供给的数量和质量。

(二)社会经济因素

旅游业不仅是一项综合性经济产业,也是一项依赖性很强的产业。旅游供给的很多内容都依赖于社会经济发展所能提供的物质条件。如果国家或地区的社会经济发展水平高,经济实力雄厚,科学技术发达,该国或地区旅游业的接待能力就强,旅游供给就充足。如果社会经济发展水平低,就不能保证旅游供给所需的各种物质条件。因此,旅游目的地社会经济发展状况和水平不仅为旅游供给提供了各种物质保障,而且在一定程度上决定着旅游产品的数量和质量。

(三)旅游价格因素

一是旅游产品的价格直接影响旅游经营者愿意提供产品的数量。在旅游市场上,旅游经营者提供产品的目的是为了获取最大利润,当旅游产品的价格上升,旅游经营者就会感到有利可图,从而提供更多的旅游产品;当旅游产品的价格下跌,旅游经营者的盈利减少甚至没有盈利,旅游经营者就会减少旅游供给的数量。

二是生产要素的价格直接影响旅游产品的成本高低。尤其旅游产品是一个包括食、住、行、游、购、娱等多种要素在内的综合性产品,各种要素价格的变化必然影响到旅游产品的供给。在旅游产品价格不变的情况下,若生产要素的价格上升，则使旅游产品的成本增加，从而导致经营企业的利润下降，经营企业就会减少旅游产品供给；反之，若生产要素的价格下跌，则使旅游产品的成本降低，从而导致经营企业的利润增加，经营企业就会增加旅游产品供给。

（四）政府对旅游行业管理的政策因素

旅游目的地有关旅游经济发展的方针和政策，也是影响旅游供给的重要因素之一。不同的国家和地区在发展旅游业的历程当中，都采取过不同的税收政策、投资政策、信贷政策、价格政策等来刺激或减少旅游供给。实践表明，政府的旅游方针和政策对一个国家和地区的旅游供给规模、数量和方向都会产生直接影响。

第四节 旅游供给规律

前面讲过，旅游需求量与旅游产品的价格之间存在着一定的关系，那么旅游供给量与旅游产品的价格之间是否也存在着一定的关系？由于旅游业是以盈利为目的的经济性产业，因而旅游市场上旅游产品的价格波动和变化趋势，必然对旅游接待地的旅游供给量产生一定的影响。

一、旅游供给量与旅游产品价格的关系

旅游供给的一般规律是，在其他条件不变的情况下，旅游产品的供给量与该旅游产品的价格呈同方向变化。即在其他条件不变的情况下，旅游产品的价格越高，旅游供给量越多；旅游产品的价格越低，旅游供给量越少。这种关系可以用旅游供给曲线图来表示（图 3–3）。

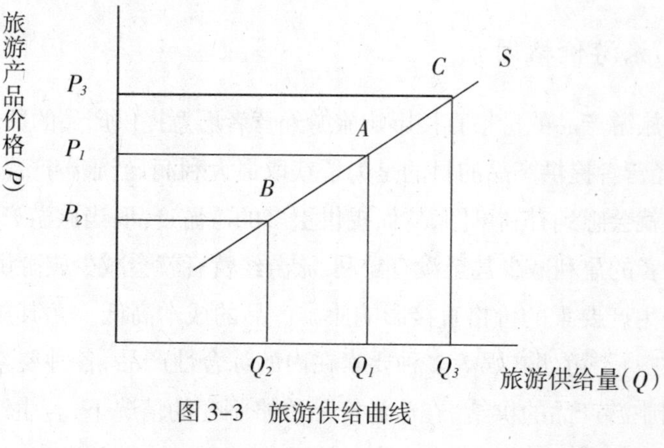

图 3–3　旅游供给曲线

如图 3-3 所示,当旅游产品的价格为 P_1 时,旅游供给量为 Q_1,相对应于 A 点;当旅游产品的价格上涨为 P_3 时,旅游供给量则相应的增加到 Q_3,相对应于 C 点;当旅游产品的价格下跌到为 P_2 时,旅游供给量则会相应的减少到 Q_2,相对应于 B 点。把 A、B、C 三点连接起来就构成了旅游供给曲线 S,该曲线反映了旅游供给量与旅游价格之间变化的轨迹。该曲线用函数来表示则公式为:

$$Q_s = f(P)$$

其中 Q_s 表示旅游供给量,P 表示旅游产品价格,f 则表示两者之间的关系。

若供给函数为线性,则可表示为 $Q_s=-c+dp$。式中,c、d 为常数,且 c、$d>0$。①

二、旅游供给量与其它因素的关系

以上的旅游供给曲线是假定其他因素不变的前提下得出的，但在实际生活中,除价格因素以外,还由许多其他因素(如旅游政策、旅游税收、生产要素价格等)的变化影响到旅游供给。旅游产品本身的价格变化将导致旅游供给量沿着供给曲线发生移动，而其他因素的变化将导致供给曲线位置向左或向右发生移动(图 3-4)。

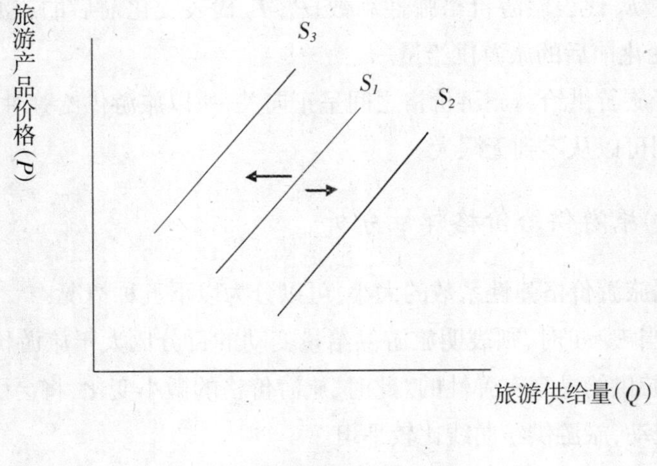

图 3-4　旅游供给曲线

图 3-4 中,曲线 S_1 为原供给曲线,在其他因素不发生变化的情况下,如旅游产品的生产要素价格上升,整个旅游供给曲线就会向左移动到 S_3,如旅游产品的生产要素价格下降,整个旅游供给曲线就会向右移动到 S_2。

① c 表示供给曲线在横轴上的截距,即当旅游商品价格为零时的供给量,它意味着旅游供给量的价格必定是 $P>\frac{c}{d}$,d 表示供给曲线相对于价格轴的斜率,即 $d=\frac{\Delta Q_s}{\Delta P}$,或者 $d=\lim\limits_{\Delta p \to 0}\frac{\Delta Q_s}{\Delta P}=\frac{dQs}{dP}$。

三、旅游供给弹性

旅游供给弹性是指旅游供给对各种影响因素变动的敏感程度。这些因素包括旅游产品价格、生产要素价格、旅游资源和环境容量等。这里重点介绍旅游供给的价格弹性。

(一)旅游供给价格弹性

旅游供给价格弹性是指旅游供给量对旅游价格变化的敏感程度，即旅游供给量变动的百分比同旅游价格变化的百分比之间的比值。其点弹性计算公式为：

$$E_S = \frac{Q_2-Q_1}{Q_1} \div \frac{P_2-P_1}{P_1}$$

弧弹性公式为：

$$E_S = \frac{Q_2-Q_1}{Q_2+Q_1/2} \div \frac{P_2-P_1}{P_2+P_1/2}$$

式中 E_S 代表旅游价格弹性系数；P_1, P_2 代表变化前后的旅游产品价格；Q_1, Q_2 代表变化前后的旅游供给量。

由于旅游供给与旅游价格之间呈正向关,所以旅游供给弹性系数为正值,其数值范围可以从零到无限大。

(二)旅游供给价格弹性分析

根据旅游价格弹性系数的大小,可以分为以下五种情况：

(1)当 $E_S>1$ 时,则表明旅游供给量变动的百分比大于旅游价格变动的百分比,即旅游供给是富有弹性的。此时,旅游价格的微小变化,将会引起旅游供给量很大的变动,旅游供给曲线比较平坦。

(2)当 $E_S<1$ 时,则表明旅游供给量变动的百分比小于旅游价格变动的百分比,即旅游供给是缺乏弹性的。此时,旅游价格的较大的变化,只会引起旅游供给量很小的变动,旅游供给曲线比较陡峭。

(3)当 $E_S=1$ 时,表明旅游供给量与旅游价格的变化程度相一致,旅游供给具有单位弹性,旅游供给曲线为一条正双曲线。

(4)当 $E_S=0$ 时,表明旅游供给完全无弹性,供给曲线是垂直于横轴的一条直线。此时,无论旅游价格如何变化,旅游供给都不会发生变化。

(5)当 $E_S = \infty$ 时，表明旅游供给具有完全弹性，供给曲线平行于横轴的一条直线。此时任何旅游价格策略对旅游供给都没有确定的影响，而只能根据旅游市场上的其他因素的变化来选择价格策略。

第五节　旅游供给与需求的矛盾和均衡

在市场经济中，价格机制是在生产者有意销售的商品数量与消费者有意购买的商品数量相等时产生作用，即价格机制使得市场上的供给量与需求量达到均衡。如果价格过高，供给大于需求，商品的卖方(生产者)之间通过竞争，导致价格下降，从而达到供求平衡；如果价格过低，供给小于需求，商品的买方(消费者)之间通过竞争，导致价格上升，从而达到供求平衡。旅游产品是一种特殊的商品，旅游供给与需求也同样存在着这种矛盾，因此，对一般商品的均衡分析同样适应于旅游市场。

一、旅游供求均衡

在旅游市场中，旅游的需求者代表着买方市场，旅游的供给者代表着卖方市场。作为市场上的买方——旅游需求者总是希望低价多买，而作为市场的卖方——旅游供给者总是力图高价多卖。双方都希望对方能适应于自己的要求而实现旅游产品的交换，使供求达到均衡。

如图 3–5 所示，图中曲线 D 为旅游需求曲线，曲线 S 为旅游供给曲线。当需求曲线 D 与供给曲线 S 相交于 E 点时，所对应的供给量和需求量都为 Q_0，说明供求均衡，此时的价格 P_0 即为均衡价格。

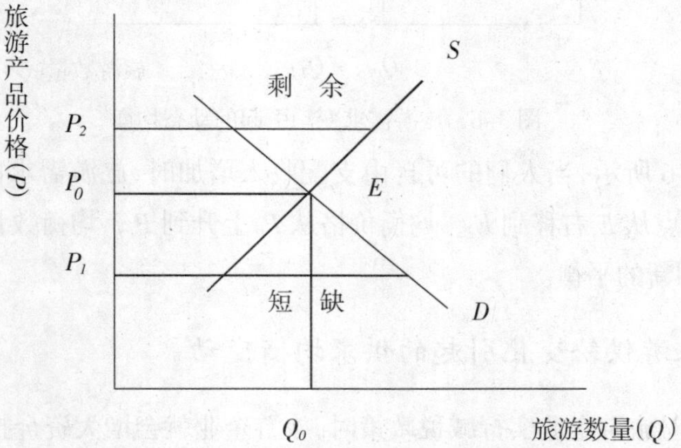

图 3–5　旅游需求和旅游供给的平衡

当旅游产品的价格高于 P_0 时，旅游的供给大于旅游的需求，产品出现剩余，旅游产品的供给者就会降低价格；当旅游产品的价格低于 P_0 时，旅游的供给小于旅游的需求，产品出现短缺，旅游产品的供给者就会提高价格，直到旅游需求曲线与旅游供给曲线相交于 E 点，旅游需求量与旅游供给量相等为止。

二、旅游供求均衡的变动

旅游供求均衡是动态的均衡，当旅游需求或旅游供给发生变化时，都会影响到均衡点的移动，均衡的价格和均衡的数量都会相应改变。

(一)旅游需求变化引起的供求均衡变动

随着经济的发展，人们生活水平的提高，人们的消费意识逐渐改变，由原来的低层次消费向高层次消费过渡，旅游消费作为高档消费也必然随之增加。这种情况会引起需求曲线右移，在旅游供给不变的情况下，原来的均衡点被打破，形成新的均衡点，从而使均衡价格、均衡数量同时增加。

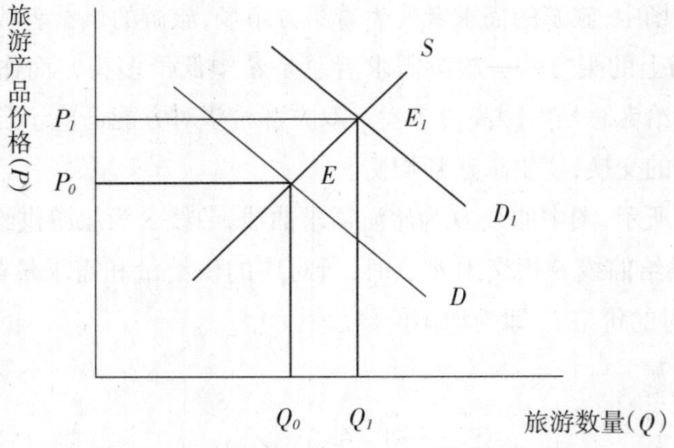

图 3-6 旅游需求变动引起的动态均衡

如图 3-6 所示，当人们的可自由支配收入增加时，旅游需求曲线从 D 右移到 D_1，均衡点从 E 右移到 E_1，均衡价格从 P_0 上升到 P_1，均衡数量 Q_0 从增加到 Q_1，从而达到新的平衡。

(二)旅游供给变化引起的供求均衡变动

当政府对旅游企业实行减税政策时，旅游企业就会增大资金投入，造成旅游供给增加，旅游供给曲线右移，均衡数量增加，均衡价格下降。

如图 3–7 所示，当政府对旅游企业实行减税政策时，旅游供给曲线从 S 右移到 S_1，均衡点从 E 右移到 E_1，均衡价格从 P_0 下降到 P_1，均衡数量 Q_0 从增加到 Q_1，从而达到新的平衡。

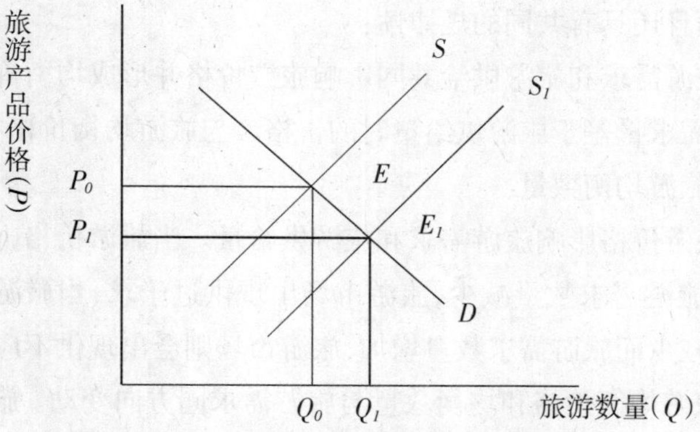

图 3–7　旅游供给变动引起的动态均衡

(三)旅游需求与旅游供给同时变动引起的供求均衡变动

许多情况的发生都会导致旅游需求与旅游供给同时发生变化，它们变化的方向可以是相同的，也可以是不同的；变化的比例可以相同，也可以不同。现我们以两者同时增加为例，来说明均衡点的移动。

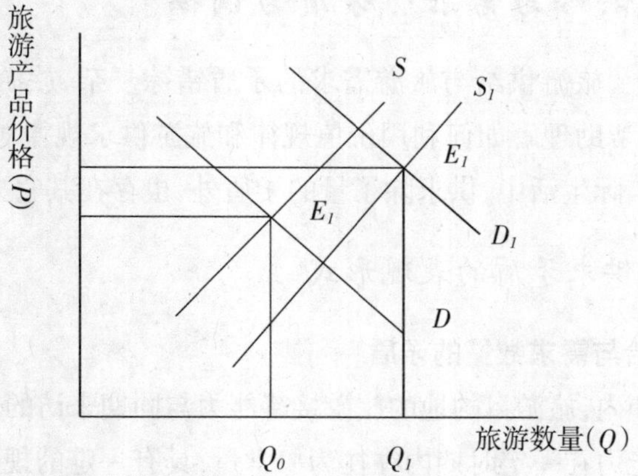

图 3–8　旅游供需同时变动引起的动态

如图 3–8 所示，当某种经济政策导致旅游需求和旅游供给同时增加时，旅游需求曲线从 D 右移到 D_1，旅游供给曲线从 S 右移到 S_1，均衡点则从 E 移动到 E_1，均衡价格和均衡数量都发生了相应的变化。

三、旅游供求规律

从以上分析中得出,在市场经济条件下,旅游需求和旅游供给不仅具有各自的规律性,而且还具有共同的规律性:

其一,旅游需求和旅游供给共同影响旅游价格并形成均衡价格。旅游均衡价格就是旅游需求量等于旅游供给量时的价格, 与旅游均衡价格相对应的旅游供求数量即为旅游均衡数量。

其二,旅游价格影响旅游需求和旅游供给量。当旅游价格上升时,旅游供给数量增加而旅游需求数量减少,旅游市场出现供过于求;当旅游价格下降时,旅游供给数量减少而旅游需求数量增加,旅游市场则会出现供不应求。

其三,旅游均衡价格和均衡数量与旅游需求同方向变动。旅游需求增加,旅游均衡价格提高,均衡数量增加;旅游需求减少,旅游均衡价格下降,均衡数量减少。

其四,旅游均衡价格与旅游供给反方向变化,而旅游均衡数量同旅游供给同方向变动。旅游供给增加,旅游均衡价格下降而旅游均衡数量增加;旅游供给减少,旅游均衡价格上升而旅游均衡数量减少。

四、旅游供给与需求的矛盾与调控

旅游市场上,旅游供给与旅游需求的矛盾错综复杂,旅游供求均衡提供了一种理论方法,帮助理解如何利用价值规律和旅游供求规律对旅游供求量的矛盾进行协调。实际生活中,供求除了量的矛盾外,也存在其它方面的矛盾。

(一)旅游供求矛盾的表现形式

1. 旅游供给与需求数量的矛盾

在一定时期内,旅游目的地的旅游接待能力与同期来访的人数不协调。旅游目的地的接待能力在一定时期内往往为一常量,具有一定的规模,不可能迅速的增加或减少;而旅游需求是一个多变量,人们的收入水平、闲暇时间、气候、社会环境等因素的改变,都会使旅游需求产生很大的波动。旅游供给的这种既定性与旅游需求自身的多变性,必然使供给与需求难以适应,出现旅游目的地的旅游接待能力与同期来访的人数不协调,要么供不应求,人满为患;要么供过于求,宾馆冷冷清清。

2. 旅游热点地区与冷点地区的矛盾

就一个旅游接待国或地区而言，尽管在旅游需求和旅游供给的总量上可能基本保持平衡，但是各地所吸引的旅游者的数量不可能一致，有的地方出现人满为患，而其它地方却门可罗雀。

3. 旅游季节上的矛盾

市场上旅游需求的产生具有时间指向性。在客源地区的节假日，旅游需求产生的多；在旅游资源地区自然资源表现最好的季节，旅游需求产生的也多。旅游需求在时间上的指向性和集中性与旅游设施的常年性和均衡性形成很大的反差，造成某一地的旅游产品在一段时间内供不应求，而在另一段时间内则供大于求，形成了所谓的旅游旺季和淡季。

4. 旅游供给与需求结构方面的矛盾

旅游者的消费层次是有差别的，旅游供给者在建设旅游设施时，也将旅游消费层次的问题考虑进去。一般旅游经营者根据旅游者的消费层次分为高、中、低三个档次，按照一定的比例建设相应数量的旅游设施和提供相应层次的旅游服务。但是由于受多种因素的影响，不同层次的旅游消费者的比例随时发生变化，有时豪华团多，便出现高档次宾馆供不应求；有时普通团多，便出现中、低档宾馆供不应求。

(二)旅游供求矛盾的调控

1. 技术性措施的调控

对旅游供求均衡的技术调控措施主要有两种：一是制定科学的旅游规划，二是进行有针对性的旅游促销。旅游规划是一种通过调节旅游供给来实现供求均衡的调控方式，是一种前馈式控制。其内容包括：旅游市场调查、旅游需求预测、旅游资源开发、旅游设施布局、旅游人力资源开发等。世界上许多国家和地区在制定旅游规划时，都会充分考虑旅游目的地的接待极限、旅游对当地社会、经济和人文的影响以及旅游对自然资源的破坏等因素。旅游促销是一种通过影响旅游需求实现供求均衡的调控手段。旅游供给一旦形成后，其使用周期较长，即使发生供过于求的状况，物质设施在短期很难撤除。正因为如此，各地旅游经营者都将旅游促销作为最直观的调控手段。旅游促销手段很多，一般采取走出去(去各旅行社推销、参加各种旅游展销会)、请进来(邀请国内外业务代表视察本地旅游资源、洽谈旅游业务)这两种办法。

2. 经济手段的调控

经济手段是国家用于调节旅游经济活动的各种与价值形式有关的经济杠杆，主要有财政、税收、价格、信贷、利率和工资等，其中较为重要的是税收政策和价格政策。与旅游有关的税收政策涉及到两个方面，一是对旅游企业征税；二是直接对旅游者征收税收。由于第二种情况并不多见，仅以第一种情况加以说明。一般在旅游供不应求的情况下，旅游供给国或旅游供给地将会采取对旅游企业实行减免税收的办法来刺激民间对旅游企业投资，同时也鼓励旅游企业将因减免税收而积累的资金用于扩大再生产，以达到提高旅游供给的目的。

旅游价格政策主要是指旅游目的地政府在价值规律的基础上，采取不同的价格政策，达到对旅游供求均衡进行控制的目的。政府可以通过各种价格策略的实施，或者迫使旅游产品降价，减少旅游产品供给；或者促使旅游产品价格上升，扩大旅游供给。通过对旅游产品的价格调节，来调控因旅游需求变动带来的均衡变动。

3. 法律手段的调控

国家的法律手段对旅游业的发展、旅游供求的平衡都有宏观的影响作用。主要表现为：首先，一个国家的法律手段虽然不能决定旅游目的地会产生多少旅游需求，提供多少旅游产品，但是，它从法律上规定了哪些供给行为是法律允许的，哪些行为是法律禁止的，以此来规范市场，保证旅游产品生产和消费的顺利进行；其次，法律手段是其它各种手段和措施得以发挥其供求均衡调控的基础；再次，法律手段中的一些条例和法规对稳定旅游供给有积极的促进作用。

海南旅游业发展的启示

海南旅游业从无到有、从小到大、从慢到快，经历了不平凡的发展历程。建省前，海南旅游仅是一个不起眼的小行业。1987 年，中央决定在海南建省办大特区。这一重大事件对海南旅游业起到了极大的推动作用，当年海南接待国内外游客超过前 7 年的总和。尽管如此，1987 年海南接待国内外游客总数仅有 75 万人次。建省后，历届省委省政府高度重视旅游业的发展，尤其是在“一省两地”发展战略的指导下，旅游产业快速发展成为领跑全省经济增长、对全省经济起重要影响的支柱产业、优势产业。2004 年，海南接待游客总数为 1 402.89 万人次，接待海外游客 30.86 万人次，其中外国游客 18.38 万人次；实现旅游总收入 111.01 亿元，旅游创汇 8 160.17 万美元，旅游总收入相当于全省 GDP 的 14.05%。今年以来，海南旅游继续增长，尤其是国际旅游呈现加速发展的良好态势。1–7 月，全省接待海外游客 23.96 万人次，同比增长 35.52%；其中外国游客 14.74 万人次，增长 45.65%；旅游创汇 6 769.04 万美元，增长 48.15%。建省办经济特区17年来，海南旅游已从一个幼小产业迅速发展成为一个初具规模的优势“朝阳”产业。初步测算，2004年，全省旅游业直接创造或通过传导链间接创造的增加值为86.80亿元，对GDP的贡献率为11.0%。其中，旅游业直接创造的增加值为48.84亿元，按可比价格计算比上年增长21.3%，对GDP的贡献率由上年的5.6%上升至6.2%。旅游业已成为海南经济发展的一支重要力量。旅游产业在海南经济社会发展过程中正在扮演越来越重要的角色，发挥越来越重要的作用。从海南旅游产业发展的实践中，我们深刻地认识到：

(1)旅游是相关产业链发展的永动机，是一个产业链极长、聚集度极高、关联度极广、不受时空地域限制的“综合产业”。在经济发展中，旅游产业几乎覆盖了一、二、三产业的大部分领域。发展国内旅游可以拉动内需、刺激消费，这对岛屿型经济特点明显的海南尤显重要。从1988年至2004年建省17年，全省旅游总收入累计达到776.53亿元。发展入境旅游可以创汇，这是境外的社会财富向境内转移。国际社会普遍认为，发展入境旅游是优秀的出口产业，具有“就地出口”、“即时买卖，现汇收入”、“换汇成本低”、“原料消耗少”和“基本不受‘贸易壁垒’干扰”等诸多优点。建省17年间，全省旅游创汇总额超过11.55亿美元，为海南省经济的快速发展和社会的全面进步发挥了重要作用。

(2)旅游是一个社会就业的大平台，是一个创造就业机会、创造就业岗位、聚集就业人员、解决就业问题的“利民产业”、“富民产业”。在经济社会发展中，旅游创造的就业具有成本相对低、就业相对容易的特点。旅游业的发展，旅游经济覆盖面的扩大，为全省城乡创造了大量的就业机会。同等资本投入，旅游业可以创造出高于第二产业数倍的就业机会。根据有关研究测算，旅游业每增加1个直接就业人员，社会就能增加4.5个就业机会。2004年，海南省旅游直接就业13万人，间接就业58.5万人，就业总数达71.5万人。目前，旅游业是海南省吸纳就业量最大的行业之一。在国家免除农业税、农业特产税的情况下，该省中部山区县域经济发展旅游业是有效解决“三农”问题的一条途径。在保护好生态环境的前提下，充分发挥旅游资源优势，强化旅游业的支撑作用，有助于加快中部地区的老百姓脱贫致富步伐，改变海南省经济不平衡的发展状况。

(3)旅游是一个传承民族文化的大舞台，是一个弘扬民族文化，传播先进文化，促进文化资源走向市场的“窗口产业”。海南有丰富的黎、苗族文化，有清官文化、贬官文化、儒官文化、巾帼文化、海洋文化、特区文化等传统和现代文化，有五公祠、海瑞墓、东坡书院等一大批文物古迹。但是如果没有旅游活动，这些文物资源、民族风情资源很难有效地进入市场，实现经济价值。而这些资源一旦与旅游活动结合起来，成为旅游各类文化的载体，就能变为海内外旅游者的消费，既产生出极大的经济价值，又实现了宣传教育功能。三亚南山的佛教文化，亚龙湾国家度假旅游区的度假文化，南湾猴岛的“生态文化”，都开阔了人们的眼界，弘扬了海南文化，陶冶了人们的情操，赢得海内外游客的高度赞誉。

(4)旅游是一个三次产业和谐发展的大戏台，是一个经济结构调整、招商引资、城市化进程的“催化产业”。在经济结构调整中，旅游业成为一个有利于第一、二、三产业互相渗透合作、和谐发展的"催化产业"。随着海南旅游产业的发展壮大，不仅拓宽了旅游资源概念，旅游的内容和形式也延伸到休闲、度假、修学、探险、科考等，使旅游经济覆盖面急剧扩张到许多没有传统旅游资源的地区。博鳌亚洲论坛旅游度假区、亚龙湾国家度假旅游区、三亚海棠湾旅游区等大型旅游区的建设都聚集了城市的要素，对一、二、三产业的覆盖面越来越大，"食、住、行、游、购、娱"这六大要素就像一种催化剂，正在催化着一、二、三产业的互相渗透合作、共同和谐发展。目前，在海南省，旅游活动已经开始渗透到第一、二产业的许多门类，第三产业更为突出，"食、住、行、游、购、娱"这六大要素几乎覆盖了从传统服务业到现代服务业的所有行业和门类。海南旅游业的发展，不仅扩大了服务业的规模，而且改造、提升了传统服务业，促进了金融、信息业的发展，中介、法律等现代服务业加快发展，促进了产业结构优化升级，极大的促进和加快海南省的城市化进程。旅游作为招商引资的大戏台正在发挥越来越重要的作用。各类旅游招商方兴未艾。博鳌亚洲论坛已成为该省的旅游品牌，成为全省对外开放的窗口和平台。通过发展旅游业，强化开放意识，营造开放氛围，扩大招商引资，不断提高海南省对外开放水平。同时，随着海南省对外开放的不断扩大和深化，又给旅游业发展注入新的动力，开辟了新的客源市场。

资料来源：人民网海南视窗.

复习思考题

1. 重点概念：旅游需求；旅游供给；旅游需求弹性；旅游供给弹性；旅游供求均衡。

2. 影响旅游需求的因素有哪些？

3. 旅游需求价格弹性如何计算？

4. 如何调节旅游市场上的供求矛盾？

5. 用坐标轴说明旅游价格与旅游需求量的关系以及可自由支配收入与旅游需求量的关系？

6. 结合实际，谈谈你对旅游供求规律的理解。

主要参考文献

高鸿业. 现代西方经济学[M]. 北京：经济科学出版社，1990.

缪代文. 微观经济学与宏观经济学[M]. 北京：高等教育出版社，2006.

人民网海南视窗：http://hi.people.com.cn.

慎丽华. 旅游经济学[M]. 北京：中国经济出版社，2002.

田里. 旅游经济学[M]. 北京：高等教育出版社，2002.

第四章
旅游产品

旅游产品是旅游供给的基本内容和旅游需求的对象，是构成整个旅游经济的核心。同时，旅游产品又具有不同于一般产品的特点。因此，旅游产品构成了旅游经济学的核心内容之一。

通过本章学习，旨在了解旅游产品的内涵及其特点，掌握旅游产品的构成与组合，熟知旅游产品开发的内容，从而为学习和理解旅游经济学打下基础。

第一节 旅游产品的概念与特点

迄今为止，对旅游产品的概念没有一个统一公认的界定。根据对国内外文献的分析，发现大部分学者从两个方面对旅游产品的概念进行了阐述，一个是从旅游供给的角度，另一个则从旅游需求的角度。

一、旅游产品概念

(一)从旅游目的地角度

从旅游目的地角度出发，旅游产品是指旅游经营者凭借旅游吸引物、交通和旅游设施，向旅游者提供的用以满足其旅游活动需求的全部服务。旅游产品是个整体概念，是由多种成份组合而成的混合体，是以服务形式表现出来的产品。具体的讲，一条旅游线路就是一个单位的旅游产品。在这条线路中不仅包括吸引物、沿线提供的交通、住宿、餐饮，还包括饭店从业人员的服务、导游人员的讲解服务等，这些单项旅游产品共同构成了整体旅游产品。

在国际旅游中,一个单位的旅游产品,是以一个旅游人次表示的。如2007年上半年,我国共接待入境旅游者6 336.78万人次,也就表示销售出6 336.78万个旅游产品。

四川成都光大国际旅行社—云南西双版纳双飞五日游旅游线路(价格:¥2 080)

D1.成都飞西双版纳　　住:西双版纳

游客自行前往双流机场见导游旗集合,旅行社的工作人员协助办理登机手续,乘机前往西双版纳,抵达后帮助游客安排入住酒店。

D2.勐仑一日游　　住:西双版纳

早餐后野象谷三岔河一日游,民族歌舞表演、蟒蛇园、蝴蝶园、猴园、百鸟园、大象表演、热带沟谷雨林。

D3.勐仑植物园一日游　　住:西双版纳

在植物园里,可以看到各种奇花异树。箭毒木,香竹等;橄榄坝集市、热带植物园、澜沧江风光、傣族村寨。

D4.原始森林公园一日游　　住:西双版纳

位于澜沧江以北,距离景洪8公里,是全州离景洪最近的一块原始森林,公园内栖息着上千种动物。版纳城区观光、游览原始森林、曼尼村寨、民族歌舞等。

D5.西双版纳自由活动　　返回成都

上午自由活动,午餐后乘航班返回成都,结束旅程。

标 准:成都/西双版纳往返机票,全程空调旅游车,五日含4早5正(八菜一汤,十人一桌,不含酒水),全程二星酒店,所列景点首道大门票,优秀导游服务,旅行社责任险。

资料来源:http://www.167ly.com/xianlu/xiangxi.asp?id=245.

(二)从旅游者的角度

从旅游者角度出发,旅游产品就是指游客花费了一定的时间、费用和精力所换取的一次旅游经历。这个经历包括旅游者从离开常住地开始,到旅游结束归来的全面过程中,对所接触的事物、事件和所享受的服务的综合感受。旅游者用货币换取的不是一件件具体的实物,而是一种经历。

二、旅游产品特点

旅游产品具有一般商品的属性,但由于旅游业的关联性和特殊性,旅游产品又有自身的一些特点,它不是以物质形态表现出来的具体的劳动产品,而是以多种服务表现出来的组合型的产品。

(一)综合性

旅游产品的综合性首先表现在它是多种组成成份构成。旅游产品是由多种旅游资源、旅游设施、服务等构成,包含了“吃、住、行、游、购、娱”六要素。

其次,旅游产品的综合性表现在它所涉及的部门和行业多。除了涉及旅游部门中的各个行业外,还涉及旅游部门外的其他部门和行业,如工业、农业、制造业、文化、教育、金融、海关等,其他既有物质资料生产部门又有非物质资料生产部门;既包括经济类部门又包括非经济类的政府部门和非行业性的组织、社会因素及自然因素等。

(二)无形性

无形性是服务性产品的普遍特点。旅游产品的使用价值必须是旅游者到达旅游地目的地,并在旅游活动中享受到交通、住宿、餐饮和游览娱乐服务时才能体现出来。这种使用价值无法被人们所触摸或以数量来衡量,而是一种无形的状态。

其次,旅游产品的价值不是凝结在具体的实物上,而是凝结在无形的旅游服务之中,只有当旅游者消费各种旅游服务时,旅游产品的价值才能得以体现。

再次,旅游产品的无形性表现为旅游者获得的不是一件件具体的物质产品,而是一段旅游经历、一段感受。

(三)不可转移性

旅游产品的不可转移性首先表现在旅游服务所凭借的旅游吸引物和旅游设施无法从旅游目的地运输到客源所在地供游客消费。只有通过旅游信息的传递,通过旅游中间商的促销活动吸引游客,形成旅游客流的移动,实现旅游消费。

其次,旅游产品的不可转移性还体现在旅游者只拥有旅游目的地所售产品暂时的使用权,而不是所有权。

(四)生产与消费的同时性

旅游产品的生产与消费不同于物质产品的生产和消费，物质产品的生产过程是独立于消费过程之外的,因而生产和消费是相互分离的,即先生产,后消费。而旅游产品的生产与消费互为存在的前提,时间上具有同一性,即旅游者进入旅游目的地开始消费时,旅游产品才开始生产,旅游消费也同时进行;一旦旅游者离开旅游目的地,旅游生产和消费也立即终止。

(五)不可储存性

由于旅游服务和旅游消费在时空上的同一性，因此当没有旅游者购买和消费时,旅游产品没有销售出去,旅游资源和设施就会闲置,也不能像一般的物质产品储存起来,待以后再销售,它们的使用价值无法储存,效益就无法实现。由于服务无法储存,常常造成人员的闲置和浪费。

(六)敏感性

旅游产品本身是一种综合性产品,包括"吃、住、行、游、购、娱"等要素,一旦某个要素发生变化或各要素间的比例关系失调，就会直接影响旅游产品价值的实现。旅游业涉及到众多部门和行业,某个有关联的部门或行业发生变化,也会间接影响旅游产品价值的实现。

其次,旅游活动作为一种社会经济活动,其开展和运行离不开稳定的经济形势、安全的社会治安条件和良好的自然文化环境,旅游活动易受各种外在因素的变化影响。如各种自然灾害、社会不稳定等都会影响旅游产品价值的实现。

再次，旅游活动的季节性使得旅游产品的销售受季节影响较大。如滨海旅游、避暑旅游等都只能在特定的季节进行。

第二节 旅游产品的构成与组合

旅游产品的构成与组合是旅游产品分析的重要方面，也是指导旅游产品进行合理开发的前提。

一、旅游产品构成

(一)旅游产品的一般构成

旅游产品由核心部分、外形部分和延伸部分构成。

核心部分是指旅游吸引物和旅游服务，它满足旅游者从事旅游活动最基本的需要,构成旅游产品的基本部分。旅游吸引物包括自然旅游资源和人文旅游资源,可以是某种物质实体,也可以是非物质形式,如某个事件、一种自然或社会现象等。旅游服务是依托旅游资源和旅游接待设施向旅游者提供的包括餐饮、导游等相关服务。按照活动过程,可包括售前、售中和售后服务三部分。

外形部分是指旅游产品的载体、质量、特色、风格、声誉及组合方式等,是旅游产品核心部分向生理或心理效应转化的部分，属于旅游产品向市场提供的物质产品和劳务的具体内容。旅游产品载体主要是指通过物化劳动表现出来的、具体物质属性的实体,如名山大川、文物古迹都是旅游产品必不可少的载体;同时,由于旅游资源品位、价值的不同和旅游接待设施质量不同,形成旅游产品具有质量、特色、风格等方面的差异;不同的组合方式可以满足旅游者多层次、多样化的旅游需求。

延伸部分是指旅游者购买旅游产品时获得的优惠条件、付款条件及旅游产品的推销方式等,是旅游者进行旅游活动时所得到的各种附加利益的总和。延伸部分不是旅游产品的主要内容，但在旅游产品核心部分和形式部分的基本功能确定之后,延伸部分在旅游者购买过程中,起到重要的促进作用。

(二)旅游产品的需求构成

按旅游者的需求程度分析，旅游产品可分为基本旅游产品和非基本旅游产品,这种划分方式,有助于旅游经营者针对不同的旅游消费需求,提供不同内容的旅游产品,满足旅游者的多种消费需求。

按旅游者需求的偏好分析,一般可以将旅游产品划分为游览观光旅游产品、休闲度假旅游产品和特种旅游产品，这种划分要求旅游经营者要根据旅游者的旅游目的和偏好开发形式多样的旅游产品，满足现代旅游者多样性的旅游需求偏好。

按旅游者的消费内容分析,旅游产品可由食、住、行、游、购、娱等组成,这种划分方式,要求经营者必须全方位地向旅游者提供饮食、住宿、交通、游览、购物、娱乐等消费内容,任何一方面都不能忽视。

(三)旅游产品的供给构成

从旅游产品供给角度看,旅游产品一般由旅游资源、旅游设施、旅游服务、旅游购物品和旅游便捷性等要素组成。

旅游资源是指在自然和人类社会中一切能够吸引旅游者进行旅游活动,并为旅游业所利用而产生经济、社会、生态效益的事物,它是一个地区旅游开发的前提条件,也是吸引旅游者的决定性因素。

旅游设施是实现旅游活动而必须具备的各种设施、设备和相关的物质条件,也是构成旅游产品的必备要素。旅游设施一般分为专门设施和基础设施两大类,专门设施建立在基础设施之上并有效发挥作用。

旅游服务是旅游产品的核心，旅游经营者除向旅游者提供餐饮和旅游商品等少量有形物质外,还大量提供各种各样的接待、导游等服务。

旅游购物品是指旅游者在旅游活动中所购买的,对旅游者具有实用性、纪念性、礼品性的各种物质形态的商品,它是旅游产品的重要组成部分,是重要的旅游外汇来源。

旅游便捷性主要为进入旅游目的地的难易程度和时效标准，包括空间、时间、通讯、政策等方面的便捷程度,是旅游产品能够组合起来的前提条件。

二、旅游产品组合

旅游产品的组合原则应以最有效地利用资源、最大限度地满足市场需要和最有利于竞争为标准,根据自然条件、资源、气候、人文活动特点组合各种旅游产品,如对传统节庆产品等具有地方特色的旅游产品进行组合等。常见的旅游产品组合策略有三种:

(一)全面全线型组合

针对全部旅游市场的各种旅游需要的旅游产品组合,它包括观光、度假、体育、探亲等旅游产品线,也包括会议、商务、贸易、宗教等各项专项旅游产品线。如天津国际旅行社推出的修学、自行车、养生保健、民俗、国际会议、展览会、散客商务旅游、中国公民出境旅游、休闲旅游、国际商务、会议及奖励旅游等产品组合。

(二)专项系列组合

它是根据企业自身的经济、技术条件和社会的需要,向一部分专门市场组合专项系列型旅游产品,如文化系列旅游,满足游客在武术、京剧、气功、书法、艺术等方面旅游的需要。又如度假休闲游专项旅游产品,包括有"卫星基地游"、"自行车旅游"、"狩猎旅游"、"杂技之乡旅游";汽车旅游又分为"拉力赛游"、"汽车自助游"和团体驾车旅行等各项旅游;还有森林旅游、生态旅游、修学旅游、农业旅游等各种组合的产品。2006年黄山国际自行车节对自行车旅游、观光旅游、节庆旅游等进行了组合,形成专项系列组合旅游产品。

表4-1　2006年中坤黄山国际山地车节活动日程(中国黟县)

4月14日	4月15日	4月16日	4月17日
复活节彩蛋和古镇寻宝活动 宏村和西递周边自行车观光游 训练或北欧行走(观光风景线)	中坤黄山国际山地车节开幕式 90千米马拉松山地自行车赛 25千米大众山地越野赛 25千米山地车团体赛 复活节晚会	黄山观光旅游 茶艺会 黄山温泉浴 欢送晚会	山地自行车旅游 齐云山 黄山老街

(三)专业型组合

它是针对某特定市场的需要来组合各种旅游产品。针对一些有特殊兴趣和自主性强的游客组合一些参与性强和具有探险性、竞技性的旅游产品,如科学考察、修学旅游、地质考察、商务旅游等。

旅行社的国际旅游产品其组合类型有"团体包价旅游"、"散客包价旅游"、"小包价旅游"、"零包价旅游"和"组合旅游"等。团体包价旅游一般是以预定方式购买,参加者一次付清全部费用由旅行社代办。产品组合包括客房、餐饮、市内交通游览用车、翻译导游服务、接送服务、行李搬运服务、娱乐活动票证和全程导游服务。散客包价与团体包价只是组团人数上的差别,10人以上(含10人)组团为团体,10人以下为散客。半包价旅游的目的,一方面是增加游客活动的自主性和灵活性,同时降低直观价格,提高竞争力。小包价旅游产品组合中预付客房、早餐和接送服务费用,而导游服务、风味餐、节目欣赏和参观游览活动则自由选择,不在包价之内。零包价旅游是只提供游客的来回机票,给予优惠并统一代办签证,一般在经济发达国家中这种组合较多。组合旅游是由目的地将来自不同地方的游客组织起来，由当地旅行社负责接待。

三、旅游产品类型

从不同的角度可对旅游产品作不同的类型划分。按照旅游产品的特点可划分为以下几种类型：

（一）观光型旅游产品

以游览、观赏自然风光、文物古迹、民族风情和都市风貌为主要内容的旅游活动。

传统的观光旅游以大自然赋予、历史遗存或城乡风光作为游览、观赏对象。随着人们游览经历的丰富、游客人数的猛增和市场竞争的激烈，传统的观光产品难以满足社会需求。20世纪后半叶，人造景观、主题公园、人工建立的“野生动物园”、水族馆、海洋馆，工业、农业、科技、军事、学校观光，以及依托高科技手段开展的海底观光、虚拟实景和21世纪将要出现的宇宙观光、太空旅游，这些新颖奇特的观光旅游产品不断涌现、层出不穷。凡是能给人，特别是外来游人以美愉感、新奇感和教益的景观，都可以开发成观光旅游产品。

（二）度假型旅游产品

在假期里以放松身心的休憩、消遣为主要内容的旅游活动。度假旅游的特点是：一次度假的活动范围相对固定，在该地逗留时间较长，游乐活动丰富，注重身心放松。

传统的度假旅游地以享受3S（阳光、海洋、沙滩）的海滨为主。20世纪后半叶，度假旅游从海滨向山地、湖泊、森林、草原和乡村扩展，并出现了规模大、类型多、项目丰富、设施完备、消费较高的专营度假产品的度假区（中心），同时涌现出众多大众化的野营度假地、青少年之家、夏（冬）令营、汽车野营等。蜜月旅游、豪华游船旅游、美食旅游等，也可以归入度假型旅游。

（三）商务会展型旅游产品

以商务交流、会议展览为主要目的和内容的旅行游览活动。在中世纪就出现的客栈、旅店向外出商务人员提供的主要是食宿，现代商业活动的频繁出现了集住宿、办公、餐饮、会务、展览、通讯（电话、传真、电子商务、电子网络、可视电话等)、购物、交通服务(出租汽车、订购机票、车票、船票)、健身、娱乐、兑汇、储汇和翻译、文秘服务等于一体的商务宾馆。

世界经济一体化的进程推动商务活动的频繁化、多样化、专门化,商务旅游产品也得到空前的发展,其内涵和外延也不断深化、拓展。会议、展览、博览、交易、大型纪念庆祝活动,都可由专业的旅行商组织、承办,成为世界旅游舞台上的重头戏。据世界权威的国际会议组织国际大会和会议协会(ICCA)统计,每年全世界举办的参加国4个以上、外宾超过50人的国际会议有40万个以上,会议总开销超过2 800亿美元。操办会议展览已经成为一个产业,会议旅游也将成为21世纪的旅游趋势之一。

商务会展旅游的组团规模大、停留时间长、消费水平高、经济效益好、社会效益大、关联效应强,不受气候、淡旺季影响,历来为各国政府和旅游界看重。目前国际上会议操作已进入商业化运作阶段,能否举办国际性会议已成为一个城市现代化国际化的标志,是一个国家现代文明程度和国际地位的标志。

开发商务旅游产品要求在硬件设备和软件服务上具备下列条件:便捷的内外交通,发达的信息网络,完整的媒介体系,完善的金融服务,高规格的住宿会务场所,多功能的餐饮供应,良好的购物场所,高档的娱乐健身设备,丰富多彩的夜生活和游览地,高水平专业型会务人才,高素质的翻译、文秘人员等。

奖励旅游是公司企业、社会团体和公共机构对表现出色、业绩优异的员工提供的免费旅游,是现代企业管理的重要手段和现代企业文化的组成部分,是商务旅游、休闲娱乐与企业文化的结合。奖励旅游不受节假日的限制,可利用旅游淡季进行,具有较高的经济效益和社会效应,随着现代企业制度的建立具有十分广阔的前景。

(四)文化型旅游产品

以了解旅游目的地的文化并进行交流为主要内容的旅游活动。随着旅游者文化素质的提高和游览阅历的丰富,对旅游活动文化品位的要求越来越高,文化内涵也越来越多样化,旅游将成为一种普遍的社会教育活动。文化旅游也是21世纪世界旅游的一大潮流。

文化型旅游产品包括:学术考察旅游,科技交流旅游,修学旅游,工业旅游,农业旅游,军事旅游,院校旅游,艺术欣赏旅游,博物馆旅游,民俗旅游,宗教旅游,寻根旅游,寻古旅游等。

(五)绿色生态型旅游产品

以欣赏、享受、了解、宣传和保护自然生态环境为主要目的和内容的旅游活动。人类源于自然,与自然有天然的亲和感。随着世界范围内城市化水平的提高和环境问题的突出,人们返璞归真、回归自然的要求将越发普遍、强烈。自然旅游是永恒的旅游主题,生态旅游是21世纪的主导性旅游潮流。

绿色生态型旅游产品包括:自然旅游,绿色旅游,环保旅游,观鸟旅游,森林旅游,海洋旅游,海洋公园、野生动物园旅游等。

(六)健身康复型旅游产品

以康体健身、养生医疗为主要内容的旅游活动。健康长寿是人类的天然要求。现代信息社会工作节奏的快速化和智力化,独生子女的增多,老龄化趋势的发展,使健身康体式的旅游受到普遍的欢迎。

健身康复型旅游产品包括:水上运动游,滑雪旅游,高尔夫球旅游,温泉康复旅游,体育赛事旅游,武术旅游,医疗保健旅游等。

此外,按照旅游产品的基本功能可划分为康体旅游、享受旅游、探险旅游、特种旅游等。按照对旅游产品的开发程度可划分为全新旅游产品、换代旅游产品、改进旅游产品等。按照旅游产品的销售方式可分为团体、包价旅游、散客包价旅游和自助旅游等。

旅游产品设计需注入现代元素

任何产业都要依托一定的产品形式,通过营销最终创造价值。旅游产业也不例外,资源的优势要转化为经济的优势,关键在于能否形成消费者接受、市场认可的产品。

当前旅游产品存在的主要问题表现为:

(1)资源的类同化导致产品的同质化。由于个性的缺失难以形成有特色的产品,极易被复制克隆,难以摆脱低层次低水平的竞争;(2)资源的深度利用不足,资源形态未深加工为产品形态。大都是靠廉价出售资源,只能形成初级产品;(3)未能形成产品体系。既缺少主打产品,又缺少衍生产品和伴生产品,产品的谱系和延伸不足;(4)许多产品的规划设计,市场认可度低。概念性的产品停留在理念上、规划中,未能转化为市场形态的产品;(5)传统的旅游产品面临着产品的生命周期。旅游产品大多为一次性消费,重游率低。

旅游的需求不断升温,旅游消费者日益成熟。许多传统的旅游产品已显得不相适应而受到越来越大的挑战。现代旅游呼唤着现代旅游产品,现代旅游产品需要注入现代元素,旅游产品需要具备的所谓现代特征的元素可归纳如下:

(1)体验性。经济社会的发展趋势正由产品经济、服务经济向体验经济演进。旅游业本质上是以出售体验和经历为主要产品,应是能率先跨入体验经济的产业之一。因此,在产品的设计上应该以资源为舞台,以环境为背景,以文化为内涵,以设施为载体,以服务为支撑。为旅游消费者制造独特的体验和经历。旅游产品的价值在于能为顾客提供何种经历和体验的程度。通过调动人们的视觉、味觉、嗅觉、听觉、触觉,而获得身心愉悦的感觉和感受。缺少体验设计的产品将是不合时宜的、落伍的产品。

(2)休闲化。许多专家断言旅游正面临由观光型向度假型转化升级。对现代旅游,不论观光还是度假,人们都期望赋予更多休闲的内涵。人们已不满足于走马观花到此一游式的旅游。旅游的目的是换个环境放松身心成为主要诉求。新一代旅游产品要求更休闲化,注重休闲设施、休闲活动、休闲空间的布局配置。强调体验参与,讲究环境的营造和氛围的设计。

(3)生活化。旅游将成为人们生活方式的重要组成部分。旅游就是旅行中的生活,是换个环境生活的继续。现代旅游者更青睐融入生活元素、生活气息、生活情趣的产品。人们期望不仅观景、观光,而且能观察生活,甚至能有异地生活的亲历。在观光中观察生活,在度假中体验生活,在休闲中品味生活。因此,现代旅游产品在设计中要注重社会生活资源的挖掘。集市、社区、幼儿园、学校、监狱、婚俗、村落、农事等皆可作为旅游资源深度利用整合组成产品。

(4)参与性。传统的旅游产品模式是以景观为中心设计,以观光为主线展开。人们被组织计划安排,被动的消费产品。旅游消费者的成熟使消费心理、消费行为发生变化。人们已不再满足于被动的接受程式化的产品,希望主动地参与产品的设计和生产的全过程,注重参与过程中的感受和体验。旅游者的参与、社区的参与、与自然人文的交流互动的程度,成为旅游产品的重要品质。

(5)原真性。早期旅游开发,被业内人士调侃为:造庙 + 造谣。搞些人造景观仿古建筑;找些点子高手策划,或捕风捉影或无中生有编排故事传说;制造些人造节庆炒作一把。如今人们已开始厌倦缺少生活渊源和文脉根基,缺少原真性的旅游产品。现代旅游者更倾心于真山真水,真史真迹,活的文化,真实的生活。更珍惜以自己的视角获得真实体验真实的经历。

(6)精致化。旅游市场趋向成熟的标志,是市场的细分和消费的分层。需求的分层和细分必然要求产品的精致化,管理的精细化。人们已难以接受粗制滥造的产品和粗放的经营管理。旅游产品精品化已成为产品换代提升品质的重要手段。要在产品上注重设计的细节,服务的细节,管理的细节,细部的雕琢,产出的效应效果就大不一样。

(7)乡土化。资源的同质化导致产品类同化的现象普遍存在。专家们开出了特色化、个性化使产品差异化竞争的药方。尽管标新立异追求产品的新、奇、特,但雷同化的重复现象难以避免,并成为竞争的常态。但愈是乡土的愈是个性的,愈是本土的愈有特色。快速城市化的进程,使人们的压迫感更甚,渴望归真返璞来抚平内心的焦躁不安。呼唤现代的旅游产品更多地糅入地域的乡村民俗、怀旧的节事、农事农活、家乡菜等乡土化的素材。

(8)娱乐化。旅游产品的主要功能是为了放松身心,享受生活,追求快乐,愉悦自我。旅游产品以所能提供的愉悦程度,使消费者物有所值而以本取利。不少专家把旅游产品的文化内涵抬到不恰当的地位,赋予深重的文化内涵和教益功能。在大众旅游时代,主流的旅游产品并不宜精英化,成为老式文化人的产品。旅游产品不必有太多的文化负重和道德说教,旅游能给人们带来快乐制造欢乐就是一种文化。

(9)生态化。生态与旅游其实是一对互为依存的矛盾。按权威生态专家的说法:大规模的旅游活动无疑会导致一场生态灾难。生态旅游是以独特的生态资源为吸引物,以不影响生境,严格限制流量,控制约束游人行为的专项的小众旅游产品,并非可以到处都搞遍地开花的大众旅游产品。对现代旅游而言更重要的是如何使产品的生态化:包括资源规划开发的生态化;旅游管理的生态化;旅游设施的生态化;旅游行为的生态化;旅游的生态知识普及;旅游服务的生态化……旅游产品的生态化,是当前大有可为的重要课题。既为游人发扬爱护自然回馈生态的爱心提供了渠道,又可成为把旅游塑造成为环境友好型产业的提升路径。

(10)自组化。旅游的方式正发生变化。从团队主导型转向散客主导型;传统的旅游方式趋向自主、自组、自助式;旅游产品的主导权逐步转向消费者。人们不愿被动接受定型的标准化的产品,追求更能体现个性化、多样化、自由化的旅游。充分考虑为自助旅游服务的自驾车营地、汽车旅馆、宿营地、引导标志系统等相关服务和设施的配置,使旅游者能自主便捷地计划设计组合组装中意的旅游产品。

观念的更新,消费的升级,推动旅游业的转型和旅游产品的更新换代。新的旅游产品的设计需要注入现代元素,以引导和适应新的旅游观念、旅游方式、消费模式。传统的旅游产品也只有通过注入现代元素创新提升,延伸产品的生命周期。

资料来源:中国旅游网.

第三节 旅游产品的开发

合理进行旅游产品开发,对于旅游经济的发展具有非常重要的意义。本节首先介绍旅游产品生命周期理论,进而从旅游地开发和旅游线路开发两个方面分析旅游产品开发的内容。

一、旅游产品生命周期理论

产品生命周期,是指一个产品从它进入市场开始到最后退出市场的全部过程,这个过程大体要经历推出、增长、成熟和衰退的周期性变化。

(一)旅游产品生命周期理论

旅游产品亦是如此,也有其导入期、成长期、成熟期、衰退期四个阶段的生命周期变化。

一般对于产品生命周期的讨论,都以四个阶段的犛型曲线为典型,旅游产品生命周期理论也不例外(图 4–1)。

(1)导入期:指产品被导入市场后,旅游产品还未被广大消费者所认识,产品在旅游市场上知名度较低,销售成长呈缓慢成长的时期。

(2)成长期:指产品逐渐快速地被市场接受,游客人数、利润快速上升并达到高峰,老顾客重游,新顾客不断加入,是产品利润已有显著增加的时期。

(3)成熟期:指产品销售增长趋缓的时期,因为此时的产品已获得大多数潜在购买者的接受。游客增长速度趋于平稳,在旅游旺季,游客人数开始出现超过当地居民的趋势,对旅游的投入已开始产生良好的经济效益和社会效益。同时,也可能为了对抗竞争者而增加营销支出,结果利润有所下降。

(4)衰退期:指产品销售急剧下降的时期,旅游目的地的社会和环境承载力已达极限,由于市场竞争和新旅游产品的吸引,加上严重的环境和社会问题,游客人数明显回落,特别是长线团队游客明显下降,此时利润有可能大幅滑落。

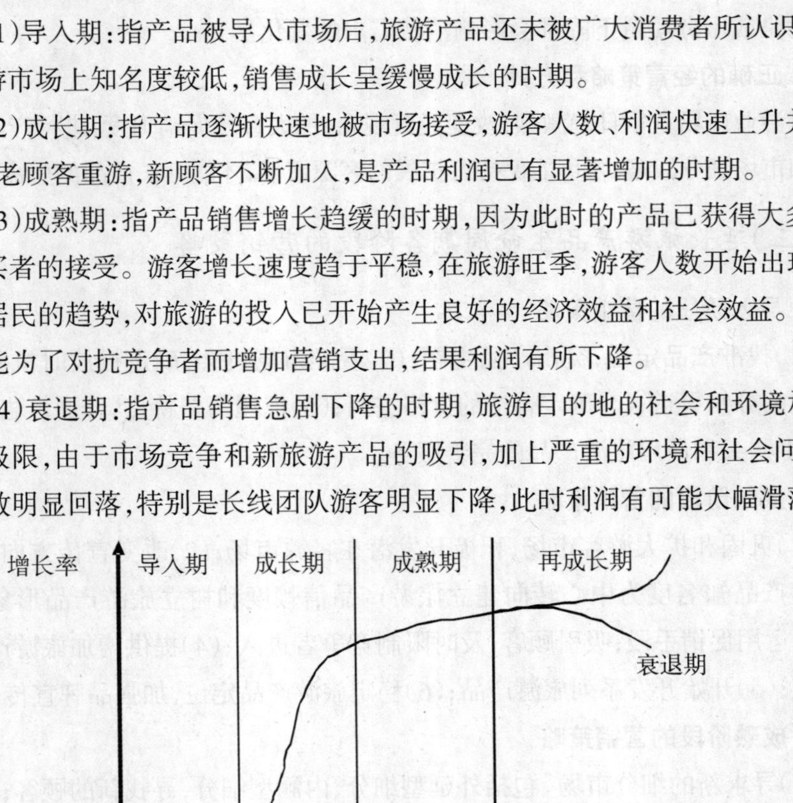

图 4–1 旅游产品生命周期

(二)影响旅游产品生命周期的主要因素

1. 旅游产品的吸引力

一般来说,吸引力越大其生命周期越长。

2. 目的地自然与社会环境

旅游产品吸引力不仅来自于产品本身，在更大程度上依赖于目的地的自然环境和社会环境，如原居民的友好态度、优美的环境和便捷的交通等。

3. 消费者需求的变化

消费者需求可能因时尚潮流变化而兴趣转移，引起客源市场的变化，导致旅游资源吸引力衰减。消费观念变化、收入的增加、新的旅游景点的出现、目的地的环境污染或服务质量下降都会影响消费需求的变化。

4. 正确的经营策略和方针

旅游业市场竞争日趋激烈，改变经营观念，加大宣传促销力度，进行产品组合策略和市场细分战略，才可能保持可扩展的客源市场，才能延长产品的生命周期。

(三)延长旅游产品生命周期各阶段的营销策略

1. 导入阶段的营销策略

(1)找准产品定位，突出产品主题；(2)看准市场机会，确定投放时机；(3)开拓合适的分销渠道；(4)确定合适的价格空间；(5)把握消费特点，开展广告促销；(6)提供购买和使用旅游产品的完善服务。

2. 成长阶段的营销策略

(1)巩固和扩大游客市场，积极开发潜在客源市场；(2)改变宣传方向，由建立旅游产品知名度为中心转向建立旅游产品信赖度和树立旅游产品形象为中心；(3)运用促销手段，吸引顾客，及时限制竞争者进入；(4)提供增加旅游产品的附加值；(5)开始开发系列旅游产品；(6)稳定旅游产品定位，加强品牌宣传。

3. 成熟阶段的营销策略

(1)寻求新的细分市场。包括外延型细分、内涵型细分，寻找新的顾客；(2)产品再生策略；(3)品牌深度开发和综合利用；(4)与顾客建立新的联系，提供更完善的服务。

4. 衰退阶段的营销策略

(1)积极转移市场，努力在新区域开拓该旅游产品的需求市场；(2)开发新的旅游产品以求逐步替代。

总之，旅游产品生命周期是客观存在，但并非固定不变，可以通过各种措施延长其寿命，许多旅游产品生命长盛不衰的秘密就在于此。

二、旅游地开发的内容

旅游产品开发是根据市场需求，对旅游资源、旅游设施、旅游人力资源及旅游景点等进行规划、设计、开发和组合的活动。它包括两个方面的内容：一是对旅游地的规划和开发；二是对旅游路线的设计和组合。

（一）旅游地开发的原则

1. 资源、客源并重原则

旅游地的开发要以资源为基础、以市场为导向。因此在开发过程中，要对旅游资源进行详细的调查，进行客观的评价，同时要充分把握市场动态，以旅游客源的需求作为旅游地开发的出发点，进行市场定位，通过市场—资源—产品—市场的过程，实现旅游资源的筛选和旅游产品的优化。

2. 强化地方特色原则

特色是旅游开发的灵魂，没有特色就没有生命力。如果旅游地开发千篇一律，追风赶潮，低水平重复建设，就容易陷入恶性竞争，导致旅游地不能持续、稳定、健康的发展。因此，旅游地开发要深度挖掘旅游地的地脉和文脉，强化地方特色，进行差异化开发和错位竞争才是旅游地长效发展的道路。

3. 适度超前原则

在旅游地开发中，首先产业化思想发展适度超前，树立大旅游观，培育旅游产业使之成为联动其他产业发展的经济生长极；其次确定旅游产业发展速度应适度高于当地的国民经济增长速度，因为旅游需求的柔性和旅游供给的刚性特点，因此，旅游地的开发与建设要超前发展。

4. 可持续发展原则

可持续发展是我国的一项基本国策，也是旅游地开发必须遵循的基本原则。旅游业赖以生存的基础就是优良的环境，没有一个优美的环境，旅游业就是无源之水，无本之木。旅游业的发展和可持续发展有一种天然的耦合关系，旅游地开发遵循可持续理念要求，在开发过程中，要保护和建设旅游资源和旅游环境，旅游资源与旅游环境保护决不能重蹈“先污染后治理”的覆辙，生态旅游是旅游地可持续发展的有效途径。

5. 系统配套原则

旅游业具有极强的关联性，一个因素和部门的变化都会影响旅游地的发展，所谓“牵一发而动全身”。旅游地的开发要协调好旅游资源,还包括旅游购物、旅游服务、旅游管理等方面的关系,充分挖掘旅游业各系统的潜力,使旅游地的旅游业形成系统合力,得以高效稳定的发展。

向景点重复建设喊停——杭州锦绣风水洞门票缩水至一元

据新华社杭州10月18日专电,黄金周刚过,杭州锦绣风水洞的门票就由每人35元降到1元。景点价格大幅缩水无疑是泼向旅游投资热的一盆冷水,近距离低水平的旅游景点重复建设该刹车了。

锦绣风水洞是去年由一家民营企业投资兴建的溶洞景点。浙江省有记载的洞穴旅游资源有500多个,以瑶琳仙境、金华双龙洞、地下长河等为代表的石灰岩溶洞居多,目前浙江省仅有名目的溶洞景点就达到了一两小时车程一个的密度。

据了解,像锦绣风水洞这样近距离复制的景点在该省不在少数。继第一个峡谷景点“浙西大峡谷”获得成功后,临安市这一个弹丸之地一年之内冒出了“白水涧”、“白马崖”、“天目石谷”等十多个类似的“峡谷游”景点,全省范围内则至少有三十个“浙西大峡谷”的翻版景点。长得一模一样的众景点,唯一的竞争筹码就是价格,30多个雷同的景点的门票最贵的60元,最便宜为10元。近距离重复建设和低水平竞争已经直接伤及当地旅游业。据了解,刚刚结束的“十一”黄金周,重复建设最为严重的临安市在新增两个景点的情况下,其游客量与去年相比不增反减。

资料来源:新民晚报.4版.2001-10-9.

(二)旅游地开发的内容

旅游地是旅游产品的地域载体。旅游地开发是在旅游经济发展战略指导下,根据旅游市场需求和旅游产品特点,对区域内旅游资源进行开发,建造旅游吸引物,建设旅游基础设施,完善旅游服务,落实区域旅游发展战略的具体技术措施等。因此,旅游地开发就是在一定地域空间上开展旅游吸引物建设,使之与其他相关旅游条件有机结合,成为旅游者停留、活动的目的地。旅游地开发通常可分为以下五种形式:

1. 旅游资源开发

(1)以自然景观为主的开发。这类开发以保持自然风貌的原状为主,但需要进行道路、食宿、娱乐等配套旅游设施建设,以及环境绿化、景观保护等。这类形式的开发必须以严格控制建设量和建设密度,不允许冲淡和破坏自然景观为前提,使人工造景建筑与自然环境协调一致。

(2)以人文景观为主的开发。这类开发主要凭借丰富的文化历史古迹和现代建设成就,进行维护、修缮、复原等工作使其具有旅游功能,如重要历史文化价值的古迹、遗址、园林、建筑形态。这类形式的开发一般需要较大的投资和维修费用。

(3)在原有资源和基础上的创新开发。这类开发主要是利用原有资源和开发基础的优势,进一步扩大和新添旅游活动内容和项目,以达到丰富特色,提高吸引力的目的。

(4)非商品性旅游资源开发。非商品性旅游资源一般是指少数民族地方的民族风情、传统风俗、文化艺术等,它们虽然是旅游资源但还不是商品,本身并不是为旅游而产生,也不仅仅为旅游服务。对这类旅游资源的开发,需要进行广泛的横向合作,与有关部门共同挖掘、整理、改造、加工和组织经营,在此基础上开发成各种旅游产品。

(5)利用现代科学技术成果进行旅游开发。这是运用现代科学技术所取得的一系列成就,经过精心构思和设计,再创造出颇具特色的旅游活动项目,如"迪斯尼乐园"、"未来世界"等。现代科技以其新颖、奇幻的特点,融娱乐、游艺、刺激于一体,大大开拓和丰富了旅游活动的内容与形式。

2. 旅游设施开发

对旅游地进行可行性论证并确定功能分区和项目后，就进入旅游设施开发建设阶段。具体包括:一是旅游地内外交通建设,也就是旅游地的可达性和景区的可进入性,建设上要求能"进得来,出得去",还包括交通工具的购置等;二是完善基础设施建设,包括供水、供电、电信、医疗、保险等项目的建设与完善;三是旅游专门设施的建设,即建设满足旅游者需要的食、住、行、游、购、娱等各种服务设施;四是旅游景观建设。

旅游设施开发要进行充分的市场调查,合理配置资源,在空间布局、规模和特色上要符合旅游者的行为规律和旅游地旅游业发展的实际情况，协调各行业之间的发展,配套完善各项设施。

3. 旅游购物品开发

旅游购物品的开发与经营对旅游地满足旅游者购物需求、提高旅游业综合经济效益、发展区域特色经济、传播旅游形象等具有重要意义。但在我国当前旅游业发展中,旅游购物业是一个明显的薄弱环节。根据香港旅游协会统计,旅游者在香港购物的花费约占全部消费的64.12%。旅游者在我国北京、上海、桂林的购物分别占旅游消费的50%、40%、30.8%。

旅游购物很大程度上属于情感型、冲动型的感性消费行为,旅游者在旅游购物场所的各种即时性心理感受对购物决策的形成及实施影响特别大。而当前旅游购物市场上存在太多抑制旅游者购物热情、阻碍旅游购物决策形成及实施的消极因素。主要表现如下:旅游购物市场上到处充斥着制作粗糙、质量低下、缺乏特色甚至是假冒伪劣的旅游购物品,使人难以产生购物欲望;旅游购物品的价格十分混乱,实价与标价之间差距很大,令异地购物的旅游者不敢购买。同时,旅游购物品档次的细分不够合理,针对工薪阶层大众旅游者的优质商品不够丰富;旅游地旅游购物商店分布较乱,缺乏科学规划和设计,不太注意旅游者的购物心理与行为规律;旅游购物品销售人员普遍素质不高,缺乏销售艺术,很多景区至今还存在小商贩为兜售商品而对游客进行围追堵截、死缠烂打的不文明行为,令人望而生畏。这些问题的广泛存在,极大打击了旅游者的购物热情,抑制了旅游购物消费需求的释放,致使旅游购物业所具有的积极意义与作用难以充分发挥。

因此,旅游购物品开发应立足于旅游购物的感性消费本质,以"攻心为上"为原则,采取有效的策略和手段推动旅游购物品开发与经营的创新,首先要密切结合旅游区性质及景观特色,开发、经营针对性强的旅游购物品;其次要整顿市场秩序,规范、净化旅游购物品的经营环境;再次要科学规划旅游购物商店建设,提高销售人员的综合素养;最后要加大旅游购物品宣传力度,广泛传递相关信息。

东南亚旅游购物品开发成功经验

通过对东南亚(主要指泰国、新加坡、马来西亚)的实地考察,发现其在旅游购物品发展中有许多值得我们借鉴的经验,主要体现在:

(1)旅游购物品定位准确、特色鲜明。旅游购物品的开发与当地文化、资源、环境结合的恰到好处,独具地方特色。如泰国被誉为"千佛之国",一些纪念品如玉佛坠、四面佛画等都与佛教相关,泰国又同时被称为"大象之邦",当地出售的香包、钥匙坠、甚至是筷子等小商品都印上大象的图案;再如,新加坡大多数的旅游纪念品都制作成狮身鱼尾像的形状或印上狮身鱼尾图案,旅游者很乐于购买带有地方标志的旅游购物品。

(2)旅游购物品质量有保障且价格易于接受。在东南亚国家购买宝石,珠宝中心的服务人员会主动帮助旅游者用特定的仪器鉴别宝石的等级,同时旅游者可获得珠宝中心的信誉保障卡,若今后出现任何质量问题或咨询其他事项均可与宝石中心联系,为顾客解决了很多后顾之忧。同时,旅游购物品的价格又易于接受,让旅游者觉得货真价实、物有所值。

(3)讲究销售艺术,适应旅游者的消费心理。购物品本身的包装陈列科学,不论物品的价值如何、体积大小,包装装潢得都很精美,分类分区合理摆放。同时,销售中心为旅游者提供良好的购物环境,免费为旅游者提供水、空调和休息间,给他们充足的时间精挑细选。

(4)销售方式科学灵活。购物品店基本都采用"前店后厂"式经营,旅游者在购买珠宝、蛇药、手表和锡器时,可直接到生产地点参观,相关人员会详细介绍怎样鉴别珠宝、怎样选购锡器和手表、药品的功能和销售情况等,使旅游者的购买行成为一项知识性的旅游活动。

(5)旅游购物品空间布局合理。东南亚国家旅游购物品在销售时一般均以展示中心、购物中心、商场等方式。旅游购物品商场要么单独设立(靠近加工中心),要么大都与餐厅、景点后部相通,设两个门口,不重复进出,这样即便旅游者不想购买也必须从商店经过。购物品的消费往往是非理性的,受其他顾客的影响或商品本身的诱惑,旅游者很容易选择购买,这样就不会产生强买强卖的现象。

(6)购物品市场规范。东南亚地区私人或个体方式销售旅游购物品的很少,基本没有沿街或随便布点的小商小贩。管理体制顺畅严格,强拉硬卖、欺客宰客现象少有出现。

资料来源:http://www.ggoto.com/haye/2007/195064.html.

4. 旅游人力资源开发

旅游业是服务性产业,旅游人力资源状况是决定旅游地开发能否成功的关键因素之一。旅游人力资源的开发,包括以下几个方面:一是宾馆、饭店、景点服务人员的培训与开发,主要是基层服务人员,直接面客的服务,他们的开发程度直接影响旅游者对旅游地的印象;其次是旅行社、车船公司人员的开发,他们是旅游者与旅游地直接的纽带;再次是旅游管理决策者的开发,他们的开发程度决定了旅游地人力资源开发的深度。

针对以上三个层次的旅游人力资源开发,可采取不同的措施,如对旅游地的一线服务人员,要做好实施岗前培训制度,提高岗前培训质量,服务人员要取得上岗资格证书;加强企业与旅游院校的合作,采取企业与旅游院校联合培养的方式,旅游院校为企业输送适合市场需要的中高级人才;制定优惠政策,吸引一批有先进管理经验的高级专业人才为旅游地发展提供咨询和科研工作,提高管理决策的科学化。

三、旅游线路开发的内容

(一)旅游线路开发的原则

1. 安全、便捷和经济原则

这是旅游线路开发的基本原则,它关系到旅游线路组织安排的合理性,关系到旅游地的发展。安全是旅游的生命线;便捷体现在“旅从速、游从悠”,即旅行的时间短,交通上具有较好的可达性;经济原则从旅游地角度上要适应旅游市场的需求,满足旅游者最大限度的需要,在最少的旅游时间和旅游消费上,让旅游者获取最大的有效信息量和旅游享受。

2. 主题突出的原则

旅游线路的设计应具有特色，形成鲜明的主题，这样才能具有较强的吸引力。特色或主题的形成,主要依靠性质、形式有内在联系的旅游点的串联,并在食、住、行、游、购、娱等方面选择与此相应的表现形式。

3. 张驰得当的原则

在充分考虑旅游者心理、体力和精神状况的前提下，应合理安排线路的结构,恰当安排游览顺序,把握好旅行的节奏。一条线路就如同一部艺术作品,体现序幕—发展—高潮—尾声。

4. 多种选择原则

不论是观光游览还是专题旅游,不论是团体旅游还是散客旅游,都要为旅游者提供多种自由选择的机会,在安排项目线路、游览方式、时间选取和消费水平的确定上,必须有多种方案供旅游者选择。

(二)旅游线路开发的内容

旅游路线是旅游产品的具体表现,是旅游地向外销售的具体形式。旅游产品开发成功与否与旅游路线能否为游客所接受密切相关，旅游路线是游客消费并满足旅游需求的具体体现。旅游路线开发,就是把旅游资源、旅游吸引物、旅游设施和旅游服务综合地联系起来,并与游客的期望相吻合,与旅游者的消费水平相适应的组合性创造活动:

从开发过程来看，旅游路线开发充分体现了旅游产品与有形产品在开发方式上的区别。一般有形产品是人们借助于劳动工具将劳动对象加工改造为特定的外貌和内质全然不同的符合人们新需求的物质产品。而旅游产品的生产过程则是旅游从业人员凭借着已开发的吸引物和已建成的旅游设施和其他服务设施，向人们提供符合旅游需要的服务，即通过旅游从业人员和旅游设施、旅游吸引物等组合成各种不同旅游路线，以满足不同目的的旅游需求。在这里除了食品生产外，对所凭借的物质和非物质的劳动产品不存在外貌和内质的变化，只有不同形式的路线组合。因此，旅游路线开发实质上是组合开发。旅游路线开发的种类可以从不同角度进行划分：

（1）按旅游路线的性质，可以划分为普通观光旅游路线和特种专项旅游路线两大类。

（2）按旅游路线的游程天数，可以分为一日游路线与多日游路线。

（3）按其使用的主要交通工具，可以分为航海旅游路线、航空旅游路线、内河大湖旅游路线、铁路旅游路线、汽车旅游路线、摩托车旅游路线、自行车旅游路线、徒步旅游路线，以及几种交通工具混合使用的综合型旅游路线等。

（4）按使用对象的不同性质，可分为包价团体旅游路线、自选散客旅游路线、家庭旅游路线等。

复习思考题

1. 怎样理解旅游产品的概念？

2. 旅游产品有哪些特点？结合旅游产品开发的内容，旅游地该如何做好产品开发？

3. 旅游产品开发的原则有哪些？

4. 旅游产品的生命周期包括哪几个阶段？

5. 旅游产品生命周期的不同阶段应该分别采取哪些营销策略？

主要参考文献

罗明义. 旅游经济学原理[M]. 上海：复旦大学出版社，2004.

张建春，金世胜. 旅游经济学[M]. 北京：高等教育出版社，2001.

林南枝，陶汉军. 旅游经济学[M]. 天津：南开大学出版社，2000.

第五章 旅游市场及其开拓

旅游市场是旅游产品交换的场所，是旅游经济运行的基础，旅游市场的运行反映了旅游供给与旅游需求的相互关系和矛盾运动。

本章首先介绍了旅游市场的概念、特点和功能，明确旅游市场细分的实质、方法和类型，要求掌握旅游市场竞争的内容和旅游市场开拓的方法和策略。

第一节 旅游市场

了解旅游市场的涵义是进行旅游市场细分的基础，也是认识旅游市场竞争和进行旅游市场开拓的前提。本节首先介绍旅游市场的概念，继而分析旅游市场的特点和旅游市场的功能。

一、旅游市场概念

市场是社会生产力发展到一定阶段的产物，哪里有商品生产和商品交换，哪里就有市场。随着人类社会的发展和社会分工的出现，商品经济不断发展，客观上要求进行商品交换。而商品交换需要一定的场所，市场正是在这种背景下产生的。在商品交换的过程中，几乎所有的有形的和无形的产品、物质的和非物质的产品，都进入了交换领域，商品交换贯穿于整个交换过程的始终，人们对市场的理解和认识也发生了变化，市场的内涵也更为丰富和复杂。这表明，市场就其本质而言，是指商品交换的场所，也包括人们在商品交换过程中所发生的各种经济行为和经济关系。

旅游市场同一般商品市场相似，也是社会分工深化、商品经济发展的产物，是伴随着旅游活动的发展而逐步出现和建立起来的。但旅游业是服务性行业，旅游产品相对于一般商品具有一些特点，因此，旅游市场除具有一般市场的共同属性以外，还具有服务市场的某些特征。旅游市场作为纽带，联系着旅游者为一方的旅游需求和以经营者为另一方的旅游供给。旅游市场有广义和狭义之分：广义的旅游市场指旅游产品供给者与旅游产品消费者在旅游产品交换过程中所形成的各种经济关系的总和；狭义的旅游市场指对旅游产品具有购买能力的旅游需求，即旅游客源市场。

旅游市场由旅游者、购买力、购买欲望和旅游权利四个主要因素所构成。首先，旅游者是旅游产品的消费者，旅游市场规模的大小主要取决于旅游者数量多少。一个国家或地区总人口越多，潜在的旅游者就多。其次，旅游市场的大小取决于购买力，购买力即购买旅游产品的能力，它是由国家或地区收入水平决定的，没有足够的可自由支付能力，旅游者便无法实现旅游欲望。再次，旅游市场的大小还取决于旅游者是否有购买的欲望，旅游者的可自由支付能力可用于各种产品的消费，若没有旅游欲望，则无法形成旅游活动，无法形成旅游市场。最后，旅游市场的大小还受到旅游目的地国或旅游客源国单方面的限制，受到旅游权利的影响而无法形成国际旅游市场。因此，对旅游市场而言，四个因素缺一不可，少其任一要素都无法形成旅游市场。

二、旅游市场特点

旅游市场交换的商品是旅游产品，由于旅游产品的一系列特点，使旅游市场也有别于一般市场，具有以下几个主要特点：

（一）异地性

旅游产品生产过程和消费过程的空间不可转移性和时间上的不可储存性，决定了旅游市场具有鲜明的异地性。

（二）多样性

旅游者的需求是多种多样的，这使旅游市场呈现多样性，主要表现在：首先，旅游产品种类多样，不同国家或地区旅游资源的不同必然形成不同的旅游产品，不同的旅游经营者提供的旅游产品也不尽相同。其次，旅游购买行为多样，不同的购买行为和偏好决定了旅游市场需求的多样性；再次，交换关系的多样性，旅游者可以通过旅行社购买组合旅游产品或整体旅游产品，也可以直接购买单项旅游产品。

(三)季节性

旅游需求在时间分布上不均衡，构成了旅游市场有明显的季节性，这主要受自然气候、社会文化习俗、固定节假日等因素的影响，从而造成“淡旺季”的差别，如海滨旅游、冰雪旅游等。旺季往往对旅游地的旅游资源、旅游接待设施带来一定的压力，而淡季又会使旅游资源和接待实施闲置，因此，旅游地要根据淡旺季的特点，做出合理的安排和营销措施。

(四)竞争性

旅游资源的地域性和分布的广泛性及旅游需求的多样性决定了旅游市场具有高度的竞争性，针对不同的市场和地域要制定相应的产品组合和营销策略。

(五)世界性/开放性

现代旅游市场是一个以全球为活动领域的开放市场，旅游市场具有天然的开放性，开放性是旅游市场的本质特征。

三、旅游市场功能

(一)交换功能

各种旅游产品只有通过旅游市场才能出售给旅游者，实现旅游产品的价值。旅游者也只有通过旅游市场才能实现各种旅游需求。旅游市场是联结旅游产品供给与需求的纽带，是实现旅游企业与旅游者之间产品和价值交换的载体。

(二)调节功能

旅游市场的调节功能主要表现在三个方面：一是调节旅游经济活动中的供求关系。旅游市场是调节旅游供求平衡的重要杠杆，当供求出现矛盾时，需要通过市场手段，运用竞争机制和价格机制来加以调节，使供求趋于平衡方向发展；二是通过旅游市场检验旅游经营者的服务水平，改善和提高旅游企业的服务质量和经营管理水平，调节和规范旅游经营者的行为；三是调节旅游资源配置，通过旅游市场对旅游资源合理配置发挥着基础性作用，从而优化资源配置，调整产业结构，取得综合效益。

(三)信息反馈功能

一方面，旅游经营者可以通过市场将旅游产品信息传递给旅游者，引导旅游消费；另一方面，也可以把旅游需求信息通过旅游市场反馈给旅游者，调整产品结构或开发新的旅游产品。通过这种信息的双向传递和反馈，使旅游供给和需求在结构上得以调整。

(四)检验评价功能

旅游者因支付一定的旅游费用而满足旅游需求，旅游经营者因提供旅游产品和服务而实现产品的价值。这种旅游经济活动是在旅游市场中通过买卖的形式实现的。因此，旅游需求是否得到满足，旅游产品是否实现价值都会反映到旅游市场上来，满足旅游者需求的则是适销对路的旅游产品，否则会被市场所淘汰。

第二节 旅游市场细分

任何一种旅游产品的供给者，不管是一个旅游目的地国，还是一家旅游企业，都没有足够的实力面向整个旅游市场，满足所有旅游者的需要，因此 有必要对旅游市场进行细分，以确定各个国家、地区或企业的市场目标。旅游市场细分是指旅游经营者根据旅游消费者群之间的不同需求把旅游市场划分为若干个分市场，从中选择自己目标市场的方法。每一个消费者群就是一个细分市场，亦称“子市场”或“亚市场”，每一个细分市场都是由在需求上具有某种相似特征的消费者构成的消费者群。

一、旅游市场细分的意义

(一)有利于发掘新的市场机会，形成新的富有吸引力的目标市场

旅游市场细分是旅游目的地国家和地区市场营销战略的重要组成部分，是现代旅游业市场营销活动的重要进步和策略，旅游市场细分对旅游目的地国家和地区来说是非常有力的竞争手段。现代市场营销实践已经证明，科学合理的市场细分，对于旅游目的地国家和地区市场营销活动成败有着至关重要的作用。

(二)有利于集中使用资源,增强市场竞争能力

特别是对于资源有限的旅游目的地和企业来说,只有通过市场细分,选择有利可图的细分市场,集中使用资源,投入一个或少数几个细分市场,扬长避短、有的放矢的开展市场营销活动,增强市场调查、研究、分析的针对性。

(三)有利于制定和调整市场营销组合策略,实现市场营销战略目标

旅游业在未细分的整体市场上,一般只会采取一种市场营销组合策略。由于整体市场上的旅游者需求差异性较大,使旅游市场营销活动往往不能得到令人满意的效果,而且由于整体市场需求变化较快、较复杂,旅游业难以及时掌握,致使旅游市场营销活动缺乏时效性。而旅游市场细分后,某个细分市场的旅游需求基本相似,旅游地和旅游企业能密切注意细分市场旅游者需求变化,并迅速地制定和调整市场营销组合策略,顺利实现旅游地和旅游企业市场营销战略目标。

二、旅游市场细分的实质

旅游市场细分的实质是细分旅游者的需求。旅游目的地国家和地区进行市场细分,就是要发现不同旅游者需求的差异性,然后把需求基本相同的旅游者归为一类,这样就可以把旅游产品的整体市场划分为若干个细分市场。

(一)是对同种产品需求各异的消费者进行分类

旅游市场细分不是对旅游产品的分类,而是根据旅游者的需求、欲望、购买行为及购买习惯的差异性进行分类,是市场细分的重要依据。

(二)是一种存大异、求小同的市场分类方法

旅游者由于所处的社会、经济、自然条件等因素的不同,以及旅游者的性别、年龄、文化、职业、爱好、经济条件、价值观念的不同,他们的需求、欲望、购买行为具有明显差异。但对某种特定的产品而言,各种不同的旅游者组成了对其某个特性具有偏好的群体。

(三)是一个聚集的过程,而不是分解的过程

旅游市场细分在存大异、求小同的基础上,把对旅游产品的特点最易做出反

应的旅游者,据多种变量连续进行集合,直到形成旅游目的地和地区的某一细分市场。

三、旅游市场细分方法

常见的旅游市场细分的方法有以下几种:

(一)地理细分

是指按地理位置来细分旅游市场，其涉及到对游客来源以及游客所来自的国家的分析。它以现在及潜在的客源发生地为研究的出发点,根据旅游输出国与接待国之间的距离,可分为远程旅游市场、中程旅游市场和近程旅游市场;根据旅游者的国际流向可把旅游市场细分为一级市场、二级市场和机会市场;根据旅游发生国而划分为不同国家旅游市场。如黄山旅游市场按照客源地细分如下:近程客源市场：在某些市场可能再进一步划分成安徽省内客源市场和安徽省之外的近程客源市场,包括安徽、江苏、上海、浙江、河南、湖北、山东;中程客源市场:包括福建、广东、湖南、陕西、山西、河北、北京、天津、重庆;远程客源市场:包括辽宁、吉林、黑龙江、内蒙古、宁夏、甘肃、青海、新疆、西藏、四川、贵州、云南、广西、海南。*

(二)人口细分

根据旅游者的年龄、性别、家庭规模、婚姻状况、家庭生命周期、收入水平、职业、文化程度、宗教、民族、种族、宗教信仰、社会阶层等因素进行细分。如根据年龄可分为老年、中年和青年旅游市场;根据性别可分为男性和女性旅游市场;根据婚烟状况分为已婚和未婚者旅游市场;根据受教育程度可分为受过高、中、初等教育旅游者细分市场;根据家庭生命周期分为不同阶段的旅游市场,如年轻单身、年轻夫妇没小孩、年轻夫妇有小孩、成年夫妇有小孩、成年夫妇子女成家和老年夫妇等阶段。每个细分市场都有其一定的特点和与众不同的需求,从而构成总体需求的多样性和每个小市场的特殊性。

(三)心理细分

指按旅游者心理行为细分市场。此类划分的依据主要是消费者性格、生活方

* 资料来源:黄山市旅游发展总体规划(2005-2020年).中山大学旅游发展与规划研究中心编制.

式、旅游目的、购买时间和旅游者所追求的利益等。根据旅游目的可将旅游市场细分度假、观光、会议、商务、奖励、探亲访友旅游市场;根据购买方式可以细分为直接购买和通过旅行社购买两类市场。此外,由于旅游者所追求的利益无外乎地位、声望、时髦、效用、享乐等;旅游者性格包括个性外向和内向、独立与依赖、乐观与悲观、开放与保守等;加之人们在不同社会环境中逐渐形成不同的习惯生活、消费倾向、对周围事物的看法等,因而旅游经营者可根据上述不同标准,将旅游市场进行不同的细分。

(四)行为细分

指按照旅游者消费行为来细分市场。根据旅游者的消费动机、消费水平、对广告、服务和价格的敏感度等进行划分。如根据消费动机,划分为度假旅游市场、会议商务旅游市场等;根据消费水平划分为豪华型、工薪层和节俭型旅游市场(表 5–1)。

表 5–1 旅游市场细分方法的比较

分类	分类因子	细分亚标准	细分类型	优点
地理细分	常住地	区域细分法	欧洲、亚洲市场、华东市场	有利促销地、旅行社定点
	市场规模	距离细分法	近时距市场、中时距市场	便于研究时间、费用等
	气候、人口密度	气候细分法	避暑市场、冬季市场、夏季市场	便于研究季节人流特征
人口细分	年龄、教育	年龄细分法	学龄、青年、中年和老年市场	便于研究消费结构
	性别、家庭、年龄结构	家庭结构细分法	情侣、蜜月旅游、老年市场	便于展开针对性服务
	职业文化圈	职业细分法	公务、商务、学生团体旅游	便于满足其职业需求
心理细分	性格	心理需求法	安逸者、冒险者、廉价购物者市场	便于安排项目内容
	习惯、价值观	生活方式法	基本需求者、自我完善者、开拓扩张者	便于探索"满意经历"的内在机理
行为细分	消费动机	旅游目的法	度假、会议商务、教育旅游	便于研究供给布局
	品牌信赖度	组织方式法	组团、散客旅游市场	安排组织工作
	消费水平、广告敏感度	价格敏感度法	豪华型、工薪层、节俭型旅游	便于研究价格策略
	服务敏感度、价格敏感度	频率分类法	随机性、选择性、重复性市场	便于安排促销重点

四、旅游市场细分类型

按照标准和分类角度的不同，通常把旅游市场进行如下细分：

（一）按照区域特征划分

按照区域特征划分，是以现有及潜在的客源发生地为出发点，根据对旅游者来源地或国家的分析而划分的旅游市场。根据各个地区在经济、文化、交通、地理、旅游者流向与流量等方面的状况，WTO将世界旅游市场划分为六大区域市场，即欧洲市场、美洲市场、中东市场、非洲市场、南亚市场、东亚及太平洋市场。20世纪前期，欧美经济发达国家一直在国际旅游市场上处于主导地位，其他区域旅游市场所占份额相对较小。到20世纪末期，世界已经形成了欧洲地区、美洲地区和东亚及太平洋地区三大旅游区域市场的格局。

（二）按照国境划分

按照国境划分，一般划分为国内旅游市场和国际旅游市场。国内旅游市场是指旅游活动在一国范围内进行，旅游者为本国居民。国际旅游市场是指旅游活动在世界范围内进行，旅游者为外国居民。国际旅游市场又可以分为出境旅游市场和入境旅游市场，出境旅游市场指本国居民赴国外旅游，入境旅游市场指外国居民到本国旅游。在国际旅游市场上，由于旅游者是其他国家或地区的居民，使用其他国家的货币支付旅游开支，往往涉及货币兑换、旅游证件和护照等问题，比国内旅游市场要复杂很多。

（三）按照距离划分

按照旅游目的地和客源地距离的远近，可将旅游市场划分为近程市场、中程市场和远程市场。近程市场，主要是指周边地区以一日游旅游者为主的旅游市场。中程市场，是以满足旅游者周末休闲度假的旅游市场，一般距离旅游目的地不远，能够在2~4日内往返。远程市场，是指距离目的地较远，满足旅游者在较长一段时间内观光、休闲度假等全球范围内的旅游市场。

（四）按照消费水平划分

按照消费水平的高低，可将旅游市场划分为豪华、标准和经济旅游市场。由于旅游者的收入水平、经济地位、消费观念等不同,其旅游需求具有很大的差异,由此形成了不同消费水平的旅游市场,不同消费水平的市场对旅游产品的质量要求也不尽相同。通常,豪华旅游市场对旅游价格不太敏感,更关注旅游服务和旅游产品的特色;标准旅游市场既关注旅游价格,又注重旅游产品的质量和内容;经济旅游市场一般对价格非常关注。因此,旅游经营者应根据自身产品的定位和不同的消费水平,制定满足各个市场需求的产品。

(五)按照组织形式划分

按照旅游的组织形式可将旅游市场划分为团体旅游市场和散客旅游市场。团体旅游是指旅游者参加一个旅游团体,并向当地旅行社交付所需费用,然后由目的地旅行社负责该团的旅游活动这样的一种形式。其优点是活动日程已经提前安排好,旅游者放心随团出游;旅行社往往以优惠的价格分别购买各单项旅游产品,旅游价格相对便宜;包价旅游形式多样,旅游者可根据偏好自由选择。散客旅游是指单个或自愿结伴的旅游者,自主进行旅游活动的一种组织形式。散客旅游者可根据自己的喜好安排旅游活动内容,或委托旅行社购买单项旅游产品,因此,这种形式比较灵活方便。

(六)按照旅游目的划分

按照旅游目的可将旅游市场划分为各种专项旅游市场。如观光旅游市场、休闲度假旅游市场、文化旅游市场、商务会议旅游市场、探险旅游市场、宗教旅游市场、军体健身旅游市场等。

第三节 旅游市场竞争

旅游市场竞争是旅游市场的基本特点。本节首先分析旅游市场竞争的必然性,然后介绍旅游市场竞争的类型、内容以及策略。

一、旅游市场竞争

有市场就必然有竞争。旅游市场竞争是不同的旅游企业主体为了自身利益所进行的以争夺客源为中心的竞争行为。旅游市场竞争是价格规律的客观要求和必然结果,也是旅游市场的特殊性所决定的。

随着旅游业的发展,旅游市场由卖方市场转向买方市场,国际旅游市场竞争日趋激烈。近年来,亚太地区旅游业迅速发展,竞争态势也随着旅游市场的日趋成熟而逐步升级,市场竞争更多地表现在客源流向而不是流量上。面对旅游业激烈的市场竞争,各国纷纷调整营销策略以期在竞争中求生存、求发展。我国旅游业近年来也呈现良好的发展态势,随着各地区旅游地旅游产品的开发和推陈出新,旅游市场的竞争也愈来愈激烈,特别是新技术的发展和普及,也加剧了旅游市场的竞争,如计算机预订系统的兴起和普及等。

旅游市场竞争也有利于旅游目的地国家、地区或企业开发新产品,改造陈旧的产品,提高企业经营管理水平,从而为市场提供优质的产品,增加产品品种,不断提高旅游产品质量和旅游经济效益。

二、旅游市场竞争的类型

根据市场状况与竞争程度,我们可以将旅游市场分为四种类型:

(一)完全竞争市场

完全竞争市场,是指一种不受任何阻碍和干扰的市场。其基本特征是:第一,在旅游市场上,存在许多彼此竞争的旅游者和旅游经营者,每个旅游者和旅游经营者所买卖的旅游产品数量在整个市场上占有的份额都很小,任何一家旅游企业都不可能通过控制产品供应量来操纵市场;第二,旅游产品是完全相同的,出售商品条件完全一样;第三,各种经济要素可以自由流动,自由出入市场;第四,市场信息畅通,买卖双方充分了解市场状况。只有同时具备以上四个条件,完全竞争市场状态才能形成。因而,完全竞争市场实际上只是一种理论上的假设。

(二)完全垄断市场

完全垄断市场,是指一种产品市场完全由一家厂商所控制的状态,并且这个厂商生产的产品没有任何替代品,因而完全垄断厂商对其产品的价格和产量具有很大的控制权。完全垄断型的主要特征是:第一,某个旅游企业完全控制了某种旅游产品的供给和销售市场,这种旅游产品又没有其他可以替代的旅游产品,如西安的秦兵马俑、北京的故宫和长城、埃及的金字塔等;第二,该企业由政府授权实行垄断经营,其他企业不能进入竞争者的行列。

(三)垄断竞争市场

垄断竞争也称作不完全竞争,是一种既有垄断又有竞争的市场结构,它是一种介于完全竞争和完全垄断之间的市场类型。不完全竞争的旅游市场,是当一种旅游劳务在旅游市场上虽有许多不同的旅游产品供给者和需求者,但他们所提供的同一种旅游劳务无论在实际上还是在旅游需求者的心目中,都具有不同的特点,此时所出现的市场是一种不完全竞争状态。垄断竞争的主要特征是:第一,同类旅游产品市场上拥有较多的旅游经营者,每一经营者的产量在市场总额中只占较小的比例,任一单独经营者都无法操纵市场,市场上存在一定数量的大中型企业,他们之间为经营某种旅游产品展开了激烈的争夺;第二,每个旅游企业的产品都与其他旅游企业的产品略有差别,即同类旅游产品在质量、外观、包装、服务及销售条件上有一定的差别,而这种差异性使质量或销售条件处于优势的旅游产品在价格竞争、市场份额的占有上略优于其他经营者的产品;第三,某种旅游产品的经营虽然由某个旅游企业控制,但垄断壁垒尚未形成,新企业进入该市场并不太困难。

(四)寡头垄断市场

寡头垄断市场,指为数不多的旅游经营者控制了行业绝大部分旅游供给的市场结构。每个大企业在行业中都占有相当大的份额,以致其中任何一家 经营者的产量或价格变动都会影响旅游产品的价格和其他经营者的销售量。这是介于完全垄断市场和垄断竞争市场之间的一种市场形式。在现实市场经济中,寡头垄断比完全垄断更为普遍。寡头垄断的主要特征是:第一,某种旅游产品由几家大型旅游企业所控制,这几家大型旅游企业的产销量在该产品的总产销量中占有较大的份额;第二,少数大型企业基本垄断了某种旅游产品,新企业进入该市场比较困难;第三,在少数大型旅游企业之间,既有一定程度的竞争,也有某些方面的妥协和联合。例如假日、希尔顿、喜来登等国际酒店集团,我国的国旅、中旅等旅行社集团,均属于寡头垄断集团。

完全竞争和完全垄断是旅游经济市场竞争的两个极端的现象,在现实中极为少见。垄断竞争和寡头垄断是旅游市场上大量存在的竞争类型,其中最常见的是垄断竞争型的市场状态,该市场既包括垄断因素也包括竞争因素。其垄断性主要表现在以下几个方面:一是旅游产品具有差异性,即每个国家或地区的旅游资源状况不可能是完全相同的,从而导致每一种旅游产品都有其个性。这种差异性在一定程度上形成了一种垄断。二是政府的某些政策限制形成一定的垄断。例如目前我国政策规定,严格限制外国人到中国办旅行社,对合资饭店合资期限和投资比例也有明确规定,从而限制了完全竞争的市场态势。三是由于非经济因素限制,使旅游者不能完全自由选择旅游产品而进入任何旅游目的地。

表 5-2 旅游市场竞争类型比较

市场和企业类型	企业数目	产品差别程度	对价格的控制程度	进入或退出行业的难易程度	售卖方式
完全竞争	很多	完全无差别	完全不能控制	非常容易	市场交易
完全垄断	一个	没有合适替代品的独特产品	可以在很大程度上进行控制	非常困难	进行广告宣传和加强服务
垄断竞争	很多	有一定差别	一定程度的控制	比较容易	广告宣传、质量竞争、价格管理
寡头垄断	很少	有一定差别或完全无差别	较大程度的控制	比较困难	同上

三、旅游市场竞争的内容

旅游市场竞争的目标具体体现在以下三个方面:

(一)争夺旅游者

争夺旅游者是旅游市场竞争中最基本、最核心的内容。旅游者是旅游产品的购买者,也是旅游市场竞争的根本目标。由于社会、经济等因素的制约,在一定时期内,旅游者的数量是有限的,而各个国家、各个旅游企业都想吸引更多的旅游者,让他们购买自己的旅游产品。旅游者数量越多,表明旅游产品销售量越大,从而为旅游目的地国家、地区或企业带来的经济效益就越高。因此,众多的国家和旅游企业争夺有限的旅游者就成了市场竞争的基本内容。

(二)争夺旅游代理商

旅游代理商是指在客源市场上销售旅游产品的中介机构或个人。在国际旅游活动中,旅游产品的销售主要通过旅游代理商来完成,旅游代理商在旅游者和旅游企业之间充当桥梁,既为旅游者提供服务,又为旅游企业输送客源。一个旅游企业的代理商越多,拥有的旅游者就越多,面对的旅游市场就越大。所以,争夺旅游代理商是争夺旅游者的一种派生形式。为此,旅游目的地国家、地区或旅游企业采取了各种措施,大力支持旅游代理商的经营活动,如及时向他们提供旅游目的地国家或地区旅游产品的各种信息和宣传推销资料，使他们能随时掌握旅游产品供给动态。

(三)提高市场占有率

旅游市场占有率指一定时期、一定范围内某一国家、地区或旅游企业的旅游产品销售量占旅游产品总销售量的比率,这也是旅游市场竞争的重要内容之一。具体来说,旅游市场占有率又分为旅游市场绝对占有率和相对占有率,通常用接待人数来表示。

1. 旅游市场绝对占有率

指一定时期、一定范围内某一国家、地区或企业接待的旅游者人次占同一时期、同一范围内旅游总人次的比率。

$$\text{旅游市场绝对占有率}=\frac{\text{一定时期、一定范围内、某一市场主体接待旅游者的人次数}}{\text{同一时期、同一范围内旅游者的总人次数}}\times 100\%$$

2. 旅游市场相对占有率

指一定时期、一定范围内某一市场主体的旅游市场份额与同一时 期、同一范围内较大市场主体旅游市场份额之间的比率。

$$\text{旅游市场相对占有率}=\frac{\text{一定时期、一定范围内、某一市场某一市场主体的旅游市场份额}}{\text{同一时期、同一范围内较大市场主体的旅游市场份额}}\times 100\%$$

如果某一市场主体的旅游市场相对占有率大于 1，表示该市场主体所占的市场份额最大,领先于其他竞争者;如果等于 1,表示该市场主体与其它竞争主体实力相当;如果小于 1,则表明该市场主体的实力弱于其他竞争者。

四、旅游市场竞争的策略

旅游国家、目的地和企业要在激烈的旅游市场中占有一席之地,必须要根据自身的条件和客源市场的各项特点采取一系列的竞争策略，常见的旅游市场竞争策略有以下四种：

(一)产品策略

旅游产品在开发过程中，要体现创新、品牌等原则，挖掘本地区或企业特色，使之与同行业其他产品相比，在旅游产品的组合、主题、营销上具有优势，产生较大的竞争力。产品策略的形式主要有以下三种：

1. 创新策略

旅游需求千变万化，旅游地和企业必须根据需求的变化不断开发出具有特色的旅游新产品，在旅游产品开发中结合需求趋势，注入时尚元素，如环保、修学、体验等，使旅游产品层次多样，内容广泛，吸引旅游者的注意，消除价格的可比性。

2. 升级策略

随着旅游业的发展，旅游新产品的不断开发，传统的旅游目的地要继续在旅游市场中占领较大的市场份额，需要进行产品的升级换代。可通过产品形式创新、产品功能提升、产品内容扩充、服务质量强化来实现。

3. 品牌策略

旅游地和企业要长期占领市场，必然要在提供优质产品的基础上，进一步提高产品的知名度，使之产生较大的品牌效应。在实施品牌策略的过程中充分运用经济、法律、行政等多种手段，提高市场占有率。

(二)专营化策略

专营化策略是指专门为某一个或某几个特殊的细分市场服务的策略。由于目标市场较为单纯，旅游企业可以实现低成本经营，由于目标市场上的旅游产品高度专门化，可以有效地阻止其他竞争者，避免过度竞争，在较少的市场中占领较高的份额，赢得较高的利润率。

(三)价格策略

价格是调节经济活动的经济杠杆之一，也是最常见的竞争手段。根据行业竞争的状况，可采取以下的价格策略。

1. 维持原价不变策略

当企业降价会减少目标利润，不降价也不会失去很多市场份额时，可维持原来价格，保证目标市场的实现。

2. 降低价格策略

当市场竞争激烈，目标市场旅游者对价格十分敏感，在对企业不造成重大损失时，可采取薄利多销的低价策略，吸引更多的旅游者，迅速占领客源市场。

3. 高价策略

利用某些旅游产品具有垄断性、稀缺性、新奇性和唯一性的特点，目标市场旅游者对价格不敏感，可以提高价格，树立高质量、高档次旅游产品形象，从而为企业增加适当的利润。

（四）促销策略

促销策略是指旅游地或企业运用各种手段、方式向现实和潜在的旅游消费者传递与渗透旅游信息，引起旅游消费者对其旅游产品的注意、兴趣，产生好感与信任，进而使其做出购买决策的活动。如根据目标市场的确定，选择影响大、发行范围广或收视率高的报刊、杂志或电视台进行促销，还可以采用宣传册、风光片、电话、传真、电子邮件、计算机网络等方式，把自身的资源力转化为经济效益和良性的社会效应。

烟台市旅游促销团赴韩促销活动

应韩国旅游发展局邀请，4 月 16 至 4 月 23 日，由烟台市旅游局组成的赴韩旅游促销团，对韩国主要城市进行了一次为期 8 天的大规模旅游促销活动。

烟台市旅游促销团在韩国主要城市，分别举办了专场旅游推介会，其中，包括“烟台·首尔旅游推介会”、“烟台·大邱旅游说明会”、“烟台·釜山旅游推介会”等，邀请了韩国各观光协会组织、重点旅行商、新闻媒体等多家单位参会。推介会期间，促销团主打推出了烟台“山海仙境之旅”、“休闲度假之旅”、“葡萄酒文化之旅”、“鲁菜美食之旅”等特色旅游产品，烟台市各大旅行社纷纷与韩国旅行商进行了深入沟通与交流，达成了一系列的合作意向，并表示双方今后将进一步增进了解，加大合作力度，推动两地旅游业的互动快速发展。2007 年，烟台市入境旅游游客总人数约 30.7 万人次，其中，韩国游客接近 13 万人次，占烟台市入境游市场分额近半壁江山。

资料来源：胶东在线.

第四节 旅游市场开拓

在日趋激烈的旅游市场竞争环境下，旅游市场开拓是任何旅游企业和旅游目的地发展旅游经济的必要工作。本节首先分析了旅游市场开拓的涵义，进而介绍了旅游市场调查和预测的有关方法以及旅游市场开拓的策略。

一、旅游市场开拓的涵义

旅游市场开拓是指为实现旅游产品的价值而进行的一系列与旅游市场的开发、占有和扩大密切联系的活动。旅游市场开拓要在明确旅游市场战略目标的前提下进行市场调研和预测，了解市场需求和竞争对手；在此基础上，分析旅游企业所处市场的宏观环境和微观环境，使企业经营活动适应市场环境的变化；进行市场细分，并在市场细分的基础上，选择目标市场；然后针对目标市场，确定合适的市场营销组合，最终实现旅游市场开拓的战略目标。旅游市场战略目标，是指在一定时期内，旅游市场营销工作的服务对象和预期所要达到的目的，即旅游目的地国家、地区或旅游企业为其旅游发展和经营所确定的一定时期的奋斗目标。进行旅游市场开拓，首先要明确一定时期的任务和目标。对于旅游行业而言，其任务和目标表现为开发本身所具有的旅游资源，形成高质量的旅游产品，并利用一切有利的条件，满足旅游市场的需求，最大限度地获取经济效益和社会效益。对于旅游企业而言，其任务和目标表现为确定企业的业务经营范围和领域，寻求和判断战略机会的活动空间和依据。企业任务确定后，应把任务具体化为企业每一个管理层次的经营目标。

二、旅游市场调查与预测

加快对旅游市场的开拓，必须在制定旅游市场战略目标的基础上，做好对旅游市场的调查工作，掌握旅游市场的现状、发展特点，预测未来的发展趋势，才能制定正确的旅游市场开拓策略，有利于旅游地或企业占领市场。

（一）旅游市场调查

旅游市场调查，是指运用科学的方法和手段，对旅游经济活动中的旅游需求、旅游供给和旅游环境进行的调查与分析工作。

1. 旅游市场调查的类型

(1)按调查的范围分为宏观市场调查与微观市场调查，前者包括对旅游市场总需求、旅游市场总供给及旅游市场环境的调查，主要为旅游目的地国家或地区制定旅游发展战略、确定旅游市场开拓策略提供科学的依据；后者主要包括旅游者需求、旅游市场营销状况和旅游市场竞争的调查等，主要为旅游企业制定正确的市场营销策略，不断开拓客源市场提供依据。

(2)按调查的目的分为探索性、描述性和因果性三种类型。探索性调查是指进行正式调查前的试探性调查，一般在以下两种情况下较多采用：一种情况是市场现象较为复杂，实质性问题难以确认，为了确定调查方向和重点，首先采用探索性调查寻找并明确实质性问题。另一种情况是当企业提出某些新的设想和构思时，可采用探索性调查掌握有关信息，帮助企业确认这些设想和构思是否可行。描述性调查是对市场的客观情况进行如实的记录和反映。描述性调查要大量搜集市场信息，包括各种相关数据，然后要对调查资料进行归纳、分析和概括，最后形成调查报告。因果性调查是了解市场现象之间的因果关系，找出问题的原因和结果，也就是专门研究“为什么”的问题。

此外，按照旅游市场调查的内容分为旅游市场环境调查、旅游供给市场调查、旅游需求市场调查、市场竞争状况调查。

2. 旅游市场调查的方法

旅游市场调查的基本方法有两种：间接调查法和直接调查法。

间接调查法：是通过收集整理各种现有的信息数据和情报资料，从中选择与调查目的相关的内容并进行分析研究的一种方法。这种方法主要是用来处理二手资料。二手资料有其优点：收集资料时间短、成本低，有助于有针对性地开展后续工作；也有其缺点：有一定的局限性，公正性、时限性和可靠性要加以鉴别。

直接调查法：主要有访谈法、观察法、会议法和实验法。访谈法是指调查人员采用访谈或询问的方式向被调查者了解市场信息的方法，有面谈调查法、电话调查法、邮寄调查法等。观察法是指调查人以直接观察具体事物作为收集资料的一种方法。会议法是通过召开专门的调查会议，或者调查者利用参加其他会议的机会进行调查，由于各种会议集中了各种不同的专门人才，因此，能收集到内容广泛、水平较高的信息和资料。实验法是从影响调查对象的若干因素中，选出一个或几个因素作为实验因素，在其余诸因素均不发生变化的条件下，了解实验因素变化对调查对象的影响，从而获得所需资料的方法。

(二)旅游市场预测

旅游市场预测，是指运用各种定性和定量的方法，对旅游市场未来发展变化做出分析和推断。旅游市场预测可分为多种类型：按预测时间，可分为短期预测、中期预测和长期预测；按预测内容，可分为宏观预测和微观预测；按预测的方法，可分为定性预测和定量预测等。

德尔菲法——一种切实有效的定性分析方法

德尔菲法又称专家意见法，是依据系统的程序，采用匿名发表意见的方式，即专家之间不得互相讨论，不发生横向联系，只能与调查人员发生关系，通过多轮次调查专家对问卷所提问题的看法，经过反复征询、归纳、修改，最后汇总成专家基本一致的看法，作为预测的结果。这种方法具有广泛的代表性，较为可靠。具体实施步骤：

(1)组成专家小组：按照课题所需要的知识范围，确定专家。专家人数的多少，可根据预测课题的大小和涉及面的宽窄而定，一般不超过20人。

(2)向所有专家提出所要预测的问题及有关要求，并附上有关这个问题的所有背景材料，同时请专家提出还需要什么材料。然后，由专家做书面答复。

(3)各个专家根据他们所收到的材料，提出自己的预测意见，并说明自己是怎样利用这些材料并提出预测值的。

(4)将各位专家第一次判断意见汇总，列成图表，进行对比，再分发给各位专家，让专家比较自己同他人的不同意见，修改自己的意见和判断。也可以把各位专家的意见加以整理，或请身份更高的其他专家加以评论，然后把这些意见再分送给各位专家，以便他们参考后修改自己的意见。

(5)将所有专家的修改意见收集起来，汇总，再次分发给各位专家，以便做第二次修改。逐轮收集意见并为专家反馈信息是德尔菲法的主要环节。收集意见和信息反馈一般要经过三、四轮。在向专家进行反馈的时候，只给出各种意见，但并不说明发表各种意见的专家的具体姓名。这一过程重复进行，直到每一个专家不再改变自己的意见为止。

(6)对专家的意见进行综合处理。

三、旅游市场开拓的策略

一般讲，影响旅游市场开拓的因素主要有两类：一类是外部环境因素，它包括人口环境、政治环境、法律环境、经济环境、文化环境、科学技术环境等宏观环境因素；也包括市场竞争者、中间商、供应商、社会公众等微观环境因素。这些外部环境因素是影响旅游市场开拓的不可控因素，只能通过环境分析，以发现有利的市场机会，克服不利的环境威胁，尽可能适应微观和宏观市场开拓环境。另一类是可以控制的因素，即旅游市场开拓策略，它是指旅游企业为取得最佳经济效益，在选定的目标市场上，在一定时期内，有计划地综合运用各种可能的市场营销策略和手段，进行旅游市场的开拓。旅游市场开拓策略，就是把旅游产品、价格、促销和分销等组合起来，结合市场环境，推进旅游业营销工作，确保实现旅游市场战略目标。具体的市场开拓策略主要有以下几种：

(一)旅游产品策略

对于旅游地和旅游企业来讲，首先要决定用何种产品和服务来满足目标市场需求,在开发旅游产品时,必须把握市场需求,根据市场需求有针对性地开发旅游产品,要大力开发具有民族特色、地方特色和游览区特色的旅游产品。一方面要通过市场细分,满足旅游者多元化的需求,另一方面要通过新产品的开发来创造需求,引导需求趋势。目前我国的旅游产品开发面临的问题是:产品结构单一,低水平重复建设多,供给与需求结构失衡,产品质量下降等问题。针对旅游产品开发存在的问题,可采取以下的对策措施:加速观光产品的更新换代,满足旅游需求的不断变化;积极开拓专项旅游产品,适应市场细分化的需求;经营团体包价旅游的同时,要大力发展散客旅游和半包价旅游。

(二)旅游价格策略

旅游价格制定是否合理,直接关系到旅游产品的竞争力,影响旅游市场开拓的效果。在产品定位之后,就要根据目标市场上的旅游者需要和市场竞争状况,制定一个合理的有竞争力的旅游价格。在制定旅游价格时,要明确定价目标,根据旅游市场开拓的任务、目标市场的实际情况以及竞争对手的价格,有针对性地确定旅游产品的价格,避免定价的盲目性和随意性,要根据定价目标选择适当的定价方法和定价形式,并注意保持价格的相对稳定。

(三)旅游促销策略

在旅游产品的交换过程中,旅行社、旅游饭店及其他旅游企业均面临销售渠道的选择问题。目前,旅行社仍然是销售渠道的主体,绝大多数旅游产品的价值和使用价值还是通过旅行社来实现的。按照销售职能,可以将旅行社分成两类,即旅游批发商和旅游零售商,旅游批发商的业务涉及旅游产品的组合、定价、促销和配销等,旅游零售商的主要业务是直接向旅游者销售旅游产品。旅游产品的销售渠道是否合适,直接影响着旅游产品的销售状况。

旅游促销是旅游产品销售的一种有效手段,促销是激发旅游者的购买欲望,影响他们的消费行为,扩大产品的销售而进行的一系列宣传、报导、说服等促进工作。促销的过程就是信息沟通的过程;促销策略就是对促销对象、促销技术、促销方法、促销效果进行科学的选择、配置、控制和评价的过程。旅游促销的方式有广告宣传、公关活动、人员推销、参加或举办旅游博览会等。

(四)销售渠道策略

销售渠道是指旅游企业将旅游产品出售给旅游者时所经过的路线、环节、方式、机构设置以及如何选择和管理分销渠道等问题。旅游产品销售渠道主要有直接和间接两种。直接渠道是旅游企业直接销售产品或通过自设的零售网点销售其产品给旅游者;间接渠道是旅游企业将其产品通过中间商(旅游批发商和旅游零售商)销售给旅游者的途径。目前我国旅游产品销售渠道存在的问题是旅行社的增长高于入境客源的增长幅度,形成买方市场的局面;部分旅行社缺乏积极进取精神,缺乏一批能够积极开发新市场、开拓新渠道、发展新客户的销售人员队伍等。针对这些问题,今后应采取的对策:一是开辟新的销售渠道,吸引有组织的团体旅游;二是发展专业旅行社,专门为不同行业提供有关的特色旅游;三是旅游企业要有长期投入的准备,不断巩固和发展销售网络;四是积极利用现代化通讯手段,如电视广告、国际互联网等促进旅游产品的销售。

奥运旅游海外促销的问题分析与战略

2008年北京奥运会是中国旅游业发展进程中难得的机遇,将成为中国旅游业实现重大跨越的转折点。利用奥运会这一难得的发展契机,全面提升中国的旅游目的地形象和产业素质,加快实现从旅游大国向旅游强国的转变,成为时代赋予中国旅游业的光荣使命和历史重任。

当前奥运旅游促销实践中的问题:

(1)对于利用奥运机遇缺乏系统计划。各地对奥运旅游都表示出不同程度的关注,普遍认为奥运是中国旅游业发展的重要机遇。但在实际工作中,有些单位和部门对奥运机遇缺乏系统的行动计划,付诸实施的较少,特别是非赛事举办地更为明显。

(2)对于奥运旅游发展,认识上仍有偏颇。目前各地对奥运旅游的认识还存在一些局限,主要体现更多地关心奥运赛事而非奥运旅游;认为奥运旅游是举办地的事,对其他地区不会有太大的影响;把奥运旅游局限于奥运期间的旅游,对前期、后期如何利用奥运做旅游文章,还认识不够。

(3)对于区域联合,尚无具体措施。除北京和大连旅游相关部门达成协议外,其他城市没有主动采取措施联合周边地区,扩大奥运旅游辐射效应。

(4)奥运相关信息缺乏。目前旅游行业苦于无法获得有关场馆建设、赛事时间地点安排、门票分配、客流预测与分布等方面的官方信息,只能进行泛泛的形象宣传,无法开展针对性的海外促销。

(5)门票分配成为焦点。比赛门票是各地普遍关注的焦点。所有相关赛事举办地都急切地希望了解门票的销售渠道、分配比例等问题,并一致认为这是构成奥运期间旅游组织、接待和服务的核心。

(6)奥组委对海外旅游促销授权。国家旅游局各驻外办事处反映,由于奥运旅游的海外促销活动会涉及奥运标识的运用,需要奥组委特殊授权,否则难以及时开展相关促销。

奥运旅游促销战略:

一是国家战略,在国家层面上整合资源,协调管理,加强部门之间(尤其是奥组委、外宣、旅游、商务、体育等)、地方之间(奥运会主办地、奥运会协办地以及非奥运赛事举办地等)的信息沟通和联合促销,从而充分发挥奥运会对国家形象和旅游产业竞争力的提升作用。

二是合作战略,在奥运旅游促销过程中,促进国家与地区之间、政府与企业之间、不同产业之间、相关管理部门之间的合作,形成广泛的合作机制,从而实现奥运对各个地区、各个产业、各个领域的全面带动,实现奥运效应最大程度的扩散;行业上,特别考虑与国际民航、国际机场、门户网络与电信公司的合作;在区域之间,特别考虑与港澳的合作、与日韩的国际合作,提出“奥运会在中国举办,旅游受益在整个亚洲”的概念。

三是分期战略,根据奥运旅游促销的时效性,确定奥运前、奥运中、奥运后三个时期的促销目标、策略重点、促销手段,策划不同活动,分阶段实施,分步骤完成,做到远、近期相结合,从而最大限度地释放、强化和延伸奥运会的旅游效应。

四是形象战略,通过各种途径将中国塑造成一个“神奇、多彩、活力、安全”的旅游目的地,将重塑国家旅游目的地形象作为奥运旅游促销的核心目标,在文化上下功夫,在当代上求突破。

五是精品战略,借助奥运契机将我国旅游精品推向世界,通过征集、申报、评比、筛选、发布等环节,推广旅游精品线路,形成具有世界知名度和影响力的精品线路库,从而实现促进全国旅游长期发展的目标。

六是创新战略,作为一种超大型活动的营销,奥运旅游促销要在形象、产品、促销手段、技术、体制等各个方面进行创新,重在转变思路,调整机制,利用现代信息技术和媒体(网络、电子商务等),实现新的突破。

奥运旅游促销方案设计思路:

(1)奥运前。围绕“关注中国,感受神奇”,大力营造奥运旅游氛围,利用全球对奥运的关注,塑造中国旅游新形象,为奥运期间和后奥运旅游作好铺垫。例如:遴选并发布“中国奥运旅游精品线路”;策划“两岸四地青年学生奥运热身游”;加强奥运国际交流、带动区域市场,组织策划“中日韩三国奥运扬帆行”;提升海外市场关注度,丰富中国旅游目的地形象,策划 China: Beyond Your Imagination 境外游客摄影大赛暨海外巡展活动;组织海外大型旅游批发商借助中日、新、澳、斯友好年,俄罗斯、意大利中国年开展一系列奥运旅游促销活动。

(2)奥运中。围绕“欢聚北京,实现梦想”,联合全国各个地区,在赛事期间做好奥运现场促销工作,展示中国旅游形象,推广精品旅游线路,同时确保到访游客的旅游体验,并分流部分客源。例如可以借助火炬接力的路径,组织策划“奥运圣火传遍中华”活动,策划“相聚中国·感受奥运”系列活动,国内各大旅游区域北京奥运期间召开旅游展览说明会、策划“相聚北京——奥运举办城市的市长峰会”等活动。

(3)奥运后。将2009年、2010年的宣传促销口号分别设定为“古老的中国永远年轻”(突出建国60周年主题)和“来中国,看世界”(突出2010年世博会主题),进行“后奥运旅游”促销,同时推广会展旅游、奖励旅游、商务旅游等,延伸奥运的旅游效应。例如可以策划“中华奥运精英庆功游”、“百年奥运”公众摄影展、“古老的中国永远年轻”建国60周年庆祝活动、“来中国,看世界”2010年世博会旅游推介活动等,来延伸奥运旅游效应,做好北京奥运会和上海世博会在活动上的衔接。

资料来源:国家旅游局2006年社会招标课题《奥运旅游海外促销研究》的部分成果.

复习思考题

1. 如何理解旅游市场的概念?
2. 旅游市场具有哪些功能?
3. 旅游市场竞争的类型有哪些?简述其主要特点。
4. 旅游市场竞争的主要内容是什么?应采取何种策略?
5. 什么是旅游市场开拓,旅游市场开拓的策略有哪些?

主要参考文献

罗明义. 旅游经济学原理[M]. 上海:复旦大学出版社,2004.
林南枝,陶汉军. 旅游经济学[M]. 天津:南开大学出版社,2000.
张建春,金世胜. 旅游经济学[M]. 北京:高等教育出版社,2001.

第六章
旅游消费及效果

旅游消费是一种高级消费方式，它是人们在衣、食、住、行等基本物质生活需求得到满足之后，还有富余的金钱和闲暇时间而产生的一种消费需求。

本章对旅游消费内容、消费的特征及作用、旅游消费结构、旅游消费效果等问题进行了理论分析和阐述，这对于开拓旅游市场、制定旅游价格、投资旅游项目、建立旅游产业结构、制定旅游经济发展战略与规划，都具有十分重要的意义。

第一节 旅游消费的特点及作用

本节主要介绍旅游消费的构成、特点以及作用。

一、旅游消费方式构成

(一)旅游消费的概念

旅游消费，是指人们在旅游过程中，为了满足旅游活动中的各种需要而进行的物质资料和精神资料消费的总和。旅游消费是种行为，从效用上看它可以分为基础性消费、文化性消费、保健性消费、享乐性消费、纪念性消费等五大方面的消费。

(二)旅游消费的构成

旅游消费的构成一般指旅游者在旅游消费过程中所消费的各种消费资料和服务的比例关系，它由不同时期生产力发展水平决定，随着经济发展的变化而变化。它的主要影响因素有:旅游产业结构及产品结构、旅游者的收入水平、人口结构及总量、物价水平、旅游消费方式、旅游消费政策等。从不同的出发点来看旅游消费可以划分成不同的类型,主要有以下几种:

(1)从旅游者需求层次来看旅游消费结构可分为基本生存资料消费、享受资料消费和发展资料消费三种。旅游消费在很大程度上表现为享受资料和发展资料的消费,一些基本的生存消费由于旅游过程中其档次和环境发生了较大的变化,已可划分到享受资料一类。

(2)从旅游者消费的物质产品和服务的不同用途来看旅游消费结构可分为食、住、行、游、购、娱六个方面的消费。不同的旅游者由于收入、爱好、动机的不同,在这六方面的支出水平也不同。

(3)从旅游消费对象的存在形式来看旅游消费结构可分为实物消费和旅游服务消费。实物消费包括食物、饮料、客房用品、旅游纪念品等。旅游服务具有无形性的特征,它是旅游消费的核心内容,主要包括导游服务、餐饮服务、住宿服务、交通服务等。

此外,根据旅游者的购买方式不同把旅游消费分为散客消费和团体消费;还可以根据旅游者的国家和地区或旅游者的旅游目的和旅游行为对旅游消费结构进行划分。

二、旅游消费特点

旅游活动涉及政治、经济、文化等广泛的社会领域,旅游消费的内容包含着食、住、行、游、购、娱等诸多方面,因而跟一般商品消费相比,旅游消费具有其自身的特殊性。如果说一般传统产品的消费方式是把消费过程与再生产过程相对区分开来的,那么作为现代消费方式的旅游则把消费过程与再生产的过程有机的融为一体。因此,旅游消费具有许多不同于一般传统产品消费的特点。

(一)旅游消费是综合性消费

旅游消费是一个系列的、连续的动态过程,贯穿于整个旅游活动过程中,因而综合性是旅游消费最显著的特点。首先,从旅游消费活动的构成看,旅游活动是集食、住、行、游、购、娱于为一体的综合性消费活动。其次,从旅游消费的对象看,旅游消费的对象就是旅游产品,旅游产品是由旅游资源、旅游设施、旅游服务等多种要素构成的,其中既包含物质因素,也包含精神因素,既有实物形态,又有活劳动形态。因此,旅游消费对象是多种要素、多类项目的综合体。再次,从参与实现旅游消费的部门看,旅游消费是众多部门共同作用的结果,许多经济部门和非经济部门均参与了旅游消费的实现过程。前者包括餐饮业、旅馆业、交通业、商业、农业、金融业等;后者包括环保、园林、文物、邮电、海关等。这从另一个侧面也证明了旅游消费的综合性特点。

(二)旅游消费是以服务为主的消费

在旅行游览过程中,旅游者首先必须满足基本的生理需要,因而必然要消费一定量的实物形态的产品。但从总体上看,服务消费占主导地位。旅游服务消费,不仅在量上占绝对优势,而且贯穿于旅游者从常住地向旅游地的移动,到旅游地参观游览,再返回常住地这一消费过程的始终。旅游服务是由各种不同的服务组合成的总体,一般包括饭店服务、交通服务、导游服务、代办服务、文化娱乐服务、商业服务等。旅游服务一般不体现在一定的物质产品中,也不凝结在无形的精神产品中,而是以劳务活动的形式存在着,从而构成旅游产品的特殊形式。这种产品只有被旅游者享用时,它的价值才被实现;一旦旅游活动结束,旅游服务的使用价值就不复存在,从而决定了旅游消费与旅游产品相一致的特性。一是旅游消费的异地性。旅游服务是无形的,不可转移的,因此,旅游者必须离开常住地,离开熟悉的基本生活环境,克服空间距离,才能实现旅游消费。二是旅游消费与旅游交换的同一性,即一般物质产品的交换和消费是两个独立的环节,但就旅游消费而言,服务的提供必须以旅游者的存在即旅游者的实际购买为前提。为此,旅游消费和旅游交换在时间上和空间上是统一的。三是旅游消费的不可重复性。旅游服务的使用价值对旅游者来说是暂时的,旅游者离去,旅游服务即终止。这样,随着服务的时间、场合及服务人员心情的变化,即使是同一服务员提供的服务,其标准和质量也会相差很多。因此,旅游者在一生中不可能消费完全相同的服务产品。

(三)旅游消费是伸缩性很强的消费

伸缩性,指人们所需消费品的数量及品种之间的差异,以及这种差异随着影响消费诸因素的变化而变化,表现出扩大或紧缩的状态。旅游消费作为一种高层次的消费,是一种伸缩性很强的消费,具体表现在以下几方面:

1. 旅游消费是弹性较大的消费

一般来说,满足人们生存需要的消费弹性较小,而满足人们享受、发展需要的消费弹性较大，旅游消费属于后者，许多因素都会影响旅游消费的数量和质量。除了通常所说的价格、收入外，国际政治经济形势，旅游者的职业、年龄、性别、受教育程度、宗教信仰、兴趣爱好，以及旅游地的社会经济发展水平、风俗习惯等等，都直接或间接地影响着旅游消费。

2. 旅游消费是无限的消费

旅游消费是人们的基本需要即生理需要和安全需要得到一定满足后，为实现更高层次的需要而进行的高级消费形式，主要是满足精神上或是心理上的需要，因而永无止境，没有数量限制。

3. 旅游消费是季节性消费

这主要体现在两个方面：一是受旅游目的地季节的限制，一些旅游产品只在某个季节才有，例如日本的樱花，中国东北的雪景。所以旅游消费需求会集中在某些月份或季节。二是旅游者个人因素，受出游习惯和闲暇时间的限制，导致某些季节成为旅游者愿意出游的季节。例如教师通常会在假期出去旅游，德国人则习惯于春天出游。

(四)旅游消费过程和旅游生产过程的同一性

在旅游消费中，以旅游服务的消费为主要部分。以劳务形式存在的旅游服务产品，只有在被享用时，它的价值才能体现出来，一旦旅游活动结束，旅游消费就不复存在。因此，旅游消费的同时就是旅游服务的生产过程，没有旅游服务性消费，就没有旅游服务产品的生产，二者在时间上是同一的。另外，旅游者必须离开常住地，离开熟悉的环境，才能实现旅游消费。旅游消费的异地性决定了旅游产品的生产和消费在空间上的同一性。

(五)旅游消费的多样性和多层次性

由于不同的旅游者的不同个性和不同的情感需求，导致旅游消费的多样性。例如，有的旅游者喜欢观光游览，有的喜欢探险猎奇。同样，由于旅游者收入、社会地位等的不同，他们的消费层次也是不同的。可简单分为高档消费、中档消费和经济消费三个档次。

三、旅游消费作用

旅游消费作为一种高级消费方式，对于促进人们全面发展，提高劳动力素

质,提高社会劳动生产率和促进经济发展等,都具有十分重要的作用,主要表现在以下几方面:

(一)旅游消费是社会再生产过程中的重要环节

消费是促进国民经济循环的动力,在生产、交换、分配和消费的四个环节中,生产是起点,消费是终点。如果把社会再生产看作是一个周而复始不断更新的过程,那么消费是第一个生产过程的终点,又是第二个生产过程的起点。旅游消费不仅是旅游者对物质产品的消费,而且包括对精神产品服务的消费。通过消费,一方面使这些产品的价值和使用价值得到实现,另一方面对旅游所需的物质产品和精神产品的再生产提出了新的要求。生产和消费相互依存,互为前提,生产和消费相互创造了对方。旅游消费在社会再生产过程中的重要作用还表现在:旅游消费的扩大,不仅要求原有的旅游企业和部门进一步发展,要求增加一批新的旅游企业和部门,而且要求向旅游业提供产品和服务的其他部门和行业也要相应地发展,从而促进整个社会经济的繁荣。旅游消费的扩大,必然刺激社会多生产符合旅游者需求的旅游产品,开发更多的有吸引力的旅游资源,增设新颖健康的旅游项目,从而进一步推动旅游业自身的发展。

(二)旅游消费是高质量劳动力再生产的创造因素

完成生产过程的两个重要因素是生产资料和劳动力。前者是生产条件的客观因素,后者则是保证物质资料再生产的必要条件,是生产过程中起决定作用的最活跃的主观因素。劳动力再生产是物质资料再生产的先决条件,现代化大生产需要社会提供与之相适应的高质量、高水平的劳动力,要求劳动者具有专业技能,广博的文化知识,高度的主动性、敏捷性和创造性,以及健康的体魄和饱满的精力。为此,不仅需要满足劳动者基本生存的需要,不断改善劳动者的物质生活条件,还要大力发展德、智、体几方面的教育,以提高劳动者的品德及文化素质。旅游消费是一种潜移默化的思想品德及文化素质教育,能使人们陶冶身心、增进健康、开阔视野、增长知识,有利于高质量劳动力的再生产。近几年,一些经济发达国家已逐步把旅游消费作为劳动力再生产的一个促进因素而予以鼓励。旅游消费能使劳动者的体力和智能得到恢复和发展,激发劳动者的生产热情,使劳动者在各自工作岗位上全面地发挥自己的才能,从根本上提高社会的劳动生产力。

(三)旅游消费是普及现代化生活设施的桥梁

旅游活动是一种娱乐性、享受性的消费活动,旅游服务的目的在于最大程度地满足旅游者精神发展和享受的需要。因此,旅游服务所凭藉的物质资料,如交通工具、住宿条件、旅游设施设备等,都必须具有现代化程度高,以及舒适、方便、卫生、安全等特点。这些特点决定了在科学技术不断发展的情况下,生产中的某些民用新产品在其普及于人们日常生活之前,首先在旅游业的经营中被采用,例如空调机、微波炉、冰箱等等耐用消费品在家庭普及之初,已在旅游业中广泛运用。这些表明,旅游消费在普及现代化生活设施,转变人们的消费观念中起到了桥梁的作用。

(四)旅游消费是评价旅游经济活动成果的标准

旅游产品只有在消费中才能得到最后的完成。这是因为,第一,旅游消费是旅游产品生产的目的和对象。生产取决于需要,而需要的形成和发展,又在很大程度上取决于消费的发展,从某种意义上说,消费需要和消费水平决定了生产的发展方向和发展速度。第二,旅游消费是使旅游产品价值实现的最后行为。如果没有旅游消费,旅游产品就卖不出去,旅游产品的价值就不能实现,旅游经济的运行就难以顺利进行。第三,旅游消费又是对旅游产品的最终检查。如果旅游产品不符合消费需要,旅游产品就会滞销,旅游经济就不能顺利运转。因此,通过旅游消费还可以检验整个旅游经济结构是否合理,旅游经济效果是否理想,旅游业是否健康、持续地发展。

第二节　旅游消费结构

旅游消费结构,是指旅游者在旅游过程中所消费的各种类型的旅游产品及相关消费资料的比例关系。旅游消费结构可从不同角度进行分类,具有不同的影响因素。

一、旅游消费结构分类

(一)从满足人们旅游需求的不同层次来分类

人们的旅游消费一般来讲可分为生存消费、享受消费和发展消费,在旅游过程中这些消费具体又可以分为餐饮、娱乐、游览、住宿、交通等方面的消费，其中食、住、行是满足旅游者在游览中生理需求的消费，而观赏、娱乐、学习等消费则是满足旅游者精神享受和智力发展的需要。这两种消费相互交错，在旅游活动中很难划分它们中间的区别和界线。在满足旅游者生存需要中必须满足其享受和发展的消费，而在满足旅游者享受与发展的需要中又掺杂着其生存需要的满足。

（二）从旅游消费资料的形态来分类

按照旅游者在旅游活动中的消费形态可把旅游消费划分为物质消费和精神消费两种。物质消费，是指旅游者在旅游过程中所消耗的物质产品，如客房用品、食物、饮料和购买的纪念品、日用品等实物资料。精神消费，是指供旅游者观赏、娱乐的山水名胜、文物古迹、古今文化、民俗风情等精神产品，还包括在旅游活动的各环节中所享受到的一切服务性的精神产品。这一分类也具有相对性，物质消费如达到了旅游者的满足，旅游者在精神上会感到愉快；精神消费虽主要是满足旅游者的精神需要，但其中不少是以物质形态而存在。

（三）从旅游消费对旅游活动的重要程度来分类

根据旅游消费的重要程度一般可分为基本旅游消费和非基本旅游消费。基本旅游消费是指进行一次旅游活动所必需的而又基本稳定的消费，如旅游住宿、饮食、交通、游览等方面的消费，没有这些消费旅游活动便无法进行。非基本旅游消费是指并非每次旅游活动都需要的，有时没有这些消费旅游活动也能进行，它具有较大的弹性，如旅游购物、医疗、通讯消费等。

（四）从旅游者出游目的来分类

不同的旅游者出游目的是不同的，一般可分为探亲访友、度假、探险、观光游览、商务旅游等。由于出游目的的不同，旅游者的消费内容也会不同。除此之外，还可以根据旅游者的出游方式、来源地区把旅游者划分为不同的消费群体。

二、影响旅游消费结构的因素

旅游消费不是人类生存的必要消费，它属于人类高级享受和发展需要的消费。因此，它的需求弹性较大，很多因素都会影响旅游消费的数量和质量。除了国际上政治、经济、环境或气候变化等因素的影响外，旅游者的收入水平、年龄、性别、职业和受教育程度以及风俗习惯、兴趣爱好等，都是影响旅游消费结构的因素。此外，旅游供给国或目的地服务范围、服务项目、服务质量、服务态度和旅游各部门的协调配合能力，以及社会治安等也都是影响旅游消费构成的因素。概括起来，影响旅游消费的主要因素有以下几项：

（一）旅游者的收入水平

旅游消费是满足人们高层次需求的消费。即使人们有了旅游的需求，也只有当人们的收入在支付其必要的生活费用之外，尚有一定数量的节余时，才能使需求变为现实。旅游者的收入水平多少，，决定着消费水平和消费结构的变化。旅游者的收入越多，旅游需求就能满足得越充分，就能促使旅游消费从低层次向高层次发展。收入水平高的旅游者对高档产品乃至奢侈品的追求要远远高于收入水平低的旅游者。

（二）旅游者自身特征

不同年龄、性别、文化背景、职业、社会地位的旅游者，不同的风俗习惯、兴趣爱好，都是影响旅游消费结构的因素。比如，青年人一般对饮食要求多而不精，而对游览娱乐性的开支则较大；老年人则对住宿、饮食、交通的要求比较高；妇女的旅游消费中偏爱购物消费；而政府官员、商人、参加会议的旅游者则要求现代化的旅游设施设备、高质量的饮食和服务。旅游者的文化、习俗又影响着旅游者的爱好兴趣，致使对旅游产品的内容和质量要求各异。总之，旅游者自身的不同特征，都不同程度地影响着旅游消费结构的变化。

旅游者的消费习惯、购买经验、周围环境都不同程度地影响着消费结构。消费方式的示范性及旅游者的从众心理也影响旅游者的支出投向。如历史上兴起的温泉旅游热、海滨旅游热及现代的文化旅游热等。

（三）旅游产品的特征

1. 旅游产品的结构

旅游产品结构从宏观上制约着旅游消费结构。向旅游者提供的住宿、餐饮、交通、游览、娱乐和购物等各类旅游产品的生产部门是否协调发展，旅游产品的内部结构是否比例恰当，都是影响旅游消费结构的因素。特别是在国民经济中，向旅游业提供服务的各相关产业部门的结构如果搭配不合理，没有形成一个相互协调、平衡发展的产业网，就会导致旅游产品比例失调，各构成要素发展不平衡，从而不仅不能满足旅游者需求，反而造成供求失衡，破坏了旅游产品的整体性。例如，交通工具短缺，会使游客进不来，出不去，或者进来了又散不开。而旅游设施设备不足，娱乐网点过少，又使旅游者来了无住处，住下了又无处游，或者旅游项目单调、枯燥，旅游资源缺乏吸引力等。这些情况都会使旅游产品在旅游市场上失去竞争能力，丧失客源。因此，旅游产品结构决定着旅游消费结构，决定着旅游者的消费水平和消费数量。

2. 旅游产品的质量

发展旅游业不但需要一定数量的旅游产品，而且需要有一定质量的产品。如果旅游产品的数量虽然符合旅游需求的总量，但其质量差、生产效率低、使用价值小，则仍然不能满足旅游者的消费需求，并且必然要影响到旅游消费的数量和结构。旅游产品的质量包括三个方面：一是向旅游者提供称心如意、物美价廉的旅游产品，即提供的旅游产品要达到适销、适量、适时和适价的要求。二是旅游服务效率，对每一项旅游服务都要求做到熟练敏捷，为旅游者节约时间，提供方便。三是旅游服务的态度，即在旅游服务过程中要礼貌、热情、主动、周到。只有提高旅游产品质量，使旅游者获得物质与精神上的充分满足，提高他们的消费水平，才能使旅游消费结构日趋完善。

3. 旅游产品的价格

旅游产品价格的变化影响着旅游者的消费数量和消费结构。由于旅游产品的需求弹性大，所以当旅游产品的价格上涨而其他条件不变时，对价格敏感的消费者就会把旅游消费转向其他替代商品的消费，使客源量受到很大影响。反之，当旅游产品价格下跌，或者旅游价格不变而增加了旅游产品的内容，他们又会把用于其他商品的消费转向旅游。因此，旅游产品价格的变化不仅影响旅游消费构成，而且影响旅游需求量的变化。

三、旅游消费的合理化

旅游消费合理化是一个动态的发展过程，它是指旅游消费从不合理状态向合理化状态不断逼近的渐进过程。一般说来，在居民收入、闲暇时间一定的前提下，合理旅游消费的内容和基本标准包括下面三层涵义：一是旅游消费的发展速度要适度，要与旅游业和其他同旅游消费有关的经济部门的发展水平相适应；二是旅游消费的内容必须丰富多彩，方式要多种多样；三是旅游消费结构要优化，即食、住、行、游、购、娱之间及其各自内部的支出比例要恰当，要体现出旅游消费的经济性、文化性、精神享受性等特点，以最大限度地提高旅游消费的经济、社会和环境效益，促进消费者身心健康和全面发展。具体说，要实现旅游消费的合理化，就应满足以下一些基本要求：

(一)努力实现旅游消费结构的优化

要实现旅游消费结构优化，首先必须实现旅游消费的多样化。所谓旅游消费多样化，是指旅游消费的内容和形式必须丰富多彩，生动活泼。旅游消费多样化是旅游消费合理化的基本要求。因此，旅游消费内容和旅游活动方式的具体选择，必须满足不同消费者的不同需求。参观游览、学习访问、人际交往、休闲娱乐、消除疲劳、增长知识、修身养性、探险猎奇、促进体力和智力的发展等等，方方面面都要考虑到。由于旅游消费结构是反映旅游者在旅游过程所消费的各种消费资料的比例关系，其一般可分为六大块支出，其中住宿、饮食、交通方面的支出，基本上是用于满足旅游者的生理需要，而游览、娱乐和购物则基本上是为了满足旅游者的鉴赏、精神方面的需要。因此，旅游者是通过这些活动达到开阔视野，培养和发展自己的各种良好兴趣和能力，提高自身精神文化素质的目的。所以，旅游企业必须根据消费者的需要，及时有效的调整自己的产品结构，使之为促进旅游消费结构的优化做出贡献。

(二)要实现旅游消费市场供求的平衡

由于受时间、地点、政治、经济、社会心理等因素的影响，旅游需求具有很大的变动性，而旅游产品的供给能力一旦形成，则具有一定的稳定性。因此，要做到旅游市场的供求平衡是很困难的，它要求旅游供给一定要从旅游消费需求出发，从现实的、潜在的以及未来的各方面去考虑可能出现的旅游消费情况。同时旅游供给在一定程度上要引导旅游消费，一方面保证在旅游淡季有一定的消费规模，以提高旅游设施、设备的利用率，充分发挥旅游消费对饮食服务、旅馆、交通运输、邮电通讯、金融、商业及娱乐业等行业的促进作用；另一方面要保证在旅游旺季接待能力能够满足旅游消费的水平和结构。因为在一定时期和一定地点，无论是旅馆业所能提供的住宿服务、床位数，饮食业所能提供的饮食服务，还是交通运输业所能提供的客运服务，各类旅行社所能提供的翻译、导游、咨询服务等都是既定的，如果某地某时旅游消费的发展超越了各种服务的供给能力，则势必造成"吃饭难"、"住宿难"、"乘车难"、"游玩难"等问题,而且大大浪费了旅游者的时间、精力,破坏旅游者的消遣、娱乐的情趣,降低旅游消费的效果。

(三)要有利于旅游环境的保护和改善

伴随经济快速发展,环境问题越来越突出。良好的环境是旅游消费得以顺利高效进行的必备条件,人们出门旅游的动机之一便是追求一个清新、舒适、宁静、安全的自然环境和社会环境。因此,合理的旅游消费首先必须有利于环境的保护和生态平衡的维持,某些特定的旅游活动,如狩猎、钓鱼、采花旅游等必须以不损害自然界的生态平衡为限,严禁滥捕、滥猎、滥采。其次,合理的旅游消费还应该通过旅游活动的开展,一方面增强人们对自然资源和历史文物的保护意识;另一方面筹集资金,建设必要的排污设施,改善旅游区的环境状况,使旅游资源可以持续有效的利用。

(四)要有利于促进社会文明的进步

旅游消费是人们文化生活的组成部分, 是一种高层次的包含着较多精神内容的生活方式,它的合理发展必须能给旅游者以新颖、奇特、舒适、优美、健康的感受,以激发人们热爱生活、追求理想、奋发向上、努力学习的情感,提高其思想、艺术、文化修养,防止和打击各种腐败和不健康的现象,用丰富多彩的旅游活动内容和服务项目来丰富旅游者的精神世界。

第三节 旅游消费效果

在旅游消费中,要消耗一定量的物质产品与劳务,使人们的体力和智力得到恢复和发展,精神得到满足,即旅游消费的"投入"与"产出"。在旅游者的消费过程中,投入与产出、消耗与成果、消费支出与达到消费目的之间的对比关系,就是旅游消费效果。

一、旅游消费效果分类

通常,可从不同的角度对旅游消费效果进行划分。

(一)按旅游消费的研究对象划分

按旅游消费的研究对象来划分，可分为宏观旅游消费效果和微观旅游消费效果。宏观旅游消费效果,是把所有旅游消费作为一个整体,从社会角度研究旅游产品的价值和使用价值;分析旅游消费的状况、旅游者的满足程度、旅游消费对社会生产力及再生产的积极影响,以及对社会经济发展所起的促进作用等。微观旅游消费效果,是指旅游者通过旅游消费,在物质上和精神上得到的反映,如旅游消费能否达到旅游者预期效果,旅游者能否获得最大满足等。

(二)按消费的投入产出关系划分

从消费投入与所取得的成果之间关系来划分，可将旅游消费效果分为直接旅游消费效果和间接旅游消费效果。直接旅游消费效果是指一定的旅游消费投入直接取得的旅游消费成果,如旅游者花钱乘车实现了空间位移。间接旅游消费效果是指一定的旅游消费投入,其旅游消费效果并不直接显示出来,而是潜在的反映,如旅游陶冶情操,提高人们的素质,则需要通过人们的生活实践,才能具体体现出来。

二、旅游者消费的最大满足

旅游消费效果最直接的体现,就是旅游者消费的最大满足。所谓旅游者消费的最大满足,是指旅游者在支出一定费用和时间的条件下,通过旅游消费获得的精神上与物质上的最佳感受,一般采用经济学中的效用理论来分析。同一种旅游活动给予不同旅游者的满足程度往往因人而异,它受旅游者的性别、年龄、职业、经历、社会地位、心理、文化背景等不同因素的影响。因此,旅游者消费的最大满足,首先是消费决策的最大满足,然后才是消费后的体验,检验是否真正满足其消费愿望,后者实际上是消费者的消费效果评价过程。

(一)旅游消费的效用

效用论的出发点是人的欲望,人们大部分欲望是以物品的效用来满足的,物品的效用就是消费者在购买或者使用该物品时所感受到的满足程度，如果满足程度高,效用就大;如果不能感到满足,就是没有效用。效用是一种主观的心理状态,同样的物品对于不同的人有不同的效用,同一消费者,对同一物品,在不同的时间，不同的地点，其效用也不同。商品的效用分为总效用和边际效用。消费者在一定时间内消费一定数量的商品或劳务所得到的效用总量或满足总和，叫做总效用；在一定时间内消费者增加一个单位的商品或劳务所增加的效用或增加的满足，叫做边际效用。

$$边际效用=\frac{效用的增量}{商品的增量}$$

效用可能为负，即负效用，指消费者在购买或使用物品时所感到的不舒适或痛苦程度。边际效用与总效用的关系可如表 6–1 所示：

表 6–1 商品的总效用与边际效用

商品消费单位	总效用单位	边际效用单位
0	0	0
1	4	4
2	7	3
3	9	2
4	10	1
5	10	0
6	9	–1

表 6–1 表明，当物品的数量从 0 增加到 1 时，消费者消费 1 单位物品，获得的效用为 4，总效用为 4；当消费量从 1 单位增加到 2 单位时，消费者从新增加的 1 的单位物品所获得的边际效用为 3，总效用为 7；当消费量从 2 单位增加到 3 单位时，新增加的第 3 单位物品所提供的边际效用为 2；而消费量为 3 个单位时总效用为 9；当消费量从 4 单位增加至 5 单位，所增加的边际效用为 0，物品为 5 单位时，总效用为 10，再增加一个单位的物品，所增加的边际效用为 –1，使总效用在物品为 6 单位时下降为 9。

从上面分析可以得出，当物品的数量增加时，总效用开始增加，增加到一定程度达到饱和，然后开始下降，而边际效用总是递减的（图 6–1），图中横坐标 x 表示物品的数量，纵坐标 y 表示效用，总效用曲线 TU 开始上升，上升到一定程度，然后下降。而边际效用斜线 MU 总是下降的；当边际效用递减为零时，总效用最大；这时如果再增加消费量，则边际效用为负，总效用逐渐递减。一般来说，消费行为理论仅仅研究边际效用为正的情况。

由图 6–1 可见，边际效用是递减的。假定其他条件不变，在一定时期内，某一物品的边际效用随其本身数量的增加而递减，这就是边际效用递减规律。这主要是由于当人们对一种物品的欲望得到部分满足后，欲望的强度就会减弱，或由于一种物品的用途有多种，当最重要的欲望得到满足后，随着该物品数量的增加，增加的满足程度就逐渐变小，也就是边际效用是逐渐递减的。

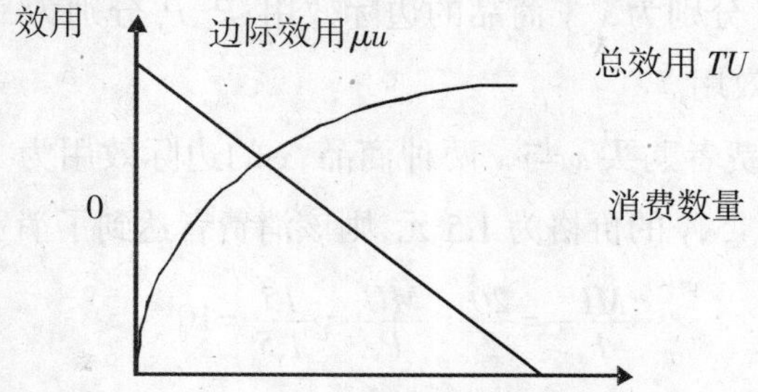

图 6-1 总效用与边际效用

（二）基数效用分析

可以用基数 1、2、3、4 来表示计量的效用称为基数效用。比喻说，一个馒头给自己带来的满足程度是 10 个效用单位，一辆汽车给自己带来的满足程度为 2000 个效用单位，那么，对消费者而言，馒头、汽车的效用量分别为 10 和 2000 个效用单位。

基数效用论认为，效用量随着消费者所消费的商品量的变化而变化，效用量与商品量之间有一种对应关系，这就是效用函数。如果消费者消费一种商品，消费量为 q，以 U 表示效用量，效用函数就是：

$$U=f(q)$$

公式表示效用量 U 是消费量 q 的函数，它随着消费量的变化而变化。如果消费者消费多种商品，效用函数就是：

$$U=f(q_1,q_2,q_3,q_4,q_n)$$

一般来说，消费者在消费时有一定的消费原则，即最大效用原则。假定其他条件不变，在一定数量的货币收入下，消费者所购买的各种商品能使他获得最大效用，这种状态，称消费者均衡状态。任何一个消费者总是在商品的价格和自己的收入一定的条件下，使自己的购买行为实现效用最大化。

消费者如果在购买一种商品时，认为所获得的商品的边际效用大于他所支付的货币的边际效用，这时他会继续交换，直到所获得的边际效用与所支付的边际效用相等，即消费者达到消费均衡。也就是说，消费者从每一元商品中所获得的边际效用等于其所支付的每一元货币所代表的边际效用。消费者均衡的条件

可以用公式表示为

$$\frac{MU_x}{P_x}=\frac{MU_y}{P_y}=\cdots=MU_m$$

式中：MU_x、MU_y 分别为 x、y 商品的边际效用；P_x、P_y 分别为 x、y 商品的价格；MU_m 为货币的边际效用。

例如，一个消费者购买 x 与 y 两种商品，x 的边际效用为 20，x 的价格为 2 元，y 的边际效用为 15，y 的价格为 1.5 元，则该消费者达到了消费均衡，因为：

$$\frac{MU_x}{P_x}=\frac{20}{2}=\frac{MU_y}{P_y}=\frac{15}{1.5}=10$$

基数效用分析法一般用在旅游消费者对旅游产品和高档消费品购买选择的决策上，以及对不同的旅游产品购买的选择上。由于旅游产品与高档消费品之间存在着替代关系，旅游者往往优先购买边际效用大的消费品，直到两者带来的边际效用相等为止，即花费在购买旅游产品与花费在购买高档消费品或其他旅游产品上最后 1 元钱所带来的边际效用相等，这时消费者即可获得最大效用的满足。

三、序数效用分析

（一）无差异分析

序数效用论认为，效用不是数量概念，而是次序概念，计量效用大小的单位叫做效用单位。根据消费者偏好顺序与选择行为来分析，认为效用是无法计量和累加求和的，这就是序数效用分析理论。对商品甲和商品乙，旅游者 a 认为商品甲的效用应该排在第一位，商品乙 的效用排在第二位；旅游者 b 正好相反，认为商品乙的效用第一，商品甲的效用第二，旅游者 a 与 b 是以旅游地的顺序来决定旅游地的效用，只能反映个人的偏好，而不是以效用的大小来决定效用的多少。这种方法的几何表示形式，就是无差异曲线分析法。用序数效用分析经济现象时，不必指出物品的数量多少，只需排列它们的顺序。消费者面对两种或两种以上的物品，他对每种物品都有一定的偏好尺度，无差异分析就是研究消费者如何通过消费两种物品的不同组合，而得到程度相同的满足。无差异曲线是把无差异表列绘成图形，或用图形描述两种物品的各种不同的组合。每一种组合都有一个对应的坐标点，可以描绘在图形上，把各点联结起来，就得到一条曲线，即无差异曲线。曲线上的每个点都代表两种物品的一种组合，各种组合给消费者提供的满足程度都是相同的。消费者沿着其中任一条无差异曲线移动，从物品的各种组合中获取的满足程度既不上升，也不下降，故无差异曲线又称效用等高线。例如：x 商品和 y 商品有各种可能的组合，这些组合可以说是消费者选择上的无差异组合(表 6–2)。

表 6–2　无差异表列

组合方式	x 商品	y 商品
A	0	25
B	1	15
C	2	10
D	3	6
E	4	3
F	5	1
G	6	0

根据表 6–2 的数据可得出图 6–2 无差异曲线。曲线上的每一个点都代表一种不同的组合，B 点表示一个单位的 x 商品和 15 个单位的 y 商品；C 点表示 2 个单位的 x 商品和 10 个单位的 y 商品…它们都能给消费者带来相同的满足程度。消费者相信，无论选择 A、B、C 或是其他组合点，对他都是一样的。一条无差异曲线代表着某一消费者的某一特定的满足水平，不同的满足水平对应着不同的无差异曲线，这些曲线组为一组无差异曲线，构成无差异曲线图，如图 6–2 所示，无差异曲线具有如下一些特点：

1. 无差异曲线

是由左上方向右下方倾斜的曲线，并且在一般情况下，是凸向原点的。这是因为一条无差异曲线的任一点，都代表着两种物品某种特殊的组合，而这不同的组合提供同等水平的满足。为了维护同等水平的满足，要增加一种商品的数量，就必须同时减少另一种商品的数量，使所得的与所失去的满足相同(图 6–2)。

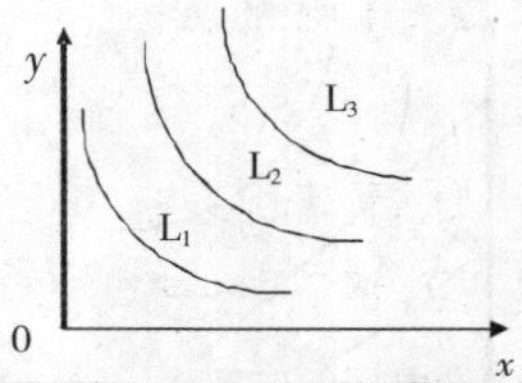

图 6–2　无差异曲线

2. 距离坐标原点愈远的无差异曲线所代表的满足水平愈高

由于与 x 轴平行的直线与两种无差异曲线相交的交点中，离原点愈近的点表示其所含的 x 物品数量小于离原点远的点。所以,远离原点的无差异曲线所反映的满足程度高于距离原点近的无差异曲线。

3. 两条无差异曲线不能相交

这是因为任意两种无差异曲线在平面上代表不同的满足程度，如果存在一个相交点就表示有两条满足程度相同的无差异曲线,而这显然是不正确的。

(二)预算线

无差异曲线只表示两种物品的各种不同的组合，使消费者得到相同的满足水平,并没有指正消费者应作何种具体的选择。一般情况下,消费者在购买物品时,不仅要考虑给他的满足水平,还要考虑物品的价格及他自己的收入水平。例如,消费者的收入为 M,x、y 两种物品的价格分别为 P_X、P_Y。假设消费者用全部收入 M,来购买 x、y 两种物品;如果只是购买 x 物品,则可以买到 M/P_X 单位的 x 物品;如果只购买 y 物品,则可以买到 M/Py 单位的 y 物品。消费者购买 x、y 两种物品的数量分别为 x、y。花费在 x 物品上的支出为 $x\cdot P_X$,花费在 y 物品上的支出为 $y\cdot P_Y$。两者的支出刚好等于全部收入 M,即有:$x\cdot P_X+y\cdot P_Y=M$,如图6-3 所示。消费者在一定的货币收入下，所能购买到的一定价格水平上的两种商品最大组合的点的集合，叫做预算线。预算线在价格或货币收入发生变动的情况下可沿着 x 轴或 y 轴平行移动。

(三)消费者均衡

无差异曲线是从主观上表示消费者可做出多种选择以达到的满足的程度相同,而预算线是从客观上表示消费者可以购买的各种组合,把主客观结合起来,消费者就可以决定最佳购买，以达到消费的最大满足水平，这就是最佳消费状态,称消费者均衡。

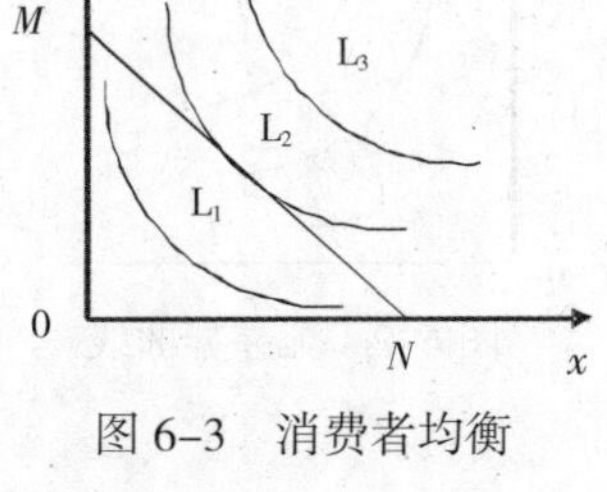

图 6-3 消费者均衡

消费者均衡是由无差异曲线和预算线的切点决定的。如图6-3所示,假定消费者在一定的货币收入下,购买两种物品,在图中显示预算线与无差异曲线的关系有三种可能:它可能与某些无差异曲线有两个相交点,可能与某一条无差异曲线相切,也可能与某些无差异曲线没有交点。图上MN表示消费者的预算线,它与无差异曲线L_3没有交点,表示消费者在MN所表示的货币收入下,无法达到无差异曲线L_3所代表的满足水平。直线NM与曲线L_2相切于一点E,表示消费者得到的满足水平达到最高,切点E表示消费均衡点,E点既在直线MN上,又在曲线L_2上,表示消费者在一定的收入下,获得了曲线L_2所表示的满足水平。而在曲线L_1相交于两点,这两点不是消费者均衡点,不能代表最大满足水平。

直线MN与曲线L_2相切即直线MN就是曲线L_2在E点的切线,切线的斜率为dy/dx,直线MN的斜率为Px/Py,两者应相等,即

$$\frac{dy}{dx}=\frac{Px}{Py}$$

同是E点在无差异曲线L_2上,它的边际替代率MRS_{xy}等于这一点的斜率,即

$$MRS_{xy}=\frac{dy}{dx}=\frac{MUx}{MUy}$$

所谓边际替代率是指在同一条无差异曲线上从一点到另一点,增加了一种物品的数量,同时减少另一种物品的数量。若增加一个单位的某种物品,必须相应地减少另一种物品的数量,这种法则通常称为物品的边际替代率。即在无差异曲线上,消费者增加x的数量$\triangle x$,必须减少y的数量$\triangle y$,y的减少量$\triangle y$与x的增加量$\triangle x$之比,就是x对y的边际替代率,即

$$MRS_{xy}=\frac{\Delta y}{\Delta x}$$

假设x、y的边际效用分别为MUx,MUy,x物品的增加所增加的效用,应等于x物品的增量乘以物品的边际效用,即$MUx\triangle x$,y物品减少的效用应等于y物品的减少量乘以y物品的边际效用,即$MUy\triangle y$,x物品增加的效用必然等于y物品所减少的效用,即

$$MUx\cdot\triangle x=MUy\cdot\triangle y$$

$$\frac{MUx}{MUy}=\frac{\Delta y}{\Delta x}$$

综上所述,由于在E点边际替代率等于该点的斜率,即

$$MRS_{xy}=\frac{dy}{dx}=\frac{MUx}{MUy}$$

因此,消费者均衡条件为

$$\frac{MUx}{MUy}=\frac{Px}{Py}\text{或}\frac{MUx}{Px}=\frac{MUy}{Py}$$

由此可见,基数效用与序数效用都是分析收入与价格限制下,消费者的购买行为,学习这一理论与方法,对于我们掌握旅游消费者购买行为的一些规律与原则有重要意义。比如,旅游服务行业要根据边际效用递减规律,合理地安排旅游线路与日常的饮食等,合理比例搭配,使消费者获得最大限度的满足,以实现其消费均衡。

由于旅游消费使旅游产品的价值和使用价值得以实现,并且创造出新的旅游需求,使旅游经济活动顺利进行。因此,学习旅游消费者行为理论,有利于我们正确的分析旅游经济现象和经济规律,更好的促进旅游经济活动的开展。

四、旅游消费效果的评价

旅游消费的目的是满足人们发展与享受的高层次需求,旅游消费的最大满足不仅包含物质消费的最大满足,而且更重要的则是旅游者精神需要的最大满足。精神需要的满足是凭借物质资料,通过人与人的相互交往而实现的。因此,在旅游消费中,除了物质产品外,人对人的直接服务和关怀,人们之间的相互尊重和友谊,对旅游者消费的满足程度都起着决定性的作用。由于旅游消费的特点,决定了评价旅游消费效果的复杂性,它不仅以是否满足了旅游者的几个限制因素为标准,而且要符合以下三个基本原则:

(一)旅游产品价值和使用价值的一致性

在市场经济条件下,旅游产品(物质产品与精神产品)作为消费资料进入消费领域,以商品形式满足人们的消费需要,在使用价值上必须使旅游者能够得到物质与精神的享受,在价值量上要符合社会必要劳动时间。对国际旅游者来说,旅游产品的价值量则要符合国际社会必要劳动时间,旅游产品的价格要能正确反映旅游产品的价值。也就是说,旅游产品的数量与质量不仅应等同于国际上同等价格的旅游产品,而且要使旅游者得到与其支付的货币相应的物质产品和

精神产品,只有这样才能实现旅游者消费的最大满足。

(二)微观消费效果与宏观消费效果的一致性

根据研究角度的不同,旅游消费效果可分为宏观与微观两个方面。宏观旅游消费效果是以微观旅游消费效果为基础，微观旅游消费效果以宏观旅游消费效果为根据,但两者之间的矛盾也是客观存在的。微观旅游消费效果反映出个人的主观评价,这是由于旅游者的个性特征(年龄、性别、风俗、习惯、文化程度、性格爱好和宗教信仰)不同所决定,因而要满足不同旅游者的消费要求,就要做好市场的调研和预测,分析研究旅游者的心理倾向,因人而异地做好安排。对个别旅游者盲目追求庸俗低级的精神刺激,则要妥善引导,以丰富多彩的旅游内容和健康的服务项目来充实旅游者的精神世界。通过旅游消费,给旅游者以新颖、舒适、优美、健康的感受,激发人们热爱生活、追求理想、奋发向上、努力学习的情感。这样，不仅提高了旅游者的个人消费效果，吸引旅游者延长旅游日程和提高重游率,从而使旅游消费资料得以充分利用;而且通过旅游消费促进了人们精神修养和文化素质的提高,从而进一步提高了宏观旅游消费效果。

(三)旅游消费效果与生产、社会效果的统一

旅游消费的对象往往就是生产成果,生产的经济成果直接影响消费效果,考察消费效果也要兼顾生产消费资料的经济效果。如有些地区开发的旅游产品,其消费效果可能是很好的,但旅游产品所产生的经济效果却很差。片面强调消费效果,完全抛开生产的经济效果,也是不科学的。

旅游消费活动不仅是满足人们物质和精神需要的经济行为，同时也是一种社会行为。因此,评价旅游消费效果还要注意其社会效果。例如旅游活动中某些博彩性项目,虽然其消费的生产经济效果可能是好的,但这种消费不利于人们的身心健康,甚至造成有害的社会影响,因而应坚决予以摒弃。旅游消费是旅游者实现旅游经济活动的必要条件,旅游消费除了具有一般产品消费的特征之外,还具有一些特殊性。影响旅游消费的因素是多方面的,有经济因素、旅游者自身因素还有旅游产品的因素。旅游者对旅游产品的选择是依据消费的最大满足理论进行的。通过无差异曲线、消费预算线和消费者均衡,我们可以选出最适合自己的消费方案。

旅游经济发展趋势

旅游业是一种市场主导型、需求弹性大的综合性产业。消费者的经济能力、闲暇时间等条件决定其旅游动机能否转化为旅游行为,旅游偏好则直接影响其对旅游产品的选择。由于人的喜好、习惯随着社会的发展不断趋于复杂化和个性化,因此旅游者需求和动机的多变性直接导致了旅游市场的多变性。目前国内外旅游市场需求呈现以下几个大的趋势:

1. 旅游目的地综合吸引力决定旅游消费取向

进入20世纪90年代以来,随着各种旅游资源的不断开发,旅游供给方提供的旅游产品种类越来越丰富,旅游者对旅游地和旅游项目有了更多的选择余地,对旅游信息的获取更为方便。休闲生活的日趋多样化,使现代旅游消费者对旅游产品综合质量的要求越来越高,不仅注重旅游景区(点)和旅游项目的多样性和特色性,同时对于旅游目的地的整体旅游环境(如城市景观、人文环境、餐饮卫生状况、购物和娱乐环境、基础设施条件等)也给予充分重视,希望通过这样的旅游活动,在一次确定的旅游过程中获得集享受性、知识性、体验性以及娱乐性等为一体的多重满足。食、住、行、游、购、娱等要素中无论哪一个环节出现问题,都会影响整个旅游产品的质量。故旅游经济的综合性特征进一步加强,旅游目的地的综合吸引力常常对旅游者给景区(点)的评价产生直接影响。

2. "绿色旅游"成为新的消费热点

中国新生代市场监测机构的研究表明:伴随工业化、城市化水平的日益提高,以及对生态安全、环境保护关注的日益增强,在今后5~10年,人们的消费趋势最明显的便是由于环境主义在人们心目中的深化而趋向田园生活,旅游者回归自然、崇尚生态的需求强烈。在旅游地选择方面,据统计有70%以上的城市居民被调查者首选生态保护较好的自然景区,对生态旅游表示有强烈兴趣的人数亦在60%以上。在回归自然的驱动下,"乡村旅游"、"绿色旅游"、"生态旅游"在大中城市已成为新的时尚和消费热点。

而消费市场趋向绿色、生态的趋势不仅表现在欣赏自然风光、体验田园生活,也同样体现在旅游者对特色工艺品、"绿色饮食"、"生态食品"、"天然食品"、生态土特产等旅游商品的偏爱上。

3. 大众旅游市场兴起

随着我国居民生活水平的不断提高,大众旅游阶段已经到来。根据有关统计资料显示,2002年我国城镇居民国内游客中,家庭月收入在3 000元人民币以下的国内游客所占比重高达72.8%,其外出旅游的人均消费一般在800元以内(徐汎,2004)。但大众旅游市场的消费能力仍然有限,因此,火车、汽车是首选交通工具,对餐饮、住宿方面的要求也不太高,但卫生、安全、经济是其重点关注的内容。与此同时,随着家庭收入的逐年增长、生活水平的提高,在紧张的工作之余和家人团聚,共同外出度假旅游已成为居民假日休闲的主流趋势。如以北京为例,据调查,约有72%的人外出旅游是与家人同行。家庭度假旅游市场的发展潜力和需求特点不容忽视。

4.旅游消费结构逐步优化

随着人们生活水平的提高，可自由支配收入的增多，旅游消费需求趋向发生了新的变化，旅游交通条件也得以改善，旅游消费结构也在逐步优化。近十几年来，我国旅游外汇收入构成中，住宿和餐饮在旅游收入中的比重大大降低，与此同时，虽然商品销售在总收入中的比重上升速度仍较缓慢，但目前商品销售已成为交通消费之外的第二大消费热点。说明旅游者的商品购买能力总体呈上升趋势，旅游消费结构在逐步优化。而由于旅游者对旅游商品的要求日趋多样化、高层次化，建立完善、畅通、有特色的旅游商品流通机制成为继续挖掘消费潜力，优化旅游消费结构的重要任务之一。

资料来源：《流通业与旅游经济发展关系研究》.

复习思考题

1. 旅游消费的作用？

2. 旅游消费具有哪些特点？

3. 影响旅游消费的因素有哪些？

4. 怎样理解旅游消费合理化的标准及基本要求？

5. 当你出游时，你认为哪些因素对你有影响？在吃、住、行、游、购、娱这六个方面，你更愿意在哪个方面支付费用，为什么？

主要参考文献

侯晓丽. 流通业与旅游经济发展关系研究 [A]. 2006 年流通产业与区域经济发展研讨会论文集.

罗明义. 旅游经济学[M]. 北京：高等教育出版社，1998.

周振东. 旅游经济学[M]. 大连：东北财经大学出版社，2002.

赵恒伯. 旅游经济学[M]. 北京：高等教育出版社，2004.

张建春，金世胜. 旅游经济学[M]. 北京：高等教育出版社，2001.

第七章
旅游投资与决策

旅游投资既是经济活动过程,更是决策管理过程,科学的决策决定着旅游业的前景。旅游投资项目的可行性研究可以为旅游投资决策提供依据,只有在项目可行的前提下,才有必要提出若干可供比较选择的方案,借助科学的评价方法,进行投资决策,同时加强投资风险分析,尽一切努力降低风险到最小程度。本章主要介绍旅游投资分析及决策、投资项目可行性研究及旅游投资风险分析等方面的内容。

第一节 旅游投资分析

旅游业的发展要依赖于旅游投资的不断增加，它是一个国家或地区旅游经济发展的必要条件,是实现旅游业扩大再生产的物质基础。分析旅游投资,一要了解旅游投资特点,二要认清旅游投资热点。

一、旅游投资概念

投资是为了一定的目的而进行的资金投放活动。简单来讲,投资就是资金的运用。当然,投资活动中所说的资金运用,不是简单的资金花费,而是围绕经济效益、社会效益和环境效益的综合实现,进行有效的、增值性的运用。

旅游投资是指在一定时期内,投资主体以满足旅游市场发展需要为前提,为了获取预期收益或其它经营目的而将一定数量的资金投入到一定的旅游项目中,从事某项旅游经济活动的决策行为。它包括购置改造设备、兴建宾馆酒店、开发建设景区景点等固定资产的投资,也包括购买债券和股票等有价证券的投资。

投资主体可以是国家、集体或个体,投资主体多元化是我国旅游投资的发展方向之一。早在1984年,国家对旅游业就积极实施“国家、地方、部门、集体、个体一起上,自力更生和利用外资一起上”的方针,中国旅游开发形成了以政府投资为引导、社会投资为主体、外资为重要成分的投资结构。长期以来,我国旅游业主要依靠国家这种单一的投资主体,阻碍了旅游业的进一步发展。外资和国内民营资本等非国有资本具有资金充足、经营灵活等优势,越来越多地进入到旅游投资的各个领域,非国有资本正在成为旅游业发展的重要力量,越来越多的民营企业大手笔进入旅游市场。仅在浙江,近3年来民营资金对旅游业的投入金额已超过300亿元。2011—2020年,我国每年至少需要1 000亿元的旅游投资,“朝阳产业”已经吸引了各方资本竞相逐鹿。由于政府强大的投资导向作用,民营资本大量进入旅游领域,形成引人注目的现象。湖南凤凰古城、安徽天柱山、舟山桃花岛、江苏大纵湖等越来越多的景区景点都出现民营企业家的身影。

确定合理的旅游项目是旅游投资的关键。旅游项目开发的内容和模式很多,从区域空间范围看,小可以小到一个游乐设施,大可以大到一个片区、一个城市,一个旅游目的地整体。只要有一个主题可以持续性地开发运作,我们都可以把它看作一个项目来进行。从旅游产品的供给方面看,根据旅游业发展对旅游开发和旅游项目建设的要求,旅游项目主要有景区景点项目、旅游酒店项目、旅游娱乐项目、旅游餐饮项目、旅游商品项目、旅游交通项目、旅游教育项目及其他辅助项目等,包含旅游业“食、住、行、游、购、娱”的各个方面。旅游项目类型不同,旅游投资主体也不相同。在我国,旅游教育、旅游基础设施建设及大型促销活动以国家资金投入为主;旅游景区景点项目的开发建设除地方各级政府的投入外,最值得一提的就是投资主体的多元化,尤其是非国有资本的参与,有成功的经验,也有失败的教训。

旅游投资活动应以满足旅游市场需求为前提,其是构成旅游企业生产经营活动的起点,它和生产经营活动互为条件,相互促进。企业的生产发展决定并制约投资,而投资则促进和影响生产经营。在现代市场经济条件下,企业生产经营又以满足市场需求为前提的,因此,旅游投资活动应满足旅游市场发展的需要。

旅游投资具有目的性,不论是国家、集体或个人,为了获取经济效益,就会对某一产业进行资金投放;为了获取社会效益,就会对一些社会公益事业进行投放。实践中,这些效益的实现并非完全分割,而是相互并存,投资决策时应该思考。

二、旅游投资特点

旅游业的产业特征和旅游产品的性质,决定了旅游企业的投资有以下特点:

(一)高回报性

旅游业是最终需求型产业,其投资最终都会转化成消费,因此旅游投资的边际消费倾向越大,旅游业对社会产出的贡献就越大。只要旅游开发规模不超过旅游目的地的环境承载能力,旅游区管理得当,旅游投资完全可以获得长期的投资回报。

(二)关联性

旅游项目投资,已经脱离单一项目投资的时代,因为,旅游业是一个综合性产业,旅游业的各领域都有很强的相关性,表现在旅游产品中任何一个构成部分如果不与其他部分组合在一起,都不可能形成有效的供给。因此,旅游业某一领域的投资必然刺激其他相关领域的投资,同时也必然受到其他领域投资的影响。越来越多的投资商,着眼于区域整体投资,力求整合旅游产业链,整合多元产业,寻求综合收益的最大化。这是旅游投资发展的趋势,也正在成为旅游投资的特征。旅游产业链的延伸,与城市景观、房地产、小城镇、休闲娱乐等深度结合,产生了一个整体的、互动的结构,一个大的构造——我们称之为"泛旅游产业"。一是与旅游直接相关的产业:宾馆酒店业、餐馆业、运输业、文化业、娱乐业、体育业、保健美容疗养业、博彩业、会展业、生态与观光农业、加工工业、技术产业。二是相关产业,第一是旅游房地产业,如旅游度假酒店、旅游公寓、别墅区等等形态,将旅游与房地产相结合的旅游房地产业;第二种是城市游憩型商业,如步行街、*Shopping Mall*、中央游憩区(典型的如上海的新天地、北京的三里屯、什刹海等),是城市休闲的核心区及旅游小城镇,这就把旅游的产业链与城市经营、城市运营结合在一起,也就是把旅游和城市名片的打造、城市旅游、城市周边旅游、景区旅游结合在一起,形成整个以旅游产业为依托的城市经营的理念。

(三)长效性

旅游是一个持续回报的长效投资产业。早期要求投资多,投资周期长,大量资金用于基本建设等方面,收益并不多,尤其是社会、环境效益等方面。但一旦投资成功,其收益总量较高,收益时间长。因此,旅游投资中应避免投机心理和短期行为的出现。

(四)高风险

旅游投资的风险性主要表现在以下几方面:一是季节性风险。旅游活动的季节性和时间性很强,使得各旅游目的地在一年之中呈现出旅游旺季与旅游淡季之分。在旅游旺季各旅游场所人满为患,各种旅游设施满负荷甚至超负荷运转。但是,一旦转入旅游淡季,游客稀少,许多旅游设施闲置。由于旅游业生产与消费的同步性,旅游投资形成的旅游资源一旦无人利用,其价值不能转移而被浪费。二是投资结构风险。旅游具有较强的综合性,包括食、住、行、游、娱、购。旅游需求在特定的时间和空间存在着一个客观的比例,以满足旅游需求为前提的投资也应具有合理的时空比例,任何一部分的超前或滞后发展都会使旅游产品的客观比例失调,影响旅游投资价值的回收。三是投资约束风险。旅游经济活动具有较强的开放性,容易受到外部环境的约束和影响。旅游目的地和旅游客源地的政治经济局势、政策法规、汇率变动、贸易关系、国际关系等都会对旅游投资价值的回收有直接或间接的影响。如2002年修订的《文物保护法》第二十四条规定"国有不可移动文物不得转让、抵押。建立博物馆、保管所或者辟为参观游览场所的国有文物保护单位,不得作为企业资产经营"。八达岭长城经营权的收回就是法制环境下的一种正常现象,也是投资者承担的一种政策风险。

关于投资结构和投资风险问题,后面还有专门论述。

三、旅游投资类型

(一)按投资期限长短,投资分为长期投资和短期投资

短期投资是指可在1年内可以收回的投资,又称流动资产投资,主要包括现金、应收票据、应收账款、存货和准备随时变现的各种有价证券。短期投资一般具有投资周期短、变现能力强、周转快、波动性强等特点。加强对短期投资的管理和控制,对减少资金占用,加快资金周转,提高旅游业效益是十分重要的。

长期投资是指在超过1年的时间才能收回的各项投资。主要包括旅游企业的建筑物、机器、设备等固定资产,以及企业为控制或影响其他企业而购入的、持有期限在1年以上的各种股票和期限在1年以上、近期内不准备出售的各项债

券等各种有价证券投资和其他形式的实物投资。长期投资回收期长，占用金额多、变现能力差。旅游企业在进行长期投资时必须做好可行性研究，对资金的投向、未来年度内现金流量、投资回收期等做出正确决策。

(二)按投资范围,投资分为对内投资和对外投资

对内投资是旅游企业为了保证生产经营活动的连续和规模的扩大对企业内部生产经营所需各种资产的投资。这类投资主要包括固定资产投资，一般数额较大，周期较长，风险也较高，但又是保证旅游企业正常生产经营或扩大生产必不可少的投资。

对外投资是指旅游企业将所拥有的资产直接投入其他企业或购买各种证券的投资。主要包括股票投资、债券投资和其他投资等。这类投资的目的归根到底是为了获得投资收益，为了提高企业资金的利用率和促使企业资金的增值。

(三)按投资项目性质,投资分为新建项目投资、改建项目投资、扩建项目投资和重建项目投资

新建项目投资是一种从无到有的项目建设。如果原有的投资规模较小，经扩大建设规模后，新增加的固定资产价值超过原有固定资产价值的3倍以上，也属于新建性质。新建旅游项目是旅游企业扩大再生产的一种重要形式。如开发新的旅游资源、建设新的酒店宾馆等。这种投资周期长、规模大，投资成功的话，收益也比较大。

改建旅游项目投资是对原有的旅游设施和服务功能等进行技术更新改造和产品、服务质量改进时进行的投资活动。如对饭店陈旧设施的改造，旅游道路交通条件的改善等。

扩建项目投资是在原有规模基础上，适当增建部分旅游设施的投资。但新增的投资规模不得超过原有规模的3倍，否则就成为新建项目投资。其有利于利用现有旅游资源和设施，扩大旅游经营规模。

重建项目投资指由于自然灾害或其他原因使原有旅游资产遭到部分或全部报废，在原有规模上重新和恢复性建设进行的投资，如某些文物古迹的修复等。通常情况下，单纯的恢复性建设虽然存在，但大都伴随扩建，此时，也可视为扩建项目。

(四)按资金投入性质,投资分为固定资产投资和流动资产投资

固定资产投资是指用于基本建设和形成其他固定资产的投资，具体表现为使用年限在一年以上的房屋、建筑物、机器、机械、运输工具和其他与生产经营有关的设备、器具、工具等。

流动资产投资是指为维持旅游企业日常经营需要的资金投入，主要有储备资金、经营资金和货币资金。具体表现为旅游企业保有的现金、银行存款、经营资金、应收及预付款和存货等。

(五)投入资金用途,投资分为生产性投资和非生产性投资

生产性投资是指用于旅游产品的生产和经营以及为其服务的投资。它不仅在生产、经营过程中能够收回,而且在其运动过程中能够实现资本的增值;非生产性投资是指用于旅游产品生产和经营以外的资金投入，其结果是货币资金转化为非生产性资产,如旅游教育的投入、旅游质量监督管理机构的投入和旅游行政办公设施建设的投资等。

四、旅游投资中的资金筹措

旅游项目的实施,必须解决资金来源,对资金进行筹措。资金筹措的方式是多渠道的,渠道不同,资金成本水平不相同,影响旅游项目的经济效益。如果筹资方式不合理,旅游投资由此可能造成亏损。下面对几中常见的筹资方式进行介绍。

(一)权益筹资

权益筹资亦称自有资金筹集或权益资金筹集,是旅游企业依法筹集并长期使用、自主调配运用的资源。包括吸收直接投资、发行股票、企业的保留盈余资金。权益资金的特点是:

(1)资金所有权归属企业的所有者,所有者凭所有权参与企业经营管理和利润分配,并对企业的经营状况承担有限责任。

(2)企业对权益资金依法享有经营权,在企业存续期内,投资者除依法转让外,不得以任何方式抽回投入的资本,因而权益资金被视为“永久性资本”。

(3)企业权益资金主要通过国家财政资金、其他企业资金、民间资金或外商

资金等渠道筹集。

权益资金的形式有：

(1)采用吸收直接投资。按经营方式分，吸收直接投资包括两大类：一类是合资经营，即由出资各方共同组建有限责任公司。其特点是：共同投资、共同经营、共担风险、共负盈亏。出资各方可依法以货币资金、实物、其他产权等形式向合资企业投资，形成法人资本，投资方对所投入的资本负有限责任，并按资本额分配税后利润，享受所有者权益。另一类是合作投资经营。在这种经营方式下，双方的合作不以股权为基础，合作各方的投资或合作条件、收益或产品的分配、风险和亏损的承担、经营管理方式、合作期满后的财产归属等合作事项，均由合作各方在签定的合作合同中规定。

(2)发行股票是旅游股份有限公司筹集自有资本的方式。股票持有者是股份有限公司的股东，按股票的票面金额依法对公司承担有限责任，并依法享有权利。股票是一种所有权证书，股票的持有者就是公司的所有者之一；股票是一种永不返还的有价证券，没有还本期限，持有者不能要求还本退股，要想收回投资，只能通过转让的方式将股份有偿转让给他人，股票的价格和收益具有不稳定性。我国旅游行业目前上市股份公司并不是很多，各类旅游上市公司只有 20 多家，如黄山旅游、峨眉山旅游、桂林旅游、西藏旅游、世博股份、首旅股份、中青旅、金陵饭店、锦江股份等。

企业保留盈余资金的主要来源是折旧和税后未分配利润两部分。

(二)负债筹资

旅游企业的负债筹资，亦称借入资金筹集或债务资金筹集，是旅游企业依法筹措、使用并按期偿还的资金来源。负债资金包括各种借款、各种债券、融资租赁与商业信用等。

负债筹资的特点主要包括以下方面：

(1)负债资金体现企业与债权人的债权债务关系，属于企业的债务。

(2)企业的债权人有权按期索取本息，但无权参与企业的经营管理，对企业的经营状况不承担责任。

(3)企业对借入资金在约定的期限内享有使用权，承担按期还本付息的义务。

负债筹资主要包括以下几种形式：

(1)债券。债券是现代企业为筹集资金而发行的，承诺债权人按约定的期限还本付息的一种有价证券。与股票相比,债券代表着一种债权债务关系,企业要按规定的日期还本付息,债权人无权参与企业的经营管理,无权参与企业的盈利分配。在我国,旅游企业要求发行债券,必须具有一定的条件,并经过有关部门批准。

(2)借款。借款是指企业向银行等金融机构以及向其他单位借入的资金,包括信用贷款、抵押借款和信托贷款等。我国旅游企业既可以向国内的商业银行、非银行金融机构申请贷款,也可以通过一定途径向国际货币基金组织、世界银行、国际金融公司、国际开发协会、亚洲银行等申请贷款。

(3)租赁。租赁是指出租人以租赁方式将出租物租给承租人,承租人以交纳租金的方式取得租赁物的使用权,在租赁期间出租人仍保持出租物的所有权,并于租赁期满收回出租物的一种经济行为。租赁已成为现代企业筹资的一种重要方式。

五、旅游投资结构问题

旅游投资结构是指在一定时期内旅游投资总量中各组成部分所占比重及其相互间的内在联系。其中,投资总量中各组成部分所占比重是投资结构的数量表现,它们之间的内在联系则是投资结构的质的表现。

旅游投资结构的主要内容有:第一,投资主体和投资层次结构,主要是国家、地区和企业投资结构;第二,投资来源和渠道结构,主要有财政拨款、银行借贷、社会融资、利用外资和自筹资金等;第三,投资的分配和用途结构,主要有投资的部门结构、投资的地区结构、投资的项目结构等;第四,投资的经济类型结构,主要是国有企业、集体企业、私营企业、外商投资企业和港澳台投资企业等。

首先,从投资主体和投资层次结构来看:在我国旅游业的发展过程中,国家投资虽然在旅游投资总额中所占比重较小,但起着重要的引导作用。随着社会主义市场经济的成熟和旅游业的进一步发展,国家投资比重将逐步缩小。

其次,在投资来源和渠道结构上,从国内资金来说,银行贷款和社会融资是旅游资金来源的主要渠道。随着社会主义市场经济的发展,社会融资所占比重将不断增大。利用外资是利用境外资金进行旅游基本建设投资。在我国旅游业的发展中,利用外资的方式主要有两大类,一是利用外国政府、银行和国际金融组织的贷款;二是吸收境外资金直接投资开发和经营旅游项目。自筹资金是由地方、部门和企业单位按照国家的有关规定,用地方机动财力、各种专项资金和自筹的其他资金来进行的旅游基本建设投资。

再次，在投资的分配和用途结构上，投资的部门结构是指不同部门的投资在旅游投资总额中所占比重和相互之间的有机联系，如旅游部门、航空运输部门、铁路运输部门等。在20世纪90年代以前在我国旅游业的发展中，交通运输的运力曾相对滞后，投入不足对旅游业的发展形成了一定影响。近些年来，航空和铁路运输发展迅速，对旅游业的发展起了较大的支持和推动作用。投资的地区结构是指不同地区旅游投资在旅游投资总额中所占比重以及它们之间的相互关系。在我国旅游业发展初期阶段，东部地区投资所占比重较大，它同其地理位置、基础设施条件和海外旅游需求密切相关。随着国家经济建设重心的西移，西部旅游投资所占比重在逐渐增大。投资项目结构是指不同旅游开发建设项目在旅游投资总额小所占比重和它们之间的相互关系，实质上是旅游六大要素，即行、游、住、食、购、娱的投资分别所占比重和它们之间的相互关系。

旅游投资结构决定着旅游产业结构，决定着旅游生产力的布局和水平。一定的旅游投资结构是一定的旅游经济关系和经济条件的产物，并按照各时期旅游经济发展战略的要求进行调整和变化。旅游投资结构对旅游投资总量有一定的制约作用，不同的旅游投资结构，需要的投资总量也不同。所以，旅游投资结构的优化，不仅可以节约投资总量，而且有利于充分发挥投资总量的作用。因此，研究旅游投资结构有利于寻求确定符合旅游经济发展战略要求的合理的旅游投资结构。

第二节 旅游投资的可行性分析

可行性分析是对拟建的旅游投资项目提出建议，并论证其技术上、开发上和经济上是否可行的基础性工作，是旅游投资中的重要一环。任何投资总是投向一定的项目之上，因此，先简单介绍一下旅游投资项目的含义及特征。

一、旅游投资项目的涵义及特点

旅游投资项目是项目的一种特殊形式，它是投资主体为开展旅游活动，促进旅游目标的实现而进行的投资项目。旅游投资项目具有以下三个特点：

第一，在一个总体设计或总概(预)算范围内，由几个互有内在联系的单项工程所组成，建成后项目归属在经济上可以独立核算的、行政上可以统一管理的建设单位。

第二，在总体设计中兼有发展旅游的目标。如果某项工程建设完全没有考虑旅游目标，虽然它建成后能对旅游有所促进，但不能视为旅游投资项目。反之，某项目虽然兼有其他社会文化活动的目的，但在其建设中具有旅游发展目标，能扩大旅游者的数量，促进旅游业的发展，则可定为旅游投资项目。

第三，具有能促进旅游活动开展的基础设施和配套设施等有形资产，以及能实现旅游目标的无形资产，如商标、商誉、技术专利、技术许可证等。

二、旅游投资项目可行性研究的必要性

旅游项目建设是为了满足旅游消费者的需要，大量的旅游投资项目既要满足社会需要，又要获得尽可能大的经济效益。但市场供需状况千变万化，不以人们的主观意志为转移。因此，必须对旅游投资项目从技术上、经济上等各个方面进行具体深入分析，科学论证投资项目是否可行，减少或避免投资决策的盲目性，提高决策水平。

所谓旅游投资的可行性研究，是指在对拟建旅游项目投资之前，运用现代化的科学技术手段和方法，对与项目有关的资源、市场、技术、经济和社会等各生产要素进行全面分析、论证和评价，确定项目是否可行。其内容涉及项目建设的系列重大问题：拟建项目在技术上是否可行；在经济上是否合算；项目投资风险预测；建设条件是否具备；投资回收期长短；资金如何筹措；环境影响评价等。项目可行性研究是运用多学科专业知识的综合性复杂系统工程，是建设项目前期工作的一项重要内容。建设项目可行性研究的质量直接影响着项目的投资决策水平。做好建设项目前期工作特别是可行性研究工作，对提高建设项目投资效益，保持经济持续、快速、健康发展意义重大。

可行性研究在国际上始于20世纪30年代美国对田纳西河流域的开发，经过完善与发展已形成一套比较完整的理论。1979年该理论开始引入中国，用于工业投资建设项目的前期经济技术分析。1983年颁发了《建设项目进行可行性研究的试行管理办法》，1991年又做了修订，该办法对我国基本建设项目可行性研究的编制程序、内容、审批等进行了规定。随着我国的一系列重要的改革与发展，可行性研究理论的应用越来越广泛，从开始仅用于工业项目逐步向商业、房地产、旅游等各个行业发展。

(一)是旅游项目筹集资金的参考依据

旅游投资项目,特别是那些大中型项目往往需要较多的资金投入。对于旅游项目开发单位而言,除自筹资金和国家少量直接投资外,大部分资金要透过金融市场融资,不论是发行股票、发行企业债券,还是向银行贷款,都需要向投资人或向债权人说明项目的可行性。银行为保证或提高贷款质量,确保资金的按期收回,降低银行放贷风险,银行要实行贷前调查,并对旅游投资可行性进行审查。因此,可行性研究报告可为银行或资金借款机构贷款决策提供参考依据。

(二)是旅游项目投资决策必不可少的工作

可行性研究属于项目投资建设前的主要工作,为了保证旅游投资项目的有效实施,达到投资预期目标,就必须对与项目有关的资源、市场、技术、经济和社会等各生产要素进行全面分析,为项目开工建设与生产经营提供依据,是项目建设前期准备工作的关键阶段。例如,美国福治工程公司为菲律宾泰山铜矿做的可行性研究报告,有文字279页,图表20张,附表77张,蓝图85张,电子计算机记录317页。日本新建的沿海大钢铁厂,可行性研究花了5~6年的时间,而第一期工程却只花了2~3年的时间。

(三)是评估旅游投资项目的重要依据

可行性分析报告比较详尽地提出了拟建旅游项目的规划方案、建设规模、主要设施和设备等,据此可以编制设计文件及进行项目建设。用科学的研究方法,经过多方分析并提供可行性研究报告,作为该项目上级主管部门或者投资者提供对该项目进行审查、评估和决策的依据。

三、旅游投资项目可行性研究的种类

一般来说,可行性研究可分为投资机会研究、初步可行性研究和最终可行性研究三种类型。

第一,投资机会研究。是指在一个确定的地区或部门内,在利用现有资源的基础上所进行的寻找最有利的投资机会的研究。一般情况下,投资者进行投资方向选择或投资项目选择,均属于机会研究。其主要任务在于进行区域或部门的内外部环境分析,通过对资源和市场的调查,选择投资项目,寻找投资机会,形成旅游投资项目建议书。这个阶段，调查工作比较粗略，仅表示一种投资意向，还不能做出真正的决策。投资机会研究误差较大，投资机会研究对总投资估算的误差要求控制在30%以内，研究费用占建设投资比例小，根据投资项目规模不同，研究费用占建设投资的比例在0.2%～1%，由于研究精度要求较低，研究时间也最短，一般只需1个月。

第二，初步可行性研究。它是在投资机会研究的基础上，对拟建的旅游投资项目的可行性所进行的进一步研究。当投资者初步确定投资项目后，需要进一步了解拟投资项目的市场前景、投资风险和投资收益率时，就要进行初步可行性研究。初步可行性研究要解决的主要问题是：进一步论证投资机会是否有可能；进一步研究拟建项目中的关键性问题，如旅游市场、项目选址等；分析是否有必要开展最终可行性研究。初步可行性研究对投资估算的误差一般要求控制在20%以内，根据投资项目规模不同，研究费用占建设投资的比例在0.25%～1.25%，研究时间约在1～3月。

第三，最终可行性研究。最终可行性研究是在上级主管部门批准立项后，对旅游投资项目进行技术经济论证，它所研究的内容、方法要求全面、科学。当投资者对投资项目进行投资时，要进一步了解项目的现金流量、投资回收期和投资收益率时，则要进行最终可行性研究。投资项目越大，最终可行性研究内容就越复杂。其结果应为投资决策提供确切、全面的依据和结论意见，也是向有关管理部门和银行提供进一步审查和进行资金借贷的依据。通常，旅游投资项目最终可行性研究的误差一般要求控制在10%以内。研究复杂程度和精度都较高，研究费用占建设投资的比例大项目为0.8%～1.0%，小项目为1.0%～3.0%，研究时间约在3～6月。

研究成果一般以可行性研究报告形式反映出来。报告内容主要包括：投资项目的必要性、可能性，项目具体实施计划，项目的财务分析和经济评价，研究总结等。

综上所述，旅游投资项目可行性研究，是一个由浅入深、循序渐进的过程。研究范围越来越集中，研究内容越来越细化，工作量由小到大，投入的人力、资金由少到多，花费时间由短到长。可行性研究中要避免走向两个极端：一是急于求成，论证不充分，仓促上马，增加投资项目风险，导致投资失败，二是久而不决，一味追求可行性分析的准确性，研究时间过长，研究成本剧增，降低项目投资收益性，甚至丧失投资最佳时机。

可行性研究的最后成果是编制成一份可行性研究报告作为正式文件。这份文件具有以下作用:(1)它是旅游项目投资决策的依据。项目投资决策者主要是根据可行性研究报告对项目在技术、工程和经济上的评价结论,决定是否应该投资和如何投资。(2)它是向银行等金融机构和金融组织申请贷款、筹集资金的依据。世界银行等国际金融组织都把可行性研究报告作为申请工程项目贷款的重要文件。我国的建设银行、工商银行、投资银行以及国家开发银行也要审查可行性研究报告,确认项目具有偿还能力后,才能同意提供项目建设贷款。(3)它是编制设计文件及进行建设工作的依据。可行性研究报告比较详尽地提出了拟建旅游项目的规划方案、建设规模、主要设施和设备等,据此进行下一步的设计和施工工作。(4)它是供环保部门审查的依据和向项目建设所在地政府、规划部门申请建设执照的依据。(5)它是建设单位同有关部门或单位进行合作谈判,签订协议的依据。

四、旅游投资项目可行性分析的内容

根据国家《建设项目进行可行性研究的试行管理办法》规定,一般工业建设项目的可行性研究包括十项主要内容,根本因子是原燃料和技术水平。旅游投资项目可行性研究需结合旅游行业特点,进行适当调整。旅游项目对原燃料没有依赖性,其根本因子是主题、设计与区位。项目类型不同,可行性分析内容应有所不同。投资项目为景点或酒店,就涉及地址选择问题;投资项目为设施和设备,研究内容就涉及可靠性和维修问题。当前旅游业所作的可行性研究主要针对旅游景区(景点)和酒店。

(一)总　论

总论主要包括项目名称、主办单位及负责人;承担可行性研究的单位、研究工作的主要依据、工作范围和要求;项目提出的背景、投资建设的必要性和经济意义;综述可行性研究的主要结论,存在问题与建议;列表说明项目的主要技术经济指标。

(二)旅游市场分析

从供求关系角度分析,市场分析包括需求分析和供给分析。

市场需求状况预测是企业经营活动的起点。分析旅游投资项目可行性时,首先必须进行旅游市场需求调查,并在调查的基础上对未来市场需求进行科学预测。旅游需求预测主要分析影响旅游需求变化的各因素在未来的变化趋势，主要包括以下几个方面：(1)人口状况变动趋势预测。人口状况的变动趋势会对未来旅游消费的规模、结构、类型产生直接的影响。人口状况变动趋势主要包括人口总数变动趋势、人口地理分布趋势、人口年龄、性别和职业结构变动趋势、收入水平和消费结构变动趋势、受教育程度的发展趋势、闲暇时间、思想观念的变化等。(2)国内外经济及政治变动趋势。一国经济及政治发展情况可以对人们的自由支配收入和闲暇时间产生直接或间接影响，一国的旅游法规及相应的旅游产业政策也会对旅游业的长期发展产生影响。

旅游市场竞争状况调研实质上就是对市场商品供给状况的调查研究。某一类产品除了本企业生产和供应市场外，还有众多同类产品或功能相同的产品生产供应市场。当产品供不应求时，一般不太注意研究同类产品生产厂家；当供过于求时，彼此竞争激烈，争夺顾客，争夺市场，研究竞争对手就十分必要了。旅游市场竞争状况分析包括：(1)竞争对手总体情况分析，如数量、分布全部供给市场总规模、可供产品总数量及市场满足总程度等，尤其是本地及邻近地区已建、在建和计划兴建的旅游项目的性质、规模、经营状况(已经开业)、社会反映等，包括同旅游有关的各种基础设施和服务实施的规模、等级或档次、经营状况等；(2)竞争对手竞争能力分析，如资金情况、企业规模、技术水平、技术装备情况、产品情况、服务工作情况、市场占有率等；(3)竞争对手发展新产品动向分析，如新开发旅游路线的特点、满足新用户的需要程度等；(4)潜在竞争对手的分析，如新出现的竞争对手、由弱变强的对手等。

(三)旅游项目选址及建设条件分析

旅游项目的地址选择很重要，研究内容包括：项目地址(界定项目区域范围和功能划分)、项目所在地自然环境条件、区域经济条件、旅游客源市场条件、旅游基础设施条件、接待服务设施条件等。

(四)旅游项目总体设计方案研究

在可行性研究中，这部分内容是重点，项目总体构思要有创新性，以景区规划设计方案为例，研究内容有：

(1)景区旅游主题与形象设计，景区各类用地布局方案的初步选择和土建工程量估算。

(2)景区内娱乐、餐饮、购物及其他辅助设施建筑设计方案的初步选择和土建工程量估算,旅游地饭店设计方案和布局规划。

(3)景区内公共交通系统、给排水、供电、通信系统及辅助设施的设计方案的初步选择和土建工程量的估算。

(4)主要设备和辅助设备的选择等。

(五)劳动力供需分析

劳动力供需研究主要研究旅游项目投资建设和完成后劳动力使用、来源、培训补充计划及人员组织结构等方面。人员供需要考虑总量和结构上的安排调整,如高中级管理人员和中初级服务人员的配比,项目进展不同阶段的人员安排,人员培训计划和费用的计算等。

(六)项目投资资金估算和资金筹措

投资资金及资金筹措主要研究为保证旅游投资项目顺利完成所必须的投资总额、外汇总额、投资结构、固定资产和流动资金的需要量、资金来源结构、资金筹措方式及资金成本分析等。

(七)综合效益评价

所谓综合效益评价从经济效益、社会效益和环境效益三个方面研究旅游投资项目建成以后对周围环境和社区所带来的影响和作用, 对其可能产生的不良影响进行预测性分析,并采取相应措施,尽量减少和避免不利影响。

(八)项目实施计划和进度

包括项目建设基本要求和整个工程进度安排等。具体实施内容有:可行性研究报告的编制、项目地址的勘测、规划、工程设计、施工及试营业。

(九)项目风险分析

旅游投资是一种投资回收期较长的投资行为, 对于投资者来说存在着一定的风险和不确定因素。可行性研究时把风险分析与风险评价纳入旅游投资项目经济评价范畴,非常有必要。但我国旅游业至今还没有全面引入风险管理,对投资全过程进行风险分析和风险评价。旅游项目风险主要来自于经济风险、自然风险、管理风险和其他风险几个方面。该项研究主要在于风险评定指标确定及评价,如盈亏平衡点分析、财务内部收益率敏感性、财务净现值敏感性等。

(十)结 论

从技术、经济、社会以及项目财务等方面论述投资项目的可行性,提出可行性方案及决策参考,指出项目存在问题、改进意见及结论性意见。

项目可行性研究的基本内容可概括为三部分:首先是项目建设“必要性”分析,如市场调查和预测;其次是项目在技术上的“可行性”分析,如旅游项目选址及建设条件、旅游项目总体设计方案研究等;最后是项目在经济上的“合理性”分析,如经济效益的分析与评价,这是可行性研究的核心。可行性研究就是主要从这三个方面对项目进行优化研究,并为投资决策提供依据。

第三节 旅游投资决策

进行合理的旅游投资决策有利于规避旅游投资的风险，本节主要介绍旅游投资决策的概念、程序以及方法。

一、旅游投资决策概念

所谓旅游投资决策是指旅游企业为了实现一定的目标，通过分析主客观条件和已有信息,提出各种备选方案,借助科学的理论与方法,对各种方案进行可行性研究和论证,并从中选择和确定最优方案的过程。

二、旅游投资决策程序

(1)投资项目的提出。旅游投资项目一般由企业最高管理层拟定。

(2)投资项目的评定。对投资项目进行经济评价,即进行可行性研究。

(3)投资项目的决策。通过可行性研究后,由总经理或董事会决策。

(4)投资项目的执行。决定对某项目投资后,要积极筹措资金,实施投资。

(5)对实施结果作出评价

三、旅游投资决策中的基本概念

决策过程实质是一个选择过程,所有选择都要依赖一定的标准,以此判断优劣，最终选择最优方案。旅游投资决策就是对旅游投资方案评价选择的过程。一般说来，投资项目评价指标是一个综合性的指标体系，包括经济效益指标、社会文化指标、环境指标等。但对一个旅游企业来说，旅游投资项目的评价主要以经济效益评价为主。为了便于决策分析计算，先介绍几个基本概念：

（一）资金时间价值

资金时间价值又称货币时间价值，是指一定数量的资金随着时间推移而发生的增值。例如，今天100元存入银行，若银行一年期年利率为10%，一年后，可以获得本息110元，其中增值10元，这10元即是100元在年利率为10%，时间为1年的时间价值。因此，货币的时间价值是等量的货币在不同时间点上具有不同的经济价值。同样是100元，今天的100元与一年后的100元并不等值。按前例来讲，也就是一年后的110元才与今天的100元等值。分析资金时间价值，有利于科学决策，如投资总量一定，且不影响正常生产经营的情况下，分期分批投资比一次性投资要合算。同样，在投资收益总额一定，其他因素不变情况下，一次性回收比分期回收要合算，投资回收期越短越好。

为了正确计算资金时间价值量，一般用现值和终值两个概念来表示。现值是指未来某一特定金额的现在值；终值是指资金经过若干年后的本利和。投资决策中用到的资金时间价值主要是资金的现值，也就是把投资周期内所有时点上的资金都换算成现在的价值，便于在同一时点上进行分析比较。

资金时间价值计算方法主要有单利、复利和年金几种，以现值计算为例，下面只列举复利现值公式和普通年金现值公式。资金时间价值的其他知识在此不做多介绍。

现值公式复利现值公式：$P=\dfrac{S}{(1+i)^n}$

普通年金现值公式：$P=\dfrac{A\times[1-(1+i)^{-n}]}{i}$

其中，P为现值，S为终值，i为利率，n为时间，A为年金，$(1+i)^{-n}$是复利现值系数，可以表示为$(P/S,i,n)$，由复利现值系数表查找有关数值，$[1-(1+i)^{-n}]/i$为年金现值系数，可以表示为$(P/A,i,n)$，由年金现值系数表查找有关数值。

例：某旅游企业拟在5年后用10 000元购买新办公设备，银行的现行年利率为10%，问现在需要一次存入银行多少元？

$$P=10\,000\times(P/S,10\%,5)=10\,000\times(1+10\%)^{-5}=10\,000\times0.621=6\,210(\text{元})$$

即现在一次存入银行6 210元,5年后达到10 000元,用于购买新设备。其中0.621查复利现值系数表中当$i=10\%$,$N=5$时,即可得到。

例:某旅游企业须向银行存入一笔款项,以便在今后5年内能于每年年终发放某特种奖金4 000元。现时银行存款利率为8%,该旅游企业现在应该向银行存入多少元?

$$P=4\,000\times(P/A,8\%,5)=4\,000\times3.993=15\,972(\text{元})$$

即该企业现在应该存入银行15 972元,5年内每年年终可从银行取出4000元。

(二)现金流量

在旅游企业投资决策中,评价项目盈利的指标不是利润,而是现金流量。现金流量是指企业现金流入与现金流出的数量。企业进行日常生产经营会引起当前现金流量的变化,而企业进行投资则会引起未来一定时期内的现金流量变化。这里所说的现金,是广义现金的概念,它不仅包括货币资金,而且包括项目计算内企业拥有的非货币资源的变现价值,如折旧等。

投资决策时,以现金流量作为评价项目经济效益的核心指标,原因很多,其中有一个重要因素在于利润计算以权责发生制为基础,而现金流量计算以收付实现制为基础。列举一简单例子,某旅游企业在2007年实现销售收入100万元,其中有50万元是应收账款,要于2008年收回,该企业在计算2007年利润时,是以100万元为基数进行计算的,而现金流量的计算以50万元(100万元至50万元)为基数。因此,利润的计算显得具有更大的主观性。而且,利润反映的是企业某个会计期间内"应计的现金流量"而不是实际的现金流量,如果企业将尚未实际收到的现金收入作为项目收益,则会高估项目的经济效益,影响实际现金收支平衡,影响投资进度,进而加大风险。

1. 现金流入量

现金流入量是指能够使一个旅游投资方案的现实货币资金增加的数量。包括营业收入、回收固定资产残值、回收的流动资金、其他现金流入等。

2. 现金流出量

现金流出量是指能够使旅游投资方案的现实货币资金减少的数量。包括建设(开发)投资、流动资金投资、经营成本、各项税款、其他现金流出等。

3. 现金净流量

现金净流量又称净现金流量，是指一个旅游项目在项目计算期内，每年现金流入量与同年现金流出量之间的差额。它是计算旅游项目投资决策评价指标的重要依据，一般要在投资周期内分年度计算。现金净流量的理论计算公式：

某项目某年的现金净流量 = 当年现金流入量 − 当年现金流出量

新建项目投资周期包括项目建设期和经营期，因此旅游项目计算期的现金净流量一般也包括建设期的现金净流量和经营期的现金净流量。若原始投资均发生在建设期内，则

建设期现金净流量 =− 原始投资额

经营期某年现金净流量 = 当年净利润 + 当年折旧

(三)机会成本

机会成本是指同时具有多个投资方案，当资金投入到其中一个方案而必须放弃其他方案时可能丧失的收益。机会成本不是实际发生的费用支出，而是失去的收益。在鱼和熊掌不可兼得的情况下，就存在机会成本。例如，某旅游企业有一笔资金，选择投资餐厅可获得收益50万元，投资商场可获得收益60万元，两种方案只能选其一。若企业选择投资餐厅，那么投资商场的60万元收益就是选择投资餐厅的机会成本，反之也然。机会成本可以为投资决策在方案比较选择中提供重要的依据，是现代管理会计中的重要概念。

四、旅游投资决策方法

旅游投资的正确性与决策方法的正确选择密切相关。决策方法有定性方法和定量方法，这里主要介绍定量方法。经济评价方法主要有两种，即贴现评价方法和非贴现评价方法。前者考虑货币时间价值，后者没有考虑货币的时间价值。非贴现决策方法主要包括投资利润率法、投资回收期法，贴现决策方法主要介绍净现值法、现值指数法、内部收益率。无论何种决策方法，都涉及两方面判断：一是可行性判断，二是最优化方案选择判断。每种方法各有利弊，决策时应综合考虑。

(一)非贴现决策方法

非贴现决策方法，又称为静态决策方法，是指不考虑资金时间价值的决策方

法，把不同时间的货币收支看成是等效的。

1. 投资利润率法

投资利润率又称投资报酬率，是指年平均利润占投资总额百分比。公式为：

$$投资利润率=\frac{年平均利润率}{投资总额}\times 100\%$$

利用投资利润率指标评价投资方案的评价标准：投资利润率值不小于无风险投资利润率（通常用国库券收益率表示），代表方案可行，且投资利润率值越大的方案越好。

投资利润率法进行投资决策，优点是简单易行。但也有非常明显的缺点：一是人为将利润平均分摊不合理，投资项目的盈利水平在各年并不相等；二是没有考虑资金时间价值；三是没有利用现金净流量信息。

2. 投资回收期法

投资回收期是指以投资项目经营净现金流量抵偿原始总投资所需要的时间。简单理解就是投资一定数量的资金，通过生产经营需要多长时间可以收回。这里的资金回收是用现金流量来表示的，而非利润。计算投资回收期的一般方法，可以通过列表计算“累计现金净流量”的方式。公式有两种情况：

当每年现金净流量相等时，可以用以下公式直接计算：

$$投资回收期=\frac{原始投资额}{每年现金净流量}$$

当每年现金净流量不相等时，可用累计计算法列表计算，也可以用公式计算，但需要注意的是，下列公式是个推导性公式，实质是列表累计计算的过程总结，因此，学习时可以不要死记硬背下面的公式。

$$投资回收期=回收期整数年份+\frac{原始投资额-整数年份内累计回收额}{整数年份下一年的年现金净流量}$$

利用投资回收期法评价投资方案的评价标准：如果投资方案的回收期短于期望回收期，则投资方案可行，反之，则不可行。投资回收期值越小的方案越好，代表投资回收速度快，投资在未来所承担的风险越小。

例如，M 旅行社目前有两个项目可供选择，两个项目预计的现金流量资料情况如表 7–1 所示。

表 7–1 项目预计现金流量表(单位:元)

年份	项目A	项目B
0	–10 000	–15 000
1	3 200	3 800
2	3 200	3 560
3	3 200	3 320
4	3 200	3 080
5	3 200	5 840

注:0 年表示投资项目的建设期，原始投资额往往发生在该年，如项目 A 中的 –10 000 代表其投资 10000 元,实质是现金的流出量。

项目 A 每年的现金净流量相等,因此,

$$项目A投资回收期=\frac{10\,000}{3\,200}=3.125(年)$$

项目 B 每年现金净流量不相等,累计流量状况如表 7–2。

表 7–2 项目 B 现金累计流量表(单位:元)

年份	0	1	2	3	4	5
现金流量	–15 000	3 800	3 560	3 320	3 080	5 840
累计流量		3 800	7 360	10 680	13 760	19 600

由表可知:当项目投资额为 15 000 元时,回收期介于 4–5 年之间,因为 15 000 元介于累计回收额 13 760 元和 19 600 元之间。

$$项目B投资回收期=4+\frac{15\,000-13\,760}{5\,840}=4+\frac{1\,240}{5\,840}=4.2(年)$$

比较 A、B 两个项目,A 项目投资回收期短于项目 B 投资回收期,因此,选择 A 项目。

投资回收期法的优点是计算简单易行，这种方法已被许多实际工作者所接受。投资回收期法也存在缺点:首先,它没有考虑货币的时间价值;其次,没有考虑投资回收期以后的年现金净流量,只能反映投资回收的速度,不能反映投资整个寿命期内的盈利能力,有一定局限性。因为,实践中投资早期的现金净流量往往较小,而中后期现金净流量反而较大。

(二)贴现决策方法

贴现决策方法,又称为动态决策方法,是指考虑资金时间价值的决策方法。

计算时要根据货币时间价值的要求，将投资方案的现金流量按某一基础折算成同一时间的量，再对投资支出和各年现金流量的大小进行比较，以确定方案的可行性。由于贴现决策方法考虑了资金时间价值，与非贴现决策法相比较，更为精确、客观，能较好地反映投资方案的优劣，但是计算较为复杂。

1. 净现值法

净现值是指旅游投资项目的未来现金流入量的总现值与现金流出量总现值的差额。一般用 NPV 表示。净现值计算公式为：

$$NPV=\sum_{k=1}^{n}\frac{I_k}{(1+i)^k}-\sum_{k=1}^{n}\frac{Q_k}{(1+i)^k}$$

式中：NPV 为净现值；n 为投资年限；I_k 为第 k 年现金流入量；Q_k 为第 k 年现金流出量；i 为预定贴现率，k 为第 k 年。在上式中，贴现率的确定是个关键，不同筹资方式，确定标准可以不同。

利用净现值法决策，评价标准是：净现值大于或等于 0，说明方案可行，且净现值值越大越好；如果净现值小于 0，说明方案不可行。

净现值法的计算步骤为：

(1)确定投资项目各年的现金净流量；(2)选择适当的折现率(一般为资金市场中长期贷款利率)，通过查表确定投资项目各年的贴现系数；(3)将各年的现金净流量乘以相应的贴现系数，求出其现值。如果每年的现金净流量相等，则用年金现值公式计算，若每年现金净流量不相等，则用复利现值公式每年分别折现，再求其现值和。(4)根据净现值公式求出净现值。

例：M 旅游公司有 A、B 两项投资机会，贴现率为 10%。各方案有关数据如表 7–3 所示：

表 7–3　项目 A、B 现金流量表

年份	项目 A	项目 B
0	-20 000	-40 000
1	12 000	8 000
2	13 000	18 000
3	8 000	18 000
4		18 000

各方案的净现值为：

A 方案净现值 $=[12\,000\times(1+10\%)^{-1}+13\,000\times(1+10\%)^{-2}+8\,000\times(1+10\%)^{-3}]-20\,000$

=(12 000×0.909+13 000×0.826+8 000×0.751)−20 000

=21 646−20 000

=7 654(元)

B 方案净现值 =〔8 000×(1+10%)$^{-1}$+18 000×(1+10%)$^{-2}$+1 8000×(1+10%)$^{-3}$+18 000×(1+10%-4)〕−40 000

=(8 000×0.909+18 000×0.826+18 000×0.751+18 000×0.683)−40 000

=47 952−40 000

=7 952(元)

根据计算结果,可得出结论:

A、B 两方案的净现值均为正数,说明两方案报酬率均超过预定的报酬率10%,两方案均可行,比较 A、B 两方案净现值,B 方案优于 A 方案。

净现值法的优点在于:(1)它考虑了资金的时间价值,增强了投资经济性的评价;(2)考虑了项目计算期的全部现金净流量,能够反映投资项目可获得的收益额;(3)考虑了投资风险性,折现率的大小与风险大小有关,风险越大,折现率越高。

其缺点在于:(1)不能反映投资利润率高低,特别是在投资额不相等的情况下,几个方案很难通过净现值做出正确评价;(2)净现金流量的测算和折现率的确定比较困难,而其正确性对计算净现值有重要影响。

2. 现值指数法

净现值只是一个项目净利润绝对值的标志,很可能出现这样的情况:净现值大的项目投资支出也大。为此,在进行比较选择方案时,我们可以借助于净现值比率这一指标进行分析。现值指数法就是旅游投资项目的未来现金流入量的总现值与现金流出量总现值的比率,亦称现值比率、获利指数等。一般用 *PI* 表示,现值指数法计算公式为:

$$PI=\sum_{k=1}^{n}\frac{I_k}{(1+i)^k}-\sum_{k=1}^{n}\frac{Q_k}{(1+i)^k}$$

公式有关字母含义同净现值法,现值指数可以看成是 1 元原始投资可希望获得的现值净收益。因此,可以作为评价投资方案的一个重要指标。它是一个相对数指标,反映投资的效率,而净现值是绝对数指标,反映投资的效益。

利用现值指数法决策投资方案,评价标准是:投资项目的现值指数大于或等于1,说明该投资项目可行,且值越大越好;投资项目的现值指数小于1,说明该投资项目不可行。

根据上例数据计算现值指数:

A方案的现值指数 PI=21 646 ÷ 20 000=1.08

B方案的现值指数 PI=47 952 ÷ 40 000=1.20

显然,A、B两方案的现值指数均大于1,说明其投资报酬率大于与其的贴现率,方案可行,且B方案的现值指数大于A方案的现值指数,因此选择B方案。

现值指数法与净现值法相比较,优缺点差不多,只是现值指数是用相对数表示,可以用于投资额不相等的不同方案之间的比较。

3. 内部收益率法

内部收益率法,又称内部报酬率法,是指能够使方案未来现金流入量的现值等于现金流出量现值的贴现率,或者说是使投资方案净现值为零时的贴现率。它是方案本身实际可望达到的报酬率,不受预期报酬率的影响,从理论和实践上都具有说服力,因此,被广泛应用。一般用 IRR 表示。内部收益率计算公式为:

$$\sum_{k=1}^{n}\frac{I_k}{(1+i)^k}-\sum_{k=1}^{n}\frac{Q_k}{(1+i)^k}=0$$

内部收益率法公式和净现值法公式实际上一样的,但是,使用净现值公式时,贴现率是已知的,要求出净现值;而使用内部收益率公式时,是令净现值零,要求出使净现值等于零的贴现率(内部收益率),式中的 i 即为内部收益率。但要计算出正确的 i 值却比较麻烦,常用的方法是内插法,通过引入不同的贴现率,利用净现值公式不断求解。计算过程简述如下:

(1)先估算一个折现率,将净现值求出;

(2)如果该净现值为正值,说明该方案可达到内部收益率比估计的贴现率要大,因此要提高贴现率,可以重估一个较高的贴现率进行计算;

(3)如果净现值为负值,说明该方案可达到的内部收益率比估计的贴现率要低,因此要降低贴现率,可再估计一个较小的贴现率重新计算;

(4)这样不断反复试算,最终可以找出令净现值一个为正值、一个为负值的两个相邻的折现率,然后用内插法计算出净现值为零时的贴现率,即为内部收益率。

$$\text{内部收益率(IRR)}=\text{估计的较小贴现率}+\text{高低两个贴现率的差额}\times\frac{\text{低贴现率计算的净现率}}{\text{高低两个贴现率计算的净现值的绝对值之和}}$$

以上计算过程中需要注意以下几个问题：

第一，内部收益率计算公式适用于每年现金流入量不相等的情况，若每年现金流入量相等，可以简单计算。直接用年金现值公式求出现值系数，反查年金现值系数即可求出内部收益率。其计算公式为：

年金的现值 = 年金 × 年金现值系数

年金现值系数 = 年金现值 / 年金 = 原始投资额 / 每年现金流入量

第二，当每年现金流入量不相等时，为了减少反复测试次数，第一次估算的贴现率可以用“近似的年金”求解。之所以称之为近似年金，是因为当每年现金净流量不相等，我们可以假设其每年相等，求其各年平均值。然后再用年金现值公式求出现值系数，反查年金现值系数作为第一次测试的贴现率。后面计算过程同上述。此时，

年金现值系数 = 原始投资额 / 每年现金流量的平均值

第三，内部收益率公式记忆比较复杂，其是一个推导性公式，是内插法的计算过程的综合算式，因此，可以不要求死记硬背，关键在于对内插法原理的掌握即可。

假设有投资方案 A，当贴现率为 16%时，方案的净现值为 3 万元；当贴现率为 17%时，方案的净现值为 −225 万元，用内插法计算如下：

$$\left.\begin{array}{l}\left.\begin{array}{l}16\% \\ ?\ \%\end{array}\right\} x \\ 17\%\end{array}\right\} 1\% \qquad\qquad \left.\begin{array}{l}\left.\begin{array}{l}3 \\ 0\end{array}\right\} 3 \\ -255\end{array}\right\} 228$$

列出方程：解之，x=0.01%。

A 方案的内部收益率 =16%+0.01%=16.01%。

如果用内部收益率公式直接计算也可以得到同样的结果：

$$\text{A 的内部收益率}=16\%+(17\%-16\%)\times\frac{3}{|3|+|-225|}$$

$$=16\%+\frac{3\times1\%}{228}=16.01\%$$

采用内部收益率法，其决策标准是：内部收益率大于或等于旅游企业的资金成本率，说明该方案可行，且值越大越好；反之，内部收益率小于企业资金成本

率,方案不可行。

内部收益率法优点有:考虑了资金的时间价值;可以用于不同投资规模的项目进行比较;能够提供收益率大小的信息内部收益率缺点是计算比较麻烦。

第四节　旅游投资风险分析

伴随着旅游业的迅猛发展,我国各地都加快了旅游项目的建设步伐,许多项目取得了成功,经济效益、社会效益和环境效益显著;但由于投资活动中风险因素的存在,导致有不少旅游项目投资失败,损失巨大。因此,对旅游投资项目而言,除了进行可行性研究外,还必须进行全面的项目投资风险分析和风险决策。

一、旅游投资风险涵义

旅游投资风险是指旅游项目实施和经营后,由于各种主客观条件的变化,原来在可行性研究报告中分析的各种参数都有可能发生变化,导致项目投资收益的不确定性。

一般来说,风险是事件本身的不确定性,具有客观性。例如,无论企业或是个人,投资于国库券,其收益的不确定性较小;如果是投资于股票,则收益的不确定性大得多。这种风险是在"一定条件下的风险",你在什么时间、买哪一种股票、各买多少,风险是不一样的。这些问题一旦确定下来,风险大小你就无法改变了。相同的项目,在不同条件下,风险不相同。这些条件包括能影响项目收益的所有主客观因素,既有社会、政治、经济方面的宏观因素,企业自身的资金、技术、人力等微观因素,也包括自然灾害等其他不可控因素。如果项目的可行性分析充分、科学,由此造成的不确定性就小些,项目投资风险也就小一点。

严格来说,风险和不确定性是有区别的。风险是指事前可以知道所有可能的后果,以及每种后果的概率,而不确定性是指事前不知道所有可能后果,或者虽然知道可能后果但不知道它们出现的概率。但是实务中,对风险和不确定性不作区分,都视为"风险"问题对待,把风险理解为可测定概率的不确定性。

项目投资收益,相对来说容易理解。如果不考虑货币时间价值等因素,当一项投资获得的回报超过所有的投入时,这项投资就获得了正收益;反之,回报不抵投入的,投资获得的是负效益。投资收益大小用收益率或报酬率度量。

投资风险中的不确定性主要研究的是投资的实际报酬率与期望报酬率之间的偏差大小。当有甲、乙两个方案，期望报酬率均为15%，但是否可以就此认为两个方案是等同的呢？这就要进行风险判断。为了能更好地理解风险概念，下面先介绍三个有关的报酬率概念。

1. 必要报酬率

必要报酬率是人们愿意进行某项投资所必需赚得的最低报酬率。必要报酬率的估计是建立在机会成本的概念上的，即同等风险的其他备选方案所能获得的报酬率。

2. 期望报酬率

期望报酬率是人们进行投资估计所能赚得的报酬率。通过对项目有关成本收益情况进行分析论证估计得出的。

3. 实际报酬率

实际报酬率是进行投资后实际赚得的报酬率。

假设你准备进行某一项投资。首先，根据其他相同风险的可能投资，确定你愿意投资所需的最低报酬率（否则，你会选择将资金投入其他的投资项目），这是必要报酬率。其次，估计你若进行投资所能获得的报酬率，这是期望报酬率。如果期望报酬率大于必要报酬率，该项投资能获得额外收益，你会选择进行投资；否则，取消投资计划。

最后，经过一段时间生产经营后，投资有了回报，可以得到实际报酬率。如果实际报酬率不尽人意（比预期报酬率低很多，甚至一无所获），你会十分失望，但这正是风险的本质所在。当然，如果实际报酬率很好（等于或远远大于期望报酬率），你会十分庆幸选择了这项投资。其实，后面一种情况也是一种风险，只是，这种不确定性使投资向有利方向发展，而前者的不确定性使投资向不利方向发展。因此，有人把这两种情况均称之为风险，两种情况均是实际报酬率偏离了期望报酬率。实践中，我们研究的多是前者。

二、旅游投资风险分类

旅游投资风险来自于各个方面，具体分析各种风险，就要从项目投资的风险分类中加以分析。旅游投资风险分析包括旅游行业投资风险分析、旅游投资的地区风险分析和旅游项且投资风险分析，没有特殊说明，我们研究的均是旅游项目投资风险分析。

(一)按照项目风险的阶段性划分

根据项目发展的时间顺序，其风险可以分为三个阶段，即项目开发阶段风险、项目试生产阶段风险、项目生产经营阶段风险。在每个阶段里，项目的风险都有不同特点。

1. 项目开发阶段风险

项目在正式建设之前，一般有一个较长的预开发阶段，包括项目的规划、可行性研究、工程设计、某些项目进行的地质勘查等系列工作。在这一时期里，项目存在许多未知的和不确定的因素。项目开发阶段的风险，是从项目正式动工建设开始计算的，此时，大量的资金不断投入到项目之中，但在项目建设中，不可控或不可见的因素随时可能发生。一是可能出现工程预算超支，建设成本增加；二是工程不能按期完成。

2. 项目试生产阶段的风险

一个投资项目建成投产后，如果项目不能按照原定的计划生产出符合质量标准的产品，或是生产出的产品，其成本远远高于原定计划，则该项目很有可能没有足够的现金流量支付生产费用和偿还贷款。如果该项目试生产阶段不能达到预期标准，则不能投入正式生产。要经过反复改进，基本达到预期标准后，方可进入正式生产阶段，否则仓促投入生产，只会造成更大的损失。

3. 项目生产经营阶段风险

一旦项目生产满足了预期的具体标准，项目的生产经营阶段也即最后一个阶段就开始了。生产经营阶段的风险主要表现在生产、市场、金融以及其他一些不可预见因素方面。

(二)按风险产生根源及应对措施，分为系统风险和非系统风险

1. 系统风险

系统风险又称市场风险，是指企业本身无法回避的风险，是所有企业共同面临的风险，如物价上涨、经济不景气、高利率和自然灾害等。系统风险主要有以下几种形式：

(1)宏观经济风险。宏观经济风险主要是由于宏观经济因素的变化、政府经济政策变化、经济的周期性波动以及国际经济因素的变化给项目投资者可能带来的损失。宏观经济风险应是旅游项目投资者最为关注的因素。

以经济政策为例,金融政策货币发行量、信贷规模都将影响企业投资的资金来源和投资的预期收益;财税政策影响投资项目的选择等;价格政策影响并决定资金投向、投资回收期及预期收益。

经济的周期性波动也会给投资者带来较大的风险。一般认为,现代市场经济中的经济周期大体包含四个阶段:复苏、繁荣、危机和萧条。在经济复苏和繁荣时期,社会的需求、总投资旺盛,经济增长率上升。然而,在经济萧条,特别是危机时期,由于社会经济活动处于停滞不前甚至萎缩和倒退状态,经济秩序不稳定,投资者实际收益下降。

作为新兴的综合性现代产业, 旅游业在国际服务贸易中占据着越来越重要的地位。旅游业的发展对国际依赖性较强,属于较为敏感的产业。市场经济发展到今天,已经跨出一国狭小的范围,出现国际联动的效应,一国经济发生的问题会在国际上引起连锁反应。世界经济衰退,会影响外资对国内旅游业投入。同时,项目投资过程中外汇收入也会减少。

(2)购买力风险。购买力风险,又称通货膨胀风险,是指由于通货膨胀引起的投资者实际收益率的不确定。在通胀之初,公司的房地产、机器设备等固定资产账面价值上升,存货能高价售出,名义资产与名义盈利增加,当通胀持续一段时间后,公司资产虚假增值显露出来,新的生产成本因原材料等价格上升而提高,企业利润相应减少。

(3)利率风险、汇率风险。利率风险、汇率风险直接影响旅游项目投资所需资金的筹措成本和使用成本,尤其是利率的调升,加大偿债压力,投资风险增加。

(4)市场风险。项目最终产品的市场风险主要表现在市场销售量和价格两个因素的双重风险。任何旅游产品的生产,都必须保证产品能够销售出去,产品若没有销路,等于置项目于死地。同时,市场销售量还与市场价格水平直接相关。如果市场销售量增加的幅度小于价格降低的幅度,企业的效益不仅不会增加,反而会减少。因此,市场实现的价格水平能否与预期的价格水平相符合,市场销售量能否达到原计划标准,是项目市场风险的核心。

(5)社会、政治风险。社会、政治领域中的不确定因素,表现在"国家风险"上,对于那些在海外从事直接投资的项目来说,当地社会、政治环境是否安定对它至关重要。一国政府由于某种政治原因或外交政策原因,对某些国家或地区的旅游者实行拒绝签证等,就会限制国际旅游者数量。另外,国家政策法律的稳定性,也会影响投资风险。如果国家在一定时期出于精神文明建设等需要,关停一部分旅游项目等,或者对某些旅游项目纳税的税率、税种进行调整等,都会使项目的投资风险发生变化。

(6)环境保护风险。随着社会的发展,人们开始普遍关注人类生存的环境问题。对于一些建设项目的环境保护方面有了立法规定。如国务院颁布的《建设项目环境保护管理条例》规定,“建设单位应当在建设项目可行性研究阶段报批建设项目环境影响报告书、环境影响报告表或者环境影响登记表”,“建设项目需要配套建设的环境保护设施,必须与主体工程同时设计、同时施工、同时投产使用”。2002年通过的《中华人民共和国环境影响评价法》,对有关项目建设的环境评价也有规定。毫无疑问,从长远来看,这些立法将有助于自然环境和人类生活环境的改善。然而在短期内,作为项目投资者,有可能因为严格的环境保护立法被迫降低项目生产效率,增加项目生产成本,进而增加项目的环境保护方面的风险。

(7)自然条件风险。自然条件风险是由自然现象和物理现象等因素所引起的风险。如自然灾害的发生、自然景观的退化及环境污染,旅游投资项目在建设过程中受台风、暴雨、海啸、地震等自然灾害的影响。对自然环境有很高的依赖性的旅游项目如岩洞景观、山水景区等受当地自然环境状况和质量影响很大。

2. 非系统风险

非系统风险,又称企业风险,是指由于经营不善、管理不当等一系列与企业自身有关的意外事故所引起的风险,它可以通过组合投资和加强管理等方式予以抵消或减少。

(1)经营管理风险。经营管理风险是指由于旅游投资项目参与各方主要从业人员技术素质和职业道德的欠缺,使旅游投资项目开发管理不善而带来不利影响的可能性。如旅游投资项目管理人员的管理能力、经验、风险偏好等将直接影响项目的施工质量和进度,旅游投资项目设计人员业务素质低,引起工程出现大量的设计错误和遗漏等。

(2)生产风险。项目的生产风险是在试生产阶段和生产阶段存在的技术、能源、原材料供应、生产经营、劳动力状况等风险因素的总称。项目生产风险,直接关系着项目能否按照预定的计划正常运转,是否具有足够的现金流量支付生产费用和偿还债务,是否能够获得预期的收益等。

(3)其他风险。其他风险多指一些突发事件或其他因素引起的不易被关注的项目发生损失的可能性。如旅游项目在建设过程中发生的工伤事故、财产损失等,会严重影响项目的进度和质量,增加建设费用。

三、旅游投资风险评价

风险是客观存在的,通过对风险进行定性和定量的分析,可以在一定程度上降低或避免预测误差,提高决策的科学性和准确性。以前,风险分析主要运用定性分析法,依靠经验判断评价,随着现代分析技术和理论的提高,定量分析越来越重要,出现许多分析评价方法和指标体系。

中国计划出版社 2006 年 8 月出版的《建设项目经济评价方法与参数》(第三版)中规定风险分析的方法主要有:专家调查法、层次分析法、CIM 方法、概率数法、蒙特卡罗模拟法等。虽然目前风险评价方法较多,但在旅游投资项目投资风险评价中多采用传统的概率分析评价方法,通过确定风险因素变量的概率分布,计算评价指标期望值和方差,从而评价投资项目的风险程度。另外,盈亏平衡点分析、财务内部收益率敏感性、财务净现值敏感性等也常作为风险评价的常用指标。

(一)投资风险收益率分析

衡量投资风险的大小,可以用风险收益率指标,其代表的是风险大小与收益之间的关系。投资风险收益与风险成正比例关系,风险越大,投资者要求实现的收益也越大。为了分析风险收益率的大小,需弄清楚以下概念:

1. 期望报酬(率)

期望报酬是各个随机变量以其各自的概率进行加权平均所得到的平均数。可以是绝对数的期望报酬,也可以是相对百分数的期望报酬率。期望报酬计算公式为:

$$\overline{R}=\sum_{i=1}^{N}P_i\times R_i$$

式中:P_i 为第 i 中结果的概率;R_i 为第 i 中结果的预期报酬;N 为所有可能结果的数目。

例:某旅游企业有两个投资方案供选择,两个方案都需投资 150 万元,其可能实现的年利润额及其概率情况如表 7–4。

表 7–4 A、B 方案期望报酬表

可能结果	甲方案		乙方案	
	期望报酬(万元)	概率	期望报酬(万元)	概率
较好	45	0.3	50	0.3
一般	35	0.5	35	0.5
较差	25	0.2	0	0.2

由公式可以计算：

甲方案的期望报酬 $=45\times0.3+35\times0.5+25\times0.2=31.5$(万元)

乙方案的期望报酬 $=50\times0.3+35\times0.5+0\times0.2=32.5$(万元)

不考虑风险等因素时,甲方案的期望报酬小于乙方案的期望报酬,好像乙方案更好。但考虑风险后,情况又是如何呢?

为了定量地衡量风险大小，还要使用统计学中衡量概率分布离散程度的指标。表示随机变量离散程度的量很多,最常用的是方差和标准差。

2. 方差和标准差

方差是用来表示随机变量与期望值之间离散程度的一个量。用公式表示如下：

$$\sigma^2=\sum_{i=1}^{N}(R_i-\overline{R})^2\times P_i$$

标准差也叫均方差,是方差的平方根。用公式表示如下：

$$\sigma=\sqrt{\sum_{i=1}^{N}(R_i-\overline{R})^2\times P_i}$$

方差或标准差都是绝对数值,不是相对数,所以只能用来比较期望报酬相同的各项投资的风险程度,而不能用来比较期望报酬不同的各项投资风险程度。如上例,甲、乙两方案的期望报酬是不相同的。

3. 标准离差率

对于期望报酬不同的投资项目，我们可以用标准离差率来比较它们的风险程度。标准离差率是标准离差与期望报酬之间的比率,标准离差率用 V 表示,计算公式为：

$$V=\frac{\sigma}{R}\times100\%$$

由此可得：

$$V_{甲}=\frac{8.32}{31.5}\times100\%=26.41\%$$

$$V_{乙}=\frac{17.50}{32.5}\times 100\%=53.84\%$$

甲方案的标准离差率小于乙方案的标准离差率，说明甲方案风险比乙方案小。但由于甲方案的期望报酬小于乙方案的期望报酬，目前无法选择何种方案最佳。

4. 风险收益率

标准离差率虽然可以代表投资者所冒风险的大小，反映投资者所冒风险的程度，但它还不是收益率，必须把它变成收益率才能比较不同方案。标准离差率变成收益率的基本要求是：所冒风险程度越大，得到的收益率也应越高，投资的风险收益应该与反映风险程度的标准离差率成正比例关系。标准离差率转换为投资收益率，其间还需要借助于一个参数，即风险价值系数。

风险收益率是标准离差与风险价值系数的乘积，其计算公式为

$$R_R=b\times V$$

式中：R_R 为风险收益率；b 为风险价值系数；V 为标准离差率。

风险价值系数的大小，则由投资者根据经验并结合其他因素综合确定。具体有：由国家有关部门组织专家确定；由企业领导或有关专家确定；由以往同类项目的有关数据确定。总之，风险价值系数在计算分析时，可以作为已知参数。

假设上例中投资者确定的风险价值系数为 10%，则两个方案的风险收益率分别为：

甲方案的风险收益率 =26.41% × 10%=2.64%

乙方案的风险收益率 =53.84% × 10%=5.38%

再假设银行现行贷款利率为 17%，那么，只要投资报酬率超过贷款利率与风险收益率之和，就认为此方案可行。

甲方案的投资报酬率 =31.5/150 × 100%=21%

乙方案的投资报酬率 =32.5/150 × 100%=21.7%

甲方案贷款利率与风险收益率之和为 17%+2.64%=19.64%

乙方案贷款利率与风险收益率之和为 17%+5.38%=22.38%

由此可知，甲方案的投资报酬率（21%）大于甲方案的贷款利率与风险收益率之和（19.64%），所以，甲方案可行。

乙方案的投资报酬率（21.7%）小于乙方案的贷款利率与风险收益率之和（22.38%），所以，乙方案不可行。

(二)敏感性分析

敏感性分析是研究旅游项目的主要因素发生变化时，旅游项目的经济效益指标如内部收益率、净现值、投资回收期发生变化的程度。通过敏感性分析，找出最敏感的因素，采取措施减少或控制风险，提高决策的可靠性和准确性。

敏感性分析有单因素敏感性分析和多因素敏感性分析，本节主要介绍单因素分析方法，即在经济评价中，只有一个经济参数发生变化，其他因素不变。

例：某旅游景区拟投资一项目，总投资额 1 180 万元，正常经营年份财务内部收益率为 35.07%，基准财务净现值为 350.20 万元，投资回收期为 4.21 年。现选取营业收入、经营成本和利润三个不确定性因素对财务内部收益率、投资回收期和财务净现值进行敏感性分析。分析结果如表 7–5、表 7–6 所示：

表 7–5 敏感性分析资料

变化因素	投资回收期(年)	财务净现值(万元)	财务内部收益率(%)
营业收入减少 10%	4.62	131.73	29.05
经营成本增加 10%	4.29	272.79	33.09
利润减少 10%	4.37	239.70	32.15
基准数	4.21	350.20	35.07

表 7–6 敏感性分析表

变化因素	投资回收期变化值(年)	财务净现值变化值(万元)	财务内部收益率变化值(%)
营业收入减少 10%	0.41	218.47	6.02
经营成本增加 10%	0.07	77.41	1.98
利润减少 10%	0.16	110.5	2.82
基准数	4.21	350.20	35.07

由表可知，当营业收入减少 10%时，投资回收期由 4.21 年变化到 4.62 年，财务净现值由 350.2. 万元变化到 131.73 万元，财务内部收益率由 35.07%变化到 29.05%。在营业收入、经营成本和利润三个因素中，当每个因素以相同幅度(10%)变化时，营业收入变化导致的各项指标变化最显著，对外界因素的影响最为敏感。营业收入即为最敏感的指标，其次是利润，经营成本对该项目的经营成果影响最小。这说明旅游项目开发后，在经营过程中，应把精力主要放在促销上，扩大客源市场和旅游者数量，就可以控制营业收入这个最敏感的因素，才能确保企业经济效益指标的实现。

2005年第一届旅游投资洽谈会:多元化投资热点

国家旅游局着力培育的中国旅游投资领域第一展——中国旅游投资洽谈会将于2005年年11月1日至3日在宁波举行。呈现出的多元化投资热点成为本届旅洽会最大的特点。据悉,本届旅洽会引起了外商、浙商的关注。目前已有1 000多名境外投资商、3 000多名境内投资商、各类机构投资者报名与会。

浙商的介入为首届中国旅洽会增添了色彩。浙商是宁波举办中国旅游投资洽谈会的重要优势之一。中国最大民营旅游投资集团的宋城、全国工商联"全国民营企业10强"第3的横店、中国饭店业集团20强的开元等早早参会。中国最大的民营汽车企业浙江吉利、中国500强企业富邦控股、2004浙江省百强企业第22位大红鹰、全国民营500强企业荣安集团、中国服装业龙头企业罗蒙集团在近期旅洽会项目推介会上频频曝光。浙商对旅洽会体现出的异乎寻常的热情是与近年来各浙商集团大举从制造业向旅游等可持续性强的"绿色"投资领域转型的大背景密不可分的。

2006年第二届旅游投资洽谈会:搭建旅游产业要素交易平台

2006年搭建旅游产业要素交易平台成为本届旅洽会最大亮点。本届旅洽会增设了"智慧馆"展区,汇集了全国多家旅游规划、饭店管理、旅游教育等方面的机构,突出了智慧对旅游业发展的重要推动作用。集中了各类旅游活动设备、新型环保设施和材料等综合展区、引起了参会者浓厚的兴趣。

广泛吸收旅游产业要素参展或者确切的说，既是投资类的洽谈会，又是要素类的洽谈会,目前还比较少见。2006年除了设立项目和投资商展区之外,还设立了旅游规划、策划单位,大专院校旅游研究机构,酒店管理集团,高层次旅游规划开发管理人才,旅游地产开发等新的展区,也就是把要素融进了这样实体的洽谈会。

2007年第三届旅游投资洽谈会:专设国际基金组织投资机构专场对洽会

为顺应中国旅游业发展趋势,搭建旅游投资和生产力要素的对接平台,被业界称为"中国旅游投资第一展"的2007中国旅游投资洽谈会11月15日至17日在宁波举行,其中,被誉为"中国旅游投资领域国家级年度标志性盛会"的2007中国旅游投资洽谈会"国际基金组织投资机构专场对洽会"也同时举行。作为"中国旅游投资第一平台",中国旅游投资洽谈会今年将突出"为美丽寻找资本,让智慧创造财富,给要素搭建平台"的鲜明主题,实现旅游资源、资本、智慧和资讯四大要素的全方位对接,通过研讨旅游投资规律,引导旅游产业有序开发,构建旅游资源、资本、智力资源以及投资要素交流互动平台,推动资本、资源对接,引导社会资金加大对旅游业的投入力度,促进旅游产业要素提升和中国旅游业发展。

国家旅游局规划司王嘉文副司长高度评价"国际基金组织投资机构专场对洽会"的举办,

她认为，这场投资机构与旅游企业、产业人士的面对面洽谈，可以更有成效地利用境内外资本，特别是境外直接投资基金，更好地为国内旅游企业牵线搭桥，也直接推动中国旅游企业与国际直接投资基金合作。

据统计，截至2006年12月31日为止，有40支投资亚洲市场（包括中国大陆地区）的私募股权基金成功募集141.96亿美元资金。同时，私募股权投资机构在中国大陆地区共投资129个案例，参与投资的机构数量达77家，整体投资规模达129.73亿美元，为亚洲之冠。可以预见，随着我国经济的快速发展，直接投资基金将更加广泛、更大规模地投资于我国各类成长型企业，特别是增长迅速的旅游产业。因此，国际基金组织专场对洽会是此次投洽会的最大关注点和最新亮点之一。

会上，一批引领国内旅游时尚最新潮流的直升机旅游、航空旅游、海洋旅游、温泉度假、游艇、滑雪、高尔夫、自驾车等新业态旅游活动投资项目，尤其是大型的酒店、宾馆、旅游地产项目，已经引起了境内外投资基金的高度关注。

分析提示：(1)中国三届旅游投资洽谈会为什么都选择在宁波？

(2)三届旅游投资洽谈会各有何特点？

(3)如何看待政府、民营资本、外资各自在旅游投资中的地位和作用？为什么说旅游投资主体多元化是旅游投资的发展趋势？

复习思考题

1. 如何理解旅游投资特点？
2. 旅游投资中资金筹措方式有哪些？
3. 旅游投资项目可行性研究有何必要性？
4. 结合实例说明旅游投资项目可行性研究主要包括那些内容？
5. 旅游投资非贴现决策方法有哪些？各有何有缺点？如何决策？
6. 旅游投资贴现决策方法有哪些？各有何有缺点？如何决策？
7. 旅游投资风险如何分析？
8. 试用现值指数法和内部收益率法分别对表7–7中A、B项目进行投资决策。

表7–7 A、B项目现金流量表（单位：元）

年份	项目A	项目B
0	–10 000	–15 000
1	3 200	3 800
2	3 200	3 560
3	3 200	3 200
4	3 200	3 080
5	3 200	5 840

主要参考文献

和军. 旅游经济学[M]. 北京:科学出版社,2005.

来逢波, 张存明. 我国旅游投资中的问题与对策[J]. 特区经济,2006.

刘仲康,郑明身. 企业管理概论[M]. 武汉:武汉大学出版社,2005.

罗明义. 旅游经济学[M]. 北京:高等教育出版社,1998.

林南枝,陶汉军. 旅游经济学[M]. 天津:南开大学出版社,1994.

王宇. 非国有资本投资旅游景区的现状及趋势[J]. 湖北经济学院学报(人文社会科学版),2007.

张英. 湘鄂渝黔边特色旅游区建设研究[M]. 北京:民族出版社,2004.

张红,席岳婷. 旅游业管理[M]. 北京:科学出版社,2006.

第八章
旅游收入与分配

旅游收入是旅游经济活动的主要成果,对旅游目的地国家、地区有着重要意义。了解旅游收入及其分配有利于深刻认识旅游经济在国民经济中的功能和作用。

本章首先介绍旅游收入的概念、分类和影响旅游收入的诸多因素,分析旅游收入经过初次分配和再分配过程,在此基础上,明确旅游收入所发挥的乘数效应及其作用以及旅游收入漏损原因和控制措施。

第一节 旅游收入

本节主要介绍旅游收入的概念、分类以及影响旅游收入的因素。

一、旅游收入概念

旅游收入是指旅游目的地国家或地区在一定时间内(以年度、季度、月度为单位),从旅游产品的销售中所得到的全部货币收入的总和。旅游收入直接反映了某一旅游目的地国家或地区旅游经济的运行状况,是衡量旅游经济活动及其效果的一个不可缺少的综合性指标,也是某一国家或地区旅游业发达与否的重要标志。它在国民收入中占有重要的地位,旅游收入体现着旅游业对国民经济的贡献,体现了货币回笼和创汇的状况,反映了旅游经济活动的成果,旅游收入的增加标志着流动资金周转的加速。

由于旅游产品是一种组合产品,由此决定了旅游收入的多样性,旅游收入不仅包括旅行社向旅游者销售整体旅游产品所获得的收入,也包括各类企业向旅游者提供交通、住宿、饮食、游览、娱乐等单项旅游产品所获得的收入,还包括旅游目的地通过向旅游者出售旅游商品和其他劳务所获得的收入。

旅游地旅游收入的不同模式

1. 传统观赏旅游收入模式

传统观赏旅游,一般为以门票为中心的收入结构;形成了"一票、二道、三餐、四购"的四入模型,注重门票、索道、景区内部餐饮、购物亭的安排与投入;城市公园及游乐园等注重游乐项目的收入;门票一般为高门槛;索道因为投资大,因此收费较高;该类项目缺少深度服务,可以称之为"初级收入模式"。

2. 体验式观赏旅游收入模式

体验式的观赏,是对游客的游赏过程进行了深度设计,布置了情境结构,形成情境氛围,引导游客进入情境,并以参与性的方式,与自然、当地居民、文物环境、文化戏剧化节目等互动,设计了游客个体与个体之间、群体与群体之间的互动。

体验式观赏不仅需要在场景布置上进行投资,还需要深度的服务相配合,因此,成本高于传统模式。

在自然景观观赏中,如武夷山的竹筏;在文化景观中,浮梁古城,是一个经典案例。

3. 休闲旅游收入模式

休闲游客的主要目的是放松身心。休闲要求自然景观优美、文化氛围优雅,不要求唯一性;门票较低甚至免收;休闲的主要收入可以有多种模式:以农家乐为代表的餐饮收入主导模式;以一般度假村为主导的综合收入模式;以运动项目为主导的收入模式;以住宿、会议为主导的休闲;以温泉为主题的度假村;以滑雪为主题的项目;以高尔夫为主题的项目。

4. 度假旅游收入模式

度假游客来自世界、全国或全省,区域较大,且在度假地滞留时间较长;休闲游客则一般为本地人,滞留时间较短;成为度假地,必需有独特的自然资源及天候资源;单度假旅游,不是以观赏为主,而是以多样化的综合消费为主。门票处于较低的地位,住宿、餐饮、娱乐、运动项目、游乐项目、购物等,形成综合性结构,不可偏废。

5. 区域开发收入模式

投资商不是进行单一项目投资,而是区域旅游产业投资。对于这些投资商,其收入结构与项目投资有很大区别:区域旅游投资是成片开发商,因此,其利益体现为核心项目收入与带动性收入的结构安排;核心项目收入是前期最重要的收入,但不一定是区域最大的收入;除景区收入外,区域开发商将享受土地升值收入、项目合作收入、房地产开发收入等等。

6. 旅游房地产收入模式

旅游房地产拥有广阔的前景,其收入模式与旅游景区、住宅房地产、商业房地产都不一样。

别墅销售是最直观的收入;产权酒店为产权销售与酒店经营双重收入;分时度假是通过

时权销售酒店业务；旅游商业街区可以销售商铺，也可出租；中央游憩区开发可以销售商铺，出租商铺，经营娱乐项目；旅游小城镇开发，是旅游房地产的提升，包括了公共设施建设开发、土地开发、旅游产业开发三重任务。

资料来源：北京绿维创景规划设计院.

二、旅游收入分类

旅游收入综合反映了旅游企业的生产经营活动的成果。为了明确地认识旅游收入的内涵，更好地分析旅游经营活动过程，指导旅游企业的经营决策，可以从不同角度对旅游收入进行分类研究。

(一)按旅游收入性质，为基本旅游收入和非基本旅游收入

1. 基本旅游收入

基本旅游收入是指旅游部门和交通部门向旅游者提供旅游设施、旅游物品和旅游服务等所获得的货币收入的总和，即旅游者在旅游过程中必须支出的费用，包括交通费、食宿费、游览费等。尽管每个旅游者由于支付能力不同，需求层次不同，花费的标准不同，支付货币额的多少不同，但都是必须要支出的。因此，对每一个旅游者来说基本旅游收入是缺乏弹性的，是一种固定性的支出。通常，基本旅游收入与旅游者的人次数、停留时间成正比例变化，由此可以大致估量一个国家或地区旅游业的发达程度。

在其它条件不变的情况下，旅游者人数越多，旅游者的人均消费支出水平越高，旅游者停留天数越长，旅游目的地国家或地区获得的基本旅游收入就越多。

2. 非基本旅游收入

非基本旅游收入是指其他相关部门向旅游者提供其设施、物品和服务所获得的货币收入，即旅游者在旅游过程中可能发生的消费支出，如邮电通讯费、医疗保健费、修理费、咨询费及购物的费用等。由于旅游者的需求不同、支付能力不同、兴趣爱好不同、消费习惯不同，使旅游者这一类支出具有较强的选择性和灵活性，并非是每一个旅游者在旅游活动中都必须花费的。因此，这一部分服务项目的需求弹性较大，具有不稳定的特点，是一种可变的支出。非基本旅游收入也受旅游者人次数和停留天数的影响，但并不表现为相同的正比例关系。

在旅游业较发达的国家和地区中，非基本旅游收入在旅游总收入中所占比重

较大,是旅游收入的一个重要组成部分。由于基本旅游收入具有相对刚性的特征,而非基本旅游收入则具有较大的弹性特征,因而两者在旅游收入总量中所占比重的大小,成为衡量一个国家或地区社会经济发展程度和旅游业发展水平的重要参考指标之一。某一旅游目的地的非基本旅游收入所占的比重越大,表明该地区旅游业的发展水平越高,旅游收入的增长潜力越大;若某一旅游目的地的非基本旅游收入在旅游收入总量中所占比重较小,则说明该地区的旅游业仅处于初创和发展阶段,在产品结构、旅游项目开发、经营方式等方面都有待于进一步提高和发展。

(二)按旅游收入来源,分为国内旅游收入和国际旅游收入

1. 国内旅游收入

国内旅游收入是指旅游目的地国家或地区的旅游经营部门和企业,因经营国内旅游业务,向国内旅游者提供产品和服务而取得的本国货币收入。国内旅游收入来源于本国居民在本国境内的旅游消费支出,是本国物质生产部门劳动者所创造财富的转移和国民收入再分配的结果。由于国内旅游收入属于国民收入的再分配范畴,不会增加国民收入的总量。

2. 国际旅游收入

国际旅游收入是旅游目的地国家或地区的旅游经营部门和企业,因经营国际旅游业务,向外国旅游者提供旅游产品和旅游服务等所取得的外国货币收入,通常被称为旅游外汇收入。国际旅游收入来源于国际旅游者在旅游目的地国家或地区的入境旅游消费支出,也是旅游目的地国家或地区向外出口旅游产品和劳务所取得的收入,是另一种形式的对外贸易,它意味着旅游目的地国家或地区的国民收入的增长。因此,国际旅游业同其他生产性行业一样,为社会创造或增加了新价值,这部分新价值就构成了一国国民收入的一部分。所以,它属于国民收入的初次分配。

(三)按旅游收入构成划分为商品性旅游收入和劳务性旅游收入

1. 商品性收入

商品性收入是指向旅游者提供实物形式的商品而得到的收入,包括商品销售收入(如销售各种旅游商品、生活用品、工艺品、药品、书报等)和饮食销售收入。

2. 劳务性收入

劳务性收入是指向旅游者提供劳务服务而得到的收入,包括旅行社旅游业

务费收入、住宿、交通、邮电、文娱、医疗及其他服务而得到的收入。如旅行社业务收入，是旅行社营业收入中扣除支付给有关部门的住宿费、餐费、交通费、文娱活动费等费用后余下的翻译导游费、各项手续费及其它服务性收入。

（四）按时间长短将旅游收入划分为年度和季度收入

按照时间长短划分便于及时掌握经营状况，以便了解旅游者的需求动向，制定相应的经营方案，扩大旅游收入；便于比较各个不同时期的旅游收入增减变化情况，有利于发现影响旅游收入变化的各种因素，寻求增加旅游收入的新途径；便于企业开展经济活动分析，根据供求变化，协调各类经济活动。总之，从时间角度划分旅游收入，有利于加强旅游企业的经济核算，加速资金周转，改善经营管理，提高劳动效率和经济效益。

三、影响旅游收入的因素

旅游目的地国家或地区在一定时期内的旅游收入和旅游外汇收入量都会出现不同程度的高低变化，主要是由于旅游者、旅游目的地和外界自然、经济和文化等因素决定的。具体讲，影响旅游收入的因素主要有以下几方面：

（一）旅游者

1. 旅游者人数

旅游目的地国家或地区接待旅游者人数的多少，是影响旅游目的地国家或地区旅游收入高低的基本因素。在正常情况下，旅游收入与接待的旅游者人数成正比例关系变化。虽然旅游者的个人消费水平由于其收入水平和支付能力的不同会产生较大差异，但接待旅游者人数增加，会使旅游收入的绝对数增加；接待旅游者人数减少，旅游收入也随之减少。

2. 旅游者类型

旅游者类型对旅游收入链和收入量有主观的影响，对于景区的收入也有较大影响。如商务旅游者、会展旅游者、观光旅游者和度假休闲旅游者为主要类型的收入结构并不相同。

针对大部分观光旅游者，门票上的支出会超过其它类型的支出，餐饮和住宿也是较大支出，而其它支出则很少。作为度假、休闲旅游者，住宿和餐饮则是其主要支出，同时配套的游憩设施是景区收入的主要来源，而门票和其它收入比例则比较低。

3. 旅游者消费水平

在旅游接待人数既定的条件下，旅游者的支付能力和人均消费水平是旅游目的地国家或地区旅游收入增减变化的另一决定因素。旅游者的平均消费水平和支付能力与旅游目的地国家或地区的旅游收入呈正比例关系变化。旅游者的支付能力强、平均消费水平高,旅游目的地国家或地区的旅游收入就必然增加,反之,旅游目的地国家或地区的旅游收入就减少。旅游者的支付能力和平均消费水平的高低与旅游者的年龄、社会阶层、家庭状况、职业、个人可自由支配的收入以及消费偏好等因素也有着密切的联系。

表 8-1 旅游地收入来源比较

旅游者类型	收入链长度	价格敏感度	涉及旅游产业要素	目的地(景区)主要收入来源	备注
商务旅游者	长	低	宴请、赠送礼品、商务娱乐、商务会谈、城市观光等需求	交通、住宿、餐饮、娱乐、会议设施、购物	受旅游目的地自然资源影响较小，对基础设施要求较高
会展旅游者	较长	较低	会议、宴请、礼物、旅游观光等	交通、住宿、餐饮、娱乐、会议设施、购物	受旅游目的地自然资源影响较小,对基础设施,特别是会展场所,要求较高
观光旅游者	短	较高	观光、自己餐饮、住宿、交通等	景区门票、住宿、交通	主要受目的地资源吸引
度假旅游者	短	高	娱乐、餐饮、住宿、交通	娱乐、住宿、餐饮	受交通便利影响较大,大部分为自驾车游，选择地区多为省内或区域内

4. 旅游者停留时间

在旅游者人次、旅游消费水平既定的条件下,旅游者在旅游目的地的停留时间长短对旅游收入的增减有着直接的影响。旅游者人均停留时间与旅游收入之间存在着正比例变化的关系,旅游者在旅游目的地停留时间越长,其所花费支出就越大,旅游目的地的旅游收入就会随之增长。反之,旅游者在旅游目的地停留时间越短,旅游花费越少,则旅游目的地的旅游收入就越小。旅游者停留时间的长短与旅游者个人的闲暇时间、旅游目的地对旅游活动的组织安排、所提供的旅游产品的吸引力以及其他消费品和服务的多样性、丰富程度等因素有着密切的联系。

(二)旅游目的地

1. 旅游景区性质

旅游景区性质对旅游收入大小有重要影响。综合性旅游目的地型的景区,满足旅游者吃住游娱购的综合需求，门票收入不一定是旅游地或景区收入的主要来源，景区更多通过提供住宿、餐饮、娱乐、购物、景区内交通等获得综合性收入。而作为节点型的景区，由于只是节点，前后都有景点延伸，虽然一定程度上也有住宿、餐饮、购物等收入，但主要的收入来源还是门票和一定的娱乐。一般来说，综合性旅游目的地型景区的收入链最长，收入多；节点型景区的主要收入来自于门票、住宿、娱乐、餐饮、购物等；纯旅游景区的主要收入来源于门票收入、游憩娱乐收入和部分餐饮、购物。

2. 旅游产品质量和吸引力

旅游产品的质量和旅游资源的吸引力及开发程度是影响旅游收入的重要因素之一。旅游目的地国家或地区旅游资源的丰富程度、开发程度、旅游产品特色，是吸引旅游者的重要方面；而旅游产品的质量和品位高低，又是吸引旅游者进行购买的重要原因。所以要充分利用旅游目的地国家或地区的旅游资源及其吸引物，不断对旅游产品进行深层次的开发，调整产品结构，提高产品质量，从而提高旅游者的消费支出，增加旅游收入。

3. 旅游产品价格

旅游价格是影响旅游收入高低的一个最直接的因素，它们两者之间存在着密切的依存关系，旅游收入等于旅游产品价格与出售的旅游产品数量的乘积。根据旅游需求规律，在其它条件不变的情况下，不论旅游产品的价格是上涨还是下落，旅游需求量都会出现相应的减少和增加。但在这过程中还涉及到需求价格弹性和供求关系的影响。如当旅游产品供不应求时，提高旅游价格会促进旅游产品的生产，其销量也会扩大，从而大大增加旅游收入。

（三）外界因素

1. 外汇汇率

外汇汇率是各个国家不同种类货币之间的相互比价。如果旅游目的地国家相对旅游客源国的货币贬值，即汇率降低，在旅游目的地国家价格未提高的条件下，会刺激该旅游客源国的旅游需求，导致旅游目的地国家或地区的入境旅游人数增加，从而使旅游外汇总收入增加。反之，使该国旅游外汇总收入降低。因此，在衡量旅游目的地国家或地区的旅游收入时，应注意分析因汇率因素变动而形成的差异。

2. 通货膨胀

旅游活动是一种经济活动，价值规律同样对其有着重要作用，通货膨胀直接影响货币的购买力,旅游目的地国家或地区通货膨胀是旅游者购买能力下降,从而影响该国旅游人次和旅游收入;反之,客源国通货膨胀会促使居民出境旅游。

3. 统计因素

统计因素主要表现在:旅游部门之间、旅游部门与非旅游部门之间对旅游的收入常常会出现遗漏或重复统计的现象;旅游者在旅游活动中所支出的有些费用无法统计到旅游目的地国家或地区的旅游收入中;在探亲旅游过程中,某些旅游者以馈赠礼品、土特产品等方式来换取亲朋好友所提供的免费食宿,这种交换方式所产生的旅游收入也是无法进行统计的;由于“地下旅游经济活动”的存在,即旅游者与旅游从业人员以私下交易方式,也增加了旅游统计中的漏统现象。

第二节 旅游收入的分配

了解旅游收入分配的过程对于理解旅游经济在国民经济中的作用具有重要的作用。本节主要介绍旅游收入的初次分配、再次分配以及旅游收入分配的作用。

一、旅游收入分配

旅游收入的分配与国民收入分配一样,通常是经过初次分配和再分配的两个过程来进行和完成。旅游收入是旅游目的地国家或地区各旅游部门和企业经营收入的总和。旅游收入的初次分配是在直接经营旅游业务的旅游部门和企业内部进行的。初次分配的内容是在旅游营业总收入中扣除了当年旅游产品生产中所消耗掉的生产资料价值后的旅游净收入,旅游净收入又是旅游从业人员所创造的新增价值。

目前,世界上通常采用按照生产要素的分配方法对旅游收入进行分配。一般而言,产业中的生产要素主要包括资本要素、劳动力要素、土地要素、技术要素、管理要素、信息要素等六个方面。按要素分配包括两层含义:一是指在市场经济条件下,要素所有者按其投入到社会再生产过程中的生产要素不同而获得不同收益,如工资、利润、利息、地租等;二是各生产要素的收益率由市场调节,遵循等量贡献获得等量报酬的原则。在旅游业中,旅游收入的分配又有特殊性,重点要考虑劳动力要素、管理要素以及资金要素。

旅游收入通常要经过初次分配和再分配的两个过程来进行和完成的。旅游收入的初次分配是在直接经营旅游业务的旅游企业之间和旅游企业内部进行的;旅游收入在初次分配的基础上还要进行再分配,再分配是在旅游业的外部,在全社会经济范围中进行的。旅游收入经过上述初次分配和再分配两个过程后,就实现了旅游收入的最终分配和使用。

二、旅游收入初次分配

旅游部门和企业在取得旅游收入以后，首先应该在直接经营旅游业务的部门和企业中进行分配。这些部门和企业包括:饭店、旅行社、交通部门、餐饮部门、旅游景点、旅游用品和纪念品商店等。在一定时期内,旅游部门和企业付出了物化劳动和活劳动，向旅游者提供满足他们需要的旅游产品，从而获得营业收入。但值得强调的是,所获得的营业收入并不是全部参与初次分配,首先应从中扣除当期为生产旅游产品而消耗的物质生产资料部分，如设备和设施的折旧、原材料和物料消耗、建筑物的折旧等,使它们从价值上得到补偿,从实物形态上得到替换。这部分价值的补偿属于当期旅游部门和企业的净收入,其价值通过营业成本核算转移到经营成本中去,从出售旅游产品的收入中直接补偿。所以,它不能用于扩大再生产和职工的消费,故不存在分配的问题。

(一)旅游收入初次分配的流向

参与初次分配的是旅游营业收入中扣除了上述物化劳动消耗价值补偿之后的剩余部分,即旅游净收入(图 8-1)。

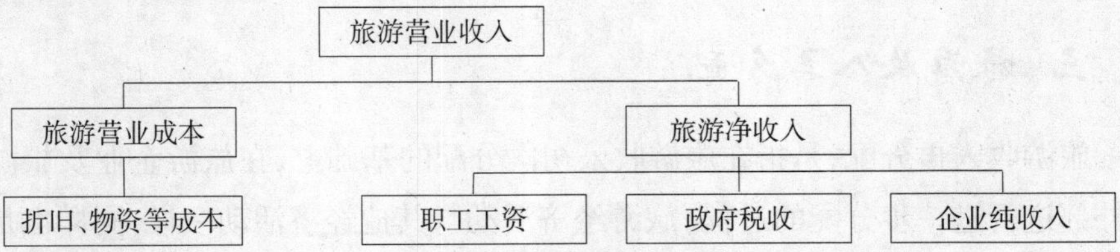

图 8-1　旅游收入初次分配流向

旅游净收入经过初次分配后,分解为:①职工工资:是指旅游部门和企业根据合理的分配原则,向旅游从业人员支付的工资,作为他们提供劳务的报酬,满足他们自己和家庭生活的需要。②政府税收:旅游部门和企业按照国家税收政策的规定向政府纳税,成为国家财政预算收入的一部分,由国家统筹安排和使用。③企业留利:旅游部门和企业的自留利润被称作企业净利润,留归企业自行安排分配和使用。在我国旅游部门和企业中,企业净利润又可分为企业公积金和公益金两部分,分别用于企业的自身发展和职工的福利支出等。

(二)包价旅游收入的初次分配

旅游收入的初次分配是在各旅游部门和企业中进行的。旅行社是旅游业赖以生存和发展的“龙头”部门,由于旅行社的特殊职能和地位,使它在旅游收入的初次分配中起着特殊的作用。旅行社根据市场需求,首先向经营旅游住宿、餐饮、交通、游览等企业预订单项旅游产品,经过加工、组合而形成不同的综合性旅游产品(包价旅游),出售给旅游者,从而获得包价旅游收入。这种包价旅游收入首先表现为组团旅行社的营业总收入,在扣除旅行社的经营费用和应得利润后,将旅游收入分配给有关的旅游企业。包价旅游收入初次分配流向如下(图 8-2)。

组团旅行社
- 营业成本
  - 接团旅行社的营业收入
    - 营业费用
      - 饭店费用(饭店收入)
      - 餐馆饮食费(餐馆收入)
      - 市内交通费(市内交通部门的收入)
      - 游览　娱乐费(游览及娱乐部门的收入)
    - 税金
      - 营业税
      - 所得税
    - 纯利润
  - 城市间的交通费(民航　铁路　航运部门的收入)
  - 营业费用
  - 职工工资
- 税金
  - 营业税
  - 所得税
- 纯利润

图 8-2　包价旅游收入的初次分配

三、旅游收入再分配

旅游收入再分配,是指在旅游收入初次分配的基础上,在旅游企业及旅游行业外部进行进一步分配的过程。旅游经济活动与其他经济活动一样,同样也是一个社会生产不断重复和扩大的运动过程, 因此旅游收入再分配是旅游经济活动的重要一环。在旅游经济活动过程中,旅游产品生产所消耗的劳动力与物质资料在价值上要不断得到补偿,在实物上不断得到替换,即一方面表现为旅游产品再生产的不间断进行,另一方面又表现为旅游收入的不断再分配过程。具体表现为以下几个方面:

(一)旅游企业收入的再分配

旅游企业为了进行再生产,补偿消耗掉的物质设备和原材料,需要购买有关的生产资料。这样,直接从事旅游业务的部门或企业与那些供应生产资料的部门或企业就发生了经济关系，在初次分配中以成本形式存在的那一部分旅游收入就转移到了供应生产资料的有关部门或企业。在旅游收入中,旅游企业的纯利润分为公积金、公益金两个部分。公积金主要用于企业追加投资以及新产品的研制或新技术的改造,开辟新市场,以及弥补企业亏损等;公益金主要用于提高职工的福利待遇或发放奖金等,以满足职工住房、医疗、教育、文体等方面需求。这样,在初次分配中以利润形式存在的那一部分旅游收入就转移到了供应生产资料和生活资料的有关部门或企业。

(二)职工工资的再分配

为了满足旅游企业职工的物质文化生活需求,以恢复和增强其体力和智力,持续不断地为旅游者提供优质的服务,同时满足劳动者的家庭生活需要,促使劳动力不断再生产，旅游企业职工必然把所得的工资一部分用于购买他们需要的文化物质产品和劳务。如购买生活资料,用以满足家庭及自身物质文化需要;进行投资,购买债券或保险等;进行子女教育和培养的花费等。这样就与商业、金融、文教等不同部门有了经济联系。

(三)政府旅游收入的再分配

旅游收入中上缴政府的各类税金构成政府的财政预算收入。政府通过各种财政支出的方式来实现旅游收入的再分配，政府的财政支出主要用于国家的经济建设、国防建设、公共事业和社会福利投资及国家的储备金。其中一部分可能会作为旅游基础建设和重点旅游项目开发又返回到旅游业中来，进一步促进旅游业的扩大再生产。

(四)旅游收入的其他再分配

旅游收入中还有一部分流向其他部门，如支付贷款利息而构成金融部门的投入,支付保险金而构成保险部门的收入,支付房租或购买住宅而形成房地产部门的收入,租赁设施设备而形成租赁单位的收入等。

总之,旅游收入在初次分配的基础上,在全社会范围内又进行了再分配,众多职能部门都获得了相应的收入,这是旅游业再生产过程的客观结果,同时也反映了旅游业对整个国民经济的推动作用。

四、旅游收入分配的作用

旅游收入的分配不仅满足了各旅游要素投入主体的经济利益追求，又对旅游目的地国家或地区的社会经济发展具有积极的促进作用。具体表现在以下几个方面：

(1)促进旅游业的发展。旅游收入经过初次分配和再分配后,其中很大一部分用于企业自身的发展和扩大再生产。尤其是一部分资金可以用于开发新产品、开发新市场,或投入到重大旅游项目研究与建设中,有利于促进旅游业的进一步发展。

(2)促进产业结构调整。随着旅游收入的增加和分配,旅游需求也随着增加,从而带动旅游供给能力的提高,促使旅游六要素的规模不断扩大,旅游投资的力度也增强。即通过旅游收入的分配,必然促进整个社会投资结构,进行影响产业结构的变化和调整,促使旅游目的地国家或地区产业结构进一步合理化。

(3)带动社会经济的发展。旅游业有较强的关联性,旅游业的收入分配会形成乘数效应,带动交通运输、商业、工农业等物质生产部门和金融、文教、体育等非物质生产部门的投入和发展,促使国民收入总量的增加,促进整个社会经济的繁荣和发展。

第三节 旅游乘数效应

乘数是现代经济学中用于分析经济活动中某一变量的增减所引起的经济总量变化的连锁反应程度。即一种经济量的变化,可以导致其他经济量发生相应的多次连续性变化,这种多次连续性变化所产生的最终总效应就被称为乘数效应。

一、旅游乘数效应

乘数效应在旅游业中被用来说明旅游业对国民经济发展的贡献。旅游收入经过分配与再分配后,其资金将投入到国民经济的各个部门,构成这些部门总收入的一部分。这些部门进行同样的分配和再分配,不断地对其他行业做出贡献,最终所得到的国民生产总值远远大于最初的旅游投资，形成了在旅游业中的乘数效应。

二、旅游收入乘数效应

(一)旅游收入乘数的概念

旅游收入的乘数效应是指旅游目的国或旅游目的地区对旅游行业的投入引起各个经济部门的连锁反应,导致本地区经济总量的成倍增加。如旅游者在景区的游览花费形成景区的旅游收入,景区工作人员从旅游者花费中获得工资,然后把工资的一部分用于购买生活生产资料或投资、教育等支出, 这种支出又注入到本地经济。即旅游者的消费称为旅游地的收入,旅游收入经过初次分配和再分配的多次循环周转,给旅游目的地国家或地区的社会经济发展带来增值效益和促进作用。

(二)旅游收入乘数的计算

旅游收入乘数效应的大小,可以通过旅游收入乘数计算。需要指出的是,旅游收入的乘数效应必须以一定的边际消费倾向为前提,边际消费倾向越大,旅游收入投入到社会经济进行再分配的数量越多,旅游收入乘数效应就越大;而边际储蓄倾向和边际进口倾向则降低了旅游收入在本地区经济系统中的作用, 使得该地区的乘数效应减少。计算旅游收入乘数的公式如下:

$$K=\frac{1}{1-MPC}\text{或}K=\frac{1}{MPS+MPM}$$

其中:MPC 为边际消费倾向;MPS 为边际储蓄倾向;MPM 为边际进口倾向。

上述公式表明:旅游收入乘数与边际消费倾向成正比,与边际效应储蓄倾向和边际进口倾向成反比。

假设某旅游目的地获得的旅游收入 1 000 万元后, 其旅游边际消费倾向为 70%,即旅游收入中的 700 万元的资金用于购买各种消费品,将注入在本地区的经济运行系统中,而剩下的 300 万元资金主要用于储蓄或购买进口物资,不在本地区的经济系统运行。则根据旅游收入乘数公式计算其乘数为

$$K=1/(1-MPC)=1/(1-70\%)=3.3$$

计算表明:旅游收入经过初次分配和再分配后,获得了 3.3 倍于原始收入量的经济效果。即每 1 000 万元的旅游收入,将会给旅游地整个经济带来 3 300 万元的乘数效应。

三、旅游收入乘数效应的作用

旅游收入通过初次分配和再分配，对经济发展产生的作用表现在以下几个方面。

(一)总体乘数

旅游者消费或旅游投资的注入对本国或当地经济产生的所有部门累计起来的倍数效果。作为整体乘数效应,除了严重的漏损外,一般均大于1。

(二)直接效应

旅游收入对直接为旅游者服务的部门所获得的效益。注入了各个核心旅游企业和部门,饭店、旅行社、餐厅、商店、景区、交通及通讯部门在旅游收入的初次分配中获得了一定量的收益。

(三)间接效应

旅游收入给旅游相关部门带来的收入增加或产出增加。直接效应的受益者在再生产过程中,因需要补充消耗的各种物质,所以必须向相关部门和企业购买各种设备、耗材等物品。各级政府把从旅游核心企业收缴的税金又投资于其他企事业项目,使有关部门和企业在旅游收入的再分配中获得了收益。

(四)诱导效应

指为旅游相关部门服务的更广泛的层次带来的收入增加或产出增加。当旅游企事业单位职工把工资等收入用于购买生活生产资料或其他消费时,这部门消费又给有关部门的发展做出贡献,对国民经济不断产生着连带作用和综合效益。

四、旅游收入乘数效应的种类

旅游收入的乘数效应的影响作用,主要通过以下几种常用的乘数模式,从不同侧面对国民经济产生相应的经济影响。

(一)营业收入乘数

旅游营业收入增加额与由此导致的其他营业收入增加额之间的比例关系,

该乘数表明某地区旅游业的发展对该地区营业收入的影响。

(二)政府收入乘数

旅游收入增加量与当地政府收入净增量之间的比例关系。政府收入的净增量是指政府从旅游业获得的税收及各项收益减去政府向旅游业投资后的余额，该乘数主要用来衡量旅游经济活动对国家和地区财政收入的影响程度。

(三)就业乘数

旅游收入增加量与其所创造的直接和间接就业人数之间的比例关系。该乘数表明某一地区通过一定量的旅游收入,对本地区的就业机会所产生的影响,具体来说,一定时期内旅游从业人员的增加量与同期旅游收入的增加量之比,即为单位旅游收入可提供的就业机会。

(四)居民收入乘数

旅游收入的增加额与由此导致的某地区居民收入的比例关系，该乘数反映了旅游业的发展对居民收入的影响程度。

(五)消费乘数

每增加一单位旅游收入所带来的对生产资料和生活资料消费的影响。该乘数用来测定旅游目的地国家和地区旅游收入增加对社会再生产过程的促进作用。

(六)进口额乘数

旅游收入增加量与由此导致的进口额增加量之间的比例关系。该乘数显示了相关部门和企业向国外进口物资、设备的增加量与旅游收入增加量之间的互动关系。

五、旅游收入漏损

旅游收入漏损,是指旅游目的地国家或地区的旅游部门和企业,用于购买进口商品和劳务,在国外进行旅游宣传,支付国外贷款利息等原因而导致的外汇收入的减少。在旅游经济运行中,旅游收入漏损是客观存在的。特别是在经营国际旅游业务的时候,必然要将旅游外汇收入的一部分用于正常的经营支出中,此外也有一些其他的原因会导致外汇收入的外流,这样就出现了旅游收入的漏损。旅游漏损越大,旅游乘数发挥的就越小。因此,要客观分析其漏损的原因,制定针对旅游收入漏损的有效措施,尽可能的发挥旅游收入的乘数效应。

(一)旅游收入漏损原因

在经济欠发达的国家或地区,旅游综合设施比较落后,为了发展国际旅游业务,需要从国外进口有关的物资设备,需要引进国外的先进技术和管理人才,这些都要花费大量的外汇,由此造成了旅游外汇的流失。具体来说,旅游外汇漏损主要源于以下五个方面:

(1)本国在经营国际旅游所需要的物资数量、质量、品种和功能上不能给予保证,必须支付外汇从国外进口某些设施、设备、原料、物料和消费品,以保证旅游业所需的物资和设备等。

(2)引进外资进行旅游基本建设和旅游项目开发时,每年必须拿出大量外汇用于还本付息、支付投资者红利等。

(3)在引进管理技术和管理人才时,必须以相当数量的外汇支付外方的管理费用和外籍管理人员的工资、福利,以及经营国际旅游业务中,支付海外旅游代理商的佣金、回扣等。

(4)在海外进行旅游宣传促销,要用外汇支付海外促销费用,还要用外汇支付海外常驻旅游机构活动费用和人员的工资等。

(5)本国居民出境旅游也会使一定数量的外汇流向国外。

(6)外汇管理不力,会使黑市交易猖獗,造成国家外汇实现量减少。

(二)旅游收入漏损的控制

旅游收入漏损会减少一个国家的外汇储备,影响国际收支平衡。因此,为了保证一个国家旅游收入的稳定增长,必须对旅游收入的漏损加以控制,尽量避免旅游收入漏损带来的损失,主要措施如下:

(1)积极发展本国经济,调整本国生产结构和产品结构,不断提高本国产品的质量,努力改进和提高生产技术,生产出满足旅游经营活动所需要的各种产品,尽量减少进口产品的数量。

(2)加强对引进外资、外来项目的审批工作。对引进项目的收益、成本、风险及先进性、急需性、可行性要认真分析评估,避免盲目引进。

(3)积极培养通晓国际管理方法、掌握现代管理技术、具有现代市场经营观念的旅游管理专门人才,逐步减少对外方管理人员的引进。

(4)鼓励本国居民多参与国内旅游,用国内旅游来代替国际旅游,适当控制出境旅游的数量。在外汇缺乏或外汇收支逆差的情况下,也可采取相应政策来限制本国居民出境旅游,以减少旅游外汇收支逆差。

(5)制定完善的经济法规和外汇管理制度、方法,对违反国家政策法规规定,扰乱金融秩序和市场环境的不法行为给予严厉的法律和经济制裁, 以建立良好的外汇市场秩序。

复习思考题

1. 旅游收入是如何分类的?

2. 影响旅游收入的因素包括哪些方面?

3. 什么是旅游收入的初次分配和再分配? 其主要内容是什么?

4. 什么是旅游收入乘数? 旅游收入乘数效应主要包括哪几种?

5. 造成旅游收入漏损的原因有哪些?为避免和减少旅游收入漏损,应采取哪些措施?

主要参考文献

罗明义. 旅游经济学[M]. 北京:高等教育出版社,1998.

罗明义. 旅游经济学原理[M]. 上海:复旦大学出版社,2004.

张建春,金世胜. 旅游经济学[M]. 北京:高等教育出版社,2001.

第九章
旅游经济影响与效益

旅游卫星账户，是旅游产业最根本的一种统计制度，可以帮助一个国家或地区科学准确地测定旅游业在国民经济中的地位，反映旅游业对经济的影响，评价旅游经济效益。

本章首先分析旅游经济影响的涵义，然后介绍国际上通用的旅游经济影响核算的重要框架——旅游卫星账户。同时，本章还介绍旅游经济效益的涵义以及旅游经济效益的衡量。

第一节　旅游经济影响涵义

旅游业从其诞生之日起，其影响也就产生了。现代旅游业已成为世界第一大产业，人们不能不对其影响给予高度关注。旅游影响涉及到经济、环境、社会、文化影响等各个方面。从旅游者来说，旅游是一种文化行为，但为了实现其目的需付出一定的经济代价；从旅游业经营者来说，首要目的是获取经济利益，但为了实现其经济目的，必须提供各种文化消费。

虽然，旅游业具有经济属性和社会文化属性，但旅游业的经济特征研究是旅游影响研究的最基本问题。

一、旅游经济影响涵义

旅游的经济影响是指一定时期内，旅游发展对一个国家或地区的经济所产生的直接和间接影响的总和。

旅游对经济影响的大小，与旅游业发展紧密相连。旅游业发展不同时期，其在国民经济中的地位是不同，相同时期、不同地区的旅游经济地位也是不同的。从统计角度分析，任何影响都定位于一定的时间维度和空间维度上，旅游经济影响也不例外，既要具有旅游经济影响的时间特征，也要具有旅游经济影响的空间特征。

时间特征上，研究机构和研究学者要采用多年旅游发展统计资料，分析旅游发展趋势，旅游业在国民经济中的地位越来越高。空间特征上，因为旅游是一种人们在旅游客源地与目的地之间的空间移动现象，是现代社会人对时间和空间的一种新型消费方式。旅游经济影响研究必然涉及客源地和目的地等区域经济特征分析，区域范围不同，经济影响程度必然也不同，因此，国外有学者(Vaughan,2000)在提出的旅游经济影响评价框架中，首要问题就是判断该旅游经济影响究竟涉及多大的范围。

旅游业是一个产业关联性很强的行业，其对经济的影响范围广。分析旅游经济影响，应包含旅游经济直接影响和间接影响。在世界旅游理事会有关旅游卫星账户数据表中，旅游业直接经济影响和间接经济影响都是分析对象。因此，在对旅游经济影响涵义的界定中，以二者之和来说明。

根据文中所述旅游经济影响的涵义，旅游经济影响可以从时间、空间、对象等不同方面加以分析评价。

二、旅游经济影响分类

(一)按影响范围分：包括旅游经济地区影响和旅游经济国家影响

研究旅游经济影响的区域特征，是旅游经济影响研究最多的一个方面。当旅游消费方式在一个特定地区内集中表现，并形成一定的规模时，必然对这个地区的国民经济产生重要影响，成为这个地区内的一个重要经济现象。研究范围不同，也是研究层面上的不同。一是宏观层面，旅游对一个国家的经济影响；另一是微观层面，旅游对具体的某个地区的经济影响。

1. 旅游经济地区影响

旅游经济地区影响是指旅游对某地区经济的影响。旅游对地区经济的影响具有双向性特征，即一次旅游活动，同时影响到旅游客源地和旅游目的地两个地区，这与旅游消费异地性有关。人们经常谈论的是旅游业对旅游接待地的经济影响，其实它对旅游客源地同样产生着不容忽视的影响。因此，旅游对地区经济影响包括客源地经济影响和目的地经济影响。

旅游对地区经济的影响首先表现在客源地这个空间内。过去对旅游客源地的旅游经济影响研究，主要集中在旅游漏损方面，负面影响研究较多。其实，旅游对客源地经济的正面影响也是很多的，只是和目的地相比较，影响过程要长些，短期内没有那么明显，间接经济影响要多些。任何市场的形成都离不开供需两方面。客源地虽然不是旅游活动的主要空间地，然而却是旅游需求产生地。当一个地区形成了一定规模的旅游需求后，会进一步加速这个地区的社会分工，从满足旅游需求的角度出发，那些为旅游需求提供相关服务的产业组织会相继形成，如旅游社、旅游交通业、旅游营销行业等。一个地区旅游需求规模越大，与之相适应的旅游产业组织的规模就越大。通过这种组织形式与旅游者的旅游目的地形成了某种经济联系，当这种经济联系达到一定程度后，也为客源地的旅游企业向目的地的经济扩张创造了条件。大量事实说明，客源地在旅游发展初期，由于旅游者对外部需求的形成，会产生地区内的经济收入流向旅游目的地的现象，出现地区财富和收入的转移，即出现旅游漏损现象。但当旅游发展进入成熟阶段后，旅游客源地不仅会形成国民收入向目的地的转移，同时，也会形成资本与技术向旅游目的地流动。特别是跨地区跨国界旅游企业的形成，以旅游为联系的经济将会为旅游客源地国民经济的发展创造外部市场，这在一定程度上为旅游客源地的旅游经济创造了空间发展的机会。

旅游对地区经济的影响更多表现在对旅游目的地的影响上。由于旅游目的地是人们旅游活动的承载空间，以旅游设施供给为主体的旅游经济体系主要集中在旅游目的地内，而且旅游者的主要消费也发生在旅游目的地，因此，相对于旅游客源地，旅游对旅游目的地的经济影响会更多一些。多数情况下，目的地旅游经济影响表现为乘数效应，经济的正面影响和直接影响要多些，并在短时间内就可以表现出来。如旅游经济总量的增长，人均旅游收入水平的提高，旅游基础设施不断改善，旅游产业和空间结构逐渐趋于合理等。概括起来，地区经济影响包括经济增长和经济结构变化两个方面。经济增长是经济总量、规模的扩大，是“量”的含义，经济结构变化是地区产业结构、空间结构的变化，这种变化具有内在“质”的含义。由于旅游业的发展，给一些地区的经济发展带来新的活力，甚至成为地区经济的支柱产业。这一点以经济欠发达地区的旅游扶贫为例，可以形成有力证明。对于经济欠发达地区来说，由于拥有丰富的旅游资源，外部旅游市场的旅游需求会大大刺激当地旅游开发建设，通过旅游开发来改善经济环境，形成所谓的旅游扶贫地区，旅游早已“被普遍看做是一种发展区域经济的工具”。在我国的中西部地区存在许多这样的地区，借助旅游业的发展，已经或者正在迈向经济快速发展的轨道。多数情况下,在旅游业发展早期,基础设施主要为旅游业提供相关服务,后来,这些基础设施也为当地居民的生产和生活提供服务,并成为地区经济和产业发展的基础条件。旅游拉动地区经济发展的特点成为不发达地区经济起飞的一个有效途径。另外,世界上具有天然旅游资源的地区,如太平洋群岛国家,其优越的海滨度假条件,成为世界主要经济发达地区旅游者度假旅游的少数几个旅游目的地。旅游经济在这些国家的国民经济中占有重要地位,旅游收入成为其主要收入来源,如塞舌尔群岛旅游收入占到国家GDP的40%左右。

2. 旅游经济国家影响

旅游经济国家影响是指旅游对一个国家的经济影响。可从两个不同角度分析:一是从产业构成角度,分析旅游业在国民经济中的地位,二是从旅游目的地扩大化角度分析一国旅游的国际旅游情况。

第一种分析利用旅游业在国民经济中的系列比重指标,有利于更好定位旅游业在国民经济中的地位,规划旅游发展战略。1998年中央经济工作会议将旅游产业确定为国民经济新的增长点后,可以说,旅游产业定性角度的产业地位已经完全确立。但是,如何从定量的角度来体现和测算旅游产业在国民经济中的地位,则一直是一个没有圆满解决的问题。本章开始引入的报道,虽然看到了这方面的长足发展,但要真正地给予连续的统计分析,还有大量相关问题需要解决。目前,多数情况下,只能介绍旅游人次、旅游收入等指标。以旅游业自身的指标数据进行纵向比较,如旅游收入的增长率等,缺乏旅游收入与国民经济之间的横向比较,存在不科学性。分析2007年旅游统计资料,中国全年入境旅游人数达1.32亿人次,增长5.5%,其中入境过夜旅游人数达5 472万人次,增长9.6%;旅游外汇收入达419亿美元,增长23.5%;国内旅游人数达16.1亿人次,增长15.5%;国内旅游收入达7 771亿元,增长24.7%。旅游业总收入首次突破1万亿元,达1.09万亿元,增长22.6%;出境旅游达4 095万人次,增长18.6%。

以上的数据分析说明中国旅游业在不断发展,中国继续保持全球第四大入境旅游接待国、亚洲最大出境旅游客源国的地位,但不能说明旅游对经济的影响到底有多大。所以,亟待需要利用旅游卫星账户等研究方法,建立国家旅游经济影响分析体系。

第二种分析是当旅游经济地区影响的范围扩大,旅游活动随着地域的延伸成为跨国界旅游时,旅游对地区经济的影响便成为对国家经济的影响。实际上研究的是国际旅游活动对旅游客源国和旅游目的地国家的经济影响。以旅游目的地国为例,虽然,它属于一种更大范围的地区,但由于国际旅游的经济特性,其对一个国家的经济影响不能完全等同于地区经济影响。

国际旅游是一种无形服务贸易,通过旅游者在不同国别之间的流动,可使外汇从一个客源国流向目的地国家,伴随着外汇的收支。就接待国而言,其最明显、最重要的作用就是增加外汇收入。一个国家拥有外汇多少,标志着这个国家经济实力的大小和国际支付能力的强弱,要想在激烈的国际经济竞争中站稳脚跟,就必须开辟创汇的途径。一个国家获得外汇收入的途径有三条:第一,贸易收入,指商品出口的收入;第二,非贸易收入,指有关国际保险、运输、旅游、利息、居民汇款、外交人员费用等方面的外汇收入;第三,资本往来收入,指对外投资和贷款方面的外汇收入。旅游外汇收入是非贸易收入的重要组成部分。由于旅游业创汇能力强,换汇成本低,又不受各国税制限制,因而,人们通常把旅游业创汇称为"无形出口"收入。

(二)按影响对象分:包括直接旅游经济影响和间接旅游经济影响

直接旅游经济影响是指旅游业发展对旅游业自身经济成果的影响。旅游业与其他产业不同,旅游产业不是一个单一产业,而是一个产业群,由多种产业组成,具有多样性和分散性。从旅游需求方面来看,主要涉及游客;从旅游供给方来看,则涉及国民经济众多产业。由于旅游供给涉及众多产业,因此目前的旅游统计是从需求方面开展的统计,侧重于游客的特点、旅行和停留条件、出游目的,以及旅游业的直接收入等方面。

间接旅游经济影响是指旅游业发展对国民经济其他部门的经济影响。由于旅游是具有较强牵动性的产业,旅游者的消费涉及吃、住、行、游、购、娱等各个方面,为了满足这些消费,国民经济一些行业直接提供了对旅游者需求的供给,而另一些行业则在上述行业"产出"增长的带动下也取得了发展,这就是通常所说的旅游业对国民经济发展的直接和间接的带动作用。由此带动的经济影响值往往要大于直接经济影响。

世界旅游卫星账户报告表中,把直接影响的相关指标均冠以旅游业前提,而把直接和间接影响的合计影响冠以旅游经济前提。如 2007 年世界旅游卫星账户中国报告中,旅游业方面(仅限直接影响):旅游就业人数为 16 584 710 人,占整个就业人数约 2.15%;旅游业 GDP 占整个 GDP 的 2.5%。旅游经济方面(直接和间接影响合计)：旅游经济就业人数为 72 487 880 人，占整个就业人数比例为 9.4%,即每 10.6 个就业人员中,就有 1 个人从事于与旅游经济有关的工作;旅游经济 GDP 占整个 GDP 的 12.2%。

旅游经济影响的类型还有很多,根据影响的时间特征来分,有近期影响和长远影响,从影响效果分,可以有积极影响(正影响)和消极影响(负影响)等。

三、我国旅游经济影响研究简述

(一)旅游经济影响统计制度不断完善

旅游经济影响评价建立在系列统计数据之上,统计数据的准确性、科学性直接影响评价效果。我国旅游统计建立于上个世纪 80 年代初期,1985 年制定了第一本《旅游部门统计报表制度》,其统计范围仅限于国旅、中旅、中青旅三大旅行社、直属旅游涉外饭店和旅游汽车公司,统计内容为有组织接待入境旅游者人数和旅游外汇收入。此后,1988 年、1991 年、1993 年和 1995 年先后制定和修订了 4 次旅游统计报表制度,逐步建立和完善了旅游统计的指标体系和统计方法。在旅游统计的概念和指标体系的建立方面，参照世界旅游组织的概念定义和分类标准,依据中国国情,建立了中国的旅游统计指标体系。1998 年,国家旅游局发布了《旅游统计管理办法》。1999 年根据国家统计改革的方向,再次对旅游统计调查制度进行了全面修订,确定以定期报表和抽样调查为主,以重点调查为补充,相关部门协调配合的旅游统计调查体系,并下发《旅游统计调查制度》。值得一提的是,1993 年，我国建立了与联合国新的国家账户体系（1993 System of National Account,简称 SNA93)接轨的中国国民经济核算体系新版本,使得我国发展旅游卫星账户成为可能。通过统计制度的不断完善,我国的旅游统计数据基本与国际接轨,可以直接进行国际间比较。统计方法由定期统计报表,发展到定期统计、抽样调查和重点调查相结合;统计手段方面,收集、录入、汇总全部采用计算机联网和网络直报方式。

(二)旅游经济影响衡量内容不断扩充

我国旅游发展早期,是在特定背景下采取的非常规之路,先发展国际旅游后发展国内旅游。社会对发展旅游的重心必然落在旅游创汇上,旅游经济影响分析内容主要是旅游外汇收入,即使是这样,由于统计方法原因,数据也不准确。1993年,国家旅游局与国家统计局城市社会经济调查总队联合进行国内旅游情况的抽样调查,才比较科学地反映了国内旅游花费情况,首次形成"旅游总收入"概念。但漏统现象比较明显,国内旅游市场缺少农村居民的旅游花费,国际旅游外汇收入中,漏统一日游因素。1994年,采用新的国际旅游外汇统计方法,给予弥补。

随着旅游业的快速发展,旅游经济影响衡量内容不断扩充,从国际旅游到国内旅游,从旅游直接行业到旅游间接行业,无所不包。主要涉及旅行社、住宿、旅游景点、旅游会展、旅游电子商务、旅游交通、旅游购物、旅游餐饮等各行业,其中旅行社、住宿和旅游景点为传统意义上的旅游直接相关行业,其余为旅游间接相关行业。

(三)旅游经济影响衡量方法逐渐科学

旅游经济影响衡量方法坚持定量分析与定性分析相结合、以定量分析为主原则。随着计算机网络技术的发展以及新型数学模型的不断应用,旅游经济影响衡量定量方法越来越多,越来越科学。其中早期以利用"乘数理论"为主要分析工具,这是一个相对简单的数学模型。后来,投入产出分析(I/O,Input/Output)和旅游卫星账户(TSA)等系列数学模型得到广泛应用,它们以复杂数学和统计工具为特征。其中旅游乘数、旅游漏损有关知识在本书第八章有述,旅游卫星账户安排在本章第二节讲述,这里不再赘述。下面就几种衡量方法在实际应用中存在的问题进行简单比较。

四、旅游经济影响衡量方法比较

(一)旅游乘数原理

1.旅游乘数理论是一种宏观经济模型,不能展现旅游对地方经济影响的全部

旅游乘数理论是乘数理论在旅游领域中的发展。凯恩斯在20世纪30年代提出所谓"乘数理论",本来是考察投资增量与国民收入增量倍数关系的一种宏观经济模型,属于国家层次的研究。如果以国家层次的收入乘数数据生硬地拿来分析地方层次的旅游收入问题,容易夸大地方旅游收入结果。该理论应用于旅游研究,稍微变动了其在经济学中的原始定义,不是直接考察投资增量与国民收入增量的倍数关系,而是考察旅游收入增量和国民收入增量的倍数关系,或者考察旅游就业增量和国民就业增量的倍数关系。其潜在的假设是,旅游的新发展带来的产业内变化，将会以各种途径导致其他产业的连带变化。乘数关注的是这一变化的最初原因和最终结果之间的关系，实际过程中的有关变化其不作研究。因此，无法回答旅游地区性经济影响的过程问题，实际过程中的有关变化研究则由投入产出模型和旅游卫星账户模型来完成。

2. 旅游乘数研究着眼于计算入境游客的支出，探讨旅游目的地国家直接获得的入境旅游收入总量及其对目的地国家国民经济的宏观影响

这也与旅游乘数是宏观经济模型有关。在国际旅游中，一个国家完全可以位于旅游经济影响的国家层面上，上文分类中已有说明。实际上，旅游对收入和就业的贡献不仅仅来自于入境旅游，也来自于国内旅游，且后者的实际贡献要超过前者。

（二）投入产出模型

投入产出模型可以清楚地显示社会经济各部门之间相互联系的复杂性，解决乘数研究方法无法回答的旅游经济影响的过程问题，本质上属于微观经济学上的静态均衡分析，实际应用也有局限和问题。

1. 投入产出模型的假设前提导致该模型应用存在局限性

假设前提为：(1)“技术系数”的不变倾向，即在同一张 I/O 分析表中，一个单位的产品所需的各种投入是不变的。(2)生产函数具有规模报酬不变的特点，即将投入增加一倍，则产出可以增加一倍。以上的假设，实际是对微观经济学的边际效应原理的背离。

2. 投入产出模型在实际应用中的局限性

投入产出模型比较重视 GDP 收益与旅游经济的影响，对旅游行业本身受到的影响分析不够，同时忽视了进口漏损等问题，甚至完全不考虑其他行业受到的负面影响，这样，可能夸大旅游经济影响的正面效应。

（三）旅游卫星账户模型

目前，旅游卫星账户（TSA，Tourism Satellite Accounts）已经逐渐成为旅游经济影响分析研究最重要的工具。其要求建立该模型的所有国家都利用相同的国民账户体系（SNA，System of National Account），分析结论可以供不同国家相互比较，也可以随时间推移进行动态调整。但在实际应用中也存在一些困难：

(1)建立一个旅游卫星账户成本高昂，收集详细数据任务艰巨；

(2)TSA 所依赖的国民经济 I/O 分析不能经常更新，原因也在于成本高；

(3)一般只适用于对国民经济层次进行旅游经济影响分析;

(4)所采用的产业分类体系无法提供细节信息;

(5)其所采用的一些定义和结论方式与传统采用的不一致,易造成误解和误用。

第二节 旅游卫星账户

作为旅游经济核算的重要框架,旅游卫星账户越来越受到各国的关注,并在旅游经济的核算中发挥了重要的作用。本节主要介绍旅游卫星账户的概念、国外旅游卫星账户的创建与发展等内容。

一、旅游卫星账户概念

旅游卫星账户(Tourism Satelite Account,简称 TSA)又称旅游附属账户,是指在国民账户之外,按照国际统一国民账户的概念和分类标准,在国民经济核算总账户下单独设立的一个子系统。这个单独设立的虚拟账户,可将所有与旅游消费相关部门中由于旅游消费而引致的产出部分分离出来单独进行核算, 从而达到在国际统一框架下,准确地测度旅游业的经济影响。

进一步分析旅游卫星账户的概念,可以得知旅游卫星账户存在以下特征:

(1)统一性。统一性体现在两方面,一是旅游卫星账户与与国民账户体系相统一,有着同构的亲缘关系,旅游卫星账户所使用的定义、分类和结构完全与国民账户体系相一致,所以,现有的大量统计数据都能直接应用到卫星账户的建设中来,也使得旅游产业可以同农业、建筑、制造以及服务业其他行业进行比较。二是采用国际统一标准的计量方法,按照国际统一国民账户的概念和分类标准,大大提高了旅游统计数据的可信度和可比性。

(2)可比性。可比性体现在两方面,一是旅游业与其他经济部门之间的行业可比性,另一个是不同国家之间的旅游业之间的区域可比性。由于旅游卫星账户与国民账户相统一,即它与其它经济部门采用了同样的统计标准,因而得出的数据可以和其它经济部门直接比较; 在各国普遍采用国际统一的国民账户标准的情况下,它又使得各国旅游业之间也可以进行统一标准的比较。

(3)附属性。旅游卫星账户对国民账户的附属,概念中的“卫星”二字,就是一种形象说明。如果国民账户体系是行星,那么旅游卫星账户就是卫星,旅游卫星账户是围绕着国民账户体系运转的。旅游卫星账户是建立在国民经济核算总账户下，不需重新调整原有的国民账户体系。这个特点使得可以在不打乱原有结构和组织体系的前提下，利用卫星账户统计旅游活动所影响到的广泛行业部门，真实地反映由于旅游消费所引致的经济影响，在原有统计体系中被忽略的部分旅游产出将得到全面反映。

二、国内外旅游卫星账户创建与发展

(一)国际旅游卫星账户创建与发展

旅游卫星账户源于全球普遍适用的统计制度（1993年版国家账户体系，1993 System of National Account，简称SNA93）。SNA93是联合国在1993年颁布的用于一国经济活动的统计制度，是从生产的角度来定义各生产部门，也即是从生产的产品来定义该生产部门。例如，农业都是生产农产品。然而，旅游不能从生产的角度去定义它，因为与旅游相关的企业，如旅行社、饭店、交通、餐饮等等，并不提供同一种产品，也不以同类技术生产该产品。旅游产业是从消费的角度来定义的，即从旅游者消费的角度来定义旅游业，是从需求方来定义的。由于旅游需求是多样的，这样与旅游相关的产品生产过程就散布在不同的产品部门内。

SNA93考虑到旅游业的特殊情况，建议用两种方法来测试旅游业，一是修改国家账户体系，在每个与旅游相关的行业和产品下都分出旅游子目录；另一种方法是在国家账户的基础上建立一个附属的结构体系，专门评估与旅游相关的所有信息数据。第一种方法破坏了国家账户系统完整性，第二种方法对整个国民经济核算体系不做任何修改，因此，后者被普遍接受，形成了建立在国家账户上的独立体系，即旅游卫星账户。

国际范围内，加拿大、澳大利亚、西班牙、法国、新西兰、瑞士、美国等相继进行了旅游卫星账户编制的实践，现已有70多个国家编制了国家层面的旅游卫星账户。旅游卫星账户发展较早的有法国、加拿大等国家，其中，加拿大工作表现最突出。早在20世纪70年代中期，法国就提出了以需求和预测为重点的旅游卫星账户的概念，并于1980年首次发布了初步统计结果。加拿大国家旅游数据项目组于1984年提出对“卫星账户”概念的认识，并于1989年拟写报告建议，为准确测度加拿大旅游的规模和影响，加拿大统计局应开发出相应的旅游卫星账户。加拿大统计局与加拿大旅游委员会于1994年联合对外发布所开发的旅游卫星账户体系，第一次揭示了旅游经济活动的范围和结构，并最终确定了旅游业在国民经济中的地位。该项研究表明,旅游业在国民经济中所占的份额要高于以前的估计,旅游已成为加拿大的重要出口部门,而且旅游业对就业的影响要高于其在国内生产总值的比例。

在旅游卫星账户的发展过程中,做出重要贡献的国际组织有:世界旅游组织(WTO)、经济发展与合作组织(OECD)、世界旅行与旅游理事会(WTTC)等。世界旅游组织早在1938年,就提出其工作目标是"将旅游作为一个重要的经济活动纳入国家账户体系"。1991年渥太华国际旅游大会,主题为"旅游与旅游统计",第一次在国际范围内谋求旅游统计问题上的共识。1992年,世界经合组织(OECD)开始研究和开发旅游经济账户(Tourism Economic Accounts)。1993年联合国颁布了前面提到的SNA93,同年,世界旅游组织开始在国家账户(SNA93)的框架下建立旅游卫星账户。1999年,世界旅游组织在法国召开名为"测度旅游经济影响"的国际会议。会上,世界旅游组织、经合组织和欧共体欧统处共同建立了工作组,研究开发了一个世界通用的旅游卫星账户系统。2000年,世界旅游组织提交的旅游卫星账户得到联合国统计委员会的批准。2001年5月8至10日,世界旅游组织和加拿大旅游委员会(Canadian Tourism Commission,简称CTC)在温哥华召开了旅游卫星账户的国际会议,主题为"TSA——为良好的决策提供可靠依据"。会上,世界旅游组织、经合组织和联合国共同出版了《旅游卫星账户:推荐方法框架》(Tourism Satellite Account:Recommend methodological framework)(以下简称TSA或框架),使旅游业成为第一个拥有获得联合国确认的国际性标准来测量和计量的产业。积极倡导采用旅游卫星账户并对此作出重要贡献的还有世界旅行和旅游理事会(World Travel & Tourism Council,简称WTTC),该组织通过收集20个国家和地区性研究所的模式经验以及世界宏观经济资料,开发了一套先进的账户系统,通过计量游客消费产生的经济影响以及通过一个仿真模型计算旅游总需求对经济的影响。从世界、地区、国家等不同层面测算了旅游的经济影响,极大地推动了对旅游作用的认识。本章后面案例资料来自于这个组织所发布的信息。

(二)中国旅游卫星账户的创建与发展

旅游卫星账户在我国的发展,有以下两点值得提出:

第一,我国旅游卫星帐户实践是地区层面先于国家层面。2001年,在江苏省旅游局主持下,开始了旅游卫星账户在中国划时代意义的实践。2002年9月,工作组完成了《江苏旅游卫星账户体系构建》，系统提出了江苏区域旅游卫星账户的构思。2002年江苏省旅游局在世界旅游组织召开的国际研讨会上宣读了《关于构建中国江苏旅游卫星账户体系初步设想》的研究成果，这是中国第一次向全世界宣告中国正在进行区域旅游卫星账户的实践。2003年，江苏省旅游局与西安交大签订合同，委托其进行区域卫星账户研究。2003年9月形成了《江苏省旅游卫星账户构成数据机构调查》，并报江苏省统计局审批后实施，2004年9月在国家旅游局和国家统计局的联合主持下进行了评审。除此之外，广西、秦皇岛等地也进行了类似的实践研究。江苏省区域卫星账户是中国第一个旅游卫星账户的实践，同时也是世界上少数几个区域旅游卫星账户之一。

改革开放以来，随着中国国民经济的快速发展，社会经济结构发生了巨大的变化，旅游业在促进国民经济发展中的重要作用日益显现。我国通过在江苏省进行旅游卫星账户编制试点工作，2006年国家旅游局和国家统计局联合组成了工作组，正式启动国家级旅游卫星账户研究编制工作，目前已经制定了《中国国家级旅游卫星账户编制方案》。该方案以联合国统计委员会2000年通过的《旅游卫星账户：建议的方法框架》为依据，并结合中国实际情况而拟定。其目的是全面反映中国旅游业的需求与供给，以及与其他经济部门之间的联系，准确判断旅游业在国民经济中的地位和作用，为政府部门制定相关政策、进行宏观管理提供依据。部分工作已于2007年上半年完成，本章开始部分的资料就是出自于国家卫星账户的统计结果。

第二，我国旅游卫星账户建立与国民经济核算体系的国际化、科学化分不开。国际化体现在我国自1993年采用SNA93国家账户体系，旅游卫星账户建立有了支撑背景，本章第一节有述。科学化体现在国家级旅游卫星账户研究编制工作的原则是按照中国国民经济行业分类标准（GB/T4754-2002），确定中国旅游特定产品清单和旅游特定行业清单，以国民经济核算为总体框架，以常规性旅游统计和第一次全国经济普查资料为基础，以相关部门资料和专项调查为补充进行编制。这些统计数据的掌握，使得旅游卫星账户建立成为可能。这里提到的第一次全国经济普查是指2004年进行的第一次全国经济普查，经济普查主要包含第三产业普查、工业普查和基本单位普查，建筑业也纳入普查范围，重点是二、三产业的增加值作更全面的核查，不包括农业普查（农业普查每10年一次，单独进行）。全国经济普查以后每10年进行两次，分别在逢3、逢8的年份实施。

三、建立旅游卫星账户的作用

(一)为衡量旅游业产业地位提供更加科学的依据

中央政府将旅游业确定为国民经济新的增长点，一些地方政府把旅游业确定为当地重要产业甚至支柱产业,世界旅游组织对中国旅游业在未来20年间的发展做出了令世界振奋的预测:中国将成为世界第一大旅游接待国,第四大国际旅游客源国。如果我们连自己旅游业的实际“家底”都搞不清,又如何能真正实现以上蓝图呢?古人云:知己知彼,百战不殆。如果旅游业的真实状况不搞清楚,就会出现不适合大力发展旅游的地区高估自己实力，适合发展旅游的地区低估自己实力,两种情况均不利于地方经济发展,也不利于旅游持续发展。“中国国家级旅游卫星账户”利用2004年全国第一次经济普查和国民经济核算的相关资料,得出结论:2004年中国旅游业实现的增加值达到6 472亿元,占当年国内生产总值(GDP)的4.05%。此数据反映了当年中国旅游经济活动对国民经济发展的影响和旅游业在国民经济中的地位。

(二)引起国内旅游经济研究特别是产业地位研究的新热潮

科学研究离不开大量详实、准确的数据信息,否则研究工作就会缺少深度分析,缺乏连续性,甚至不少问题则出现研究的空白,研究成果的国际影响力较小。我国旅游研究一直是相对滞后的,没有国家级的旅游学术刊物,没有一个真正从事旅游研究的独立专业机构,没有一个国家级的连续性的旅游论坛,更不用说具有国际性的旅游专业论坛了。随着国家和区域旅游卫星账户的不断实践,新统计的数据与原报表的差异、新概念的引入和使用等,都会引起人们的讨论和关注。旅游卫星账户不但是种数据组织方式,而且提供了旅游分析的新视角,建立在旅游卫星账户基础上的经济分析方法成为旅游行业的新课题之一。

(三)为政府和有关部门的政策制定和经营决策提供信息支持

旅游卫星账户的开发和应用将提高旅游行政部门的管理能力和旅游企业的经营决策水平。如深圳市旅游局公布的2001年全市旅游业收入构成中的住宿、饮食、游览和旅行社收入,与深圳市地税局从相关营业税收入推算出来的营业收入相比,前者比后者一般高出40%左右。这样统计会给地方决策部门和管理者提供失真的经济数据，这对于将旅游业作为主要产业之一的地区会造成产业决策障碍。

旅游业的发展在中国掀起了热潮，国际社会更关心中国的旅游发展，一方面越来越多的国际集团和投资商看重中国旅游业发展所带来的商业机会，另外一方面，他们也非常关注中国公民出境旅游这个潜力巨大的市场，因此，国外咨询机构也非常希望更深入地了解中国旅游业发展的真实情况，获得更多关于中国旅游业发展的信息。

(四)具有较高的研究和推广价值

作为首先引入卫星账户的部门，旅游行业在这一方面所开展的研究和探索，将为卫星账户在其它领域中的应用打下基础；作为国民经济统计体系中的新方法和新工具，“旅游卫星账户”统计方法的建立、发展和完善，也将成为经济统计科学研究方面的宝贵财富。

四、旅游卫星账户主要概念及构成

(一)旅游卫星账户主要概念

旅游卫星账户并不像传统产业(如农业、汽车工业、能源工业、钢铁工业)从生产或提供物质产品和服务方面考虑，而是从经济活动的需求方面入手，考虑旅游对物质产品(包括各种耐用品和非耐用品、消费品和投资品)和服务产品的综合需求来建立旅游卫星账户，这些综合需求包括了从航空、航海交通、住宿、餐饮、娱乐、购物、签证服务、游览服务到各种旅游车辆、飞机的制造和景区景点的开发等。为了明确从旅游需求方面评估旅游业，旅游卫星账户进一步定义了旅游消费和旅游需求两个概念，并相应对旅游业和旅游经济的概念进行了界定。

1. 旅游业的概念

旅游业概念是从“产业”角度，即旅游消费的角度来定义，这种定义基本上与一般产业部门的定义相一致，是一种基于物质生产领域的产业概念。按此界定，旅游业是指为游客消费(包括旅行和旅游消费)生产和提供各种物质产品和服务的产业，这些物质产品和服务的消费具体体现在个人消费支出、商务旅游支出、政府支出(为个人)和旅游出口等方面。

个人消费支出，既包括当地居民出游的个人服务消费和国内外旅游者对服务产品(包括住宿、餐饮、交通、娱乐服务等)的购买;也包括当地居民对与旅游业相关的耐用品和非耐用品的购买，以及用于国内外旅游者消费的各种商品等。

商务旅游支出，是指旅游企业经营人员和政府官员在进行商务或公务活动以及工作之余进行的,具有个人性质的各种旅游消费支出(包括交通、住宿、餐饮、娱乐等)。

政府支出(个人),是指政府的各种机构和部门为保障国内外旅游者的合法权益而进行的,诸如用于文化协会(美术馆、博物馆等)、国家或地方公园、海关及移民局等方面的消费支出。

旅游出口，主要指国际游客在旅游接待国或地区所购买旅游商品和服务的消费支出，也是某一旅游目的地国家或地区通过销售旅游产品而获得的外汇收入等。

2. 旅游经济的概念

旅游经济是从“经济”角度,即旅游需求的角度进行定义,该定义强调旅游经济不仅包括为游客消费所提供的物质产品和服务(前述的旅游业),同时也包括为旅游业发展而提供的相关物质产品和服务，是一个比旅游业更为广泛的经济领域的概念(或称为广义旅游业概念)。按照旅游经济概念,其内涵和范围除旅游业外还包括以下几方面:

政府支出(集体),主要指与旅游相关的政府机构和部门的消费支出,其绝大部分都是为了整个社区利益而花费的,出于公共目的。如用于旅游促销宣传、航空航海管理、旅游安全和医疗卫生设施及服务等方面的消费支出。

资本投资,主要指为国内外游客提供各种旅游设施、设备和基础设施的厂商(私人部门)和政府代理机构(公共部门)的投资。这些投资未必全部都是为旅游业发展所利用,但缺少这些资本投资,旅游业就无法健康持续地发展。

出口(非旅游),主要指包括为游客提供的各种最终消费品(如服装、电器、汽油等)的出口和为旅游业服务的厂商所提供的资本品(如飞机、轮船、汽车等)的出口。与资本投资一样,这些非旅游出口实质上都属于旅游业带动的相关物质产品或劳务的出口。

综上所述，由于旅游卫星账户明确从旅游消费和旅游需求角度界定了旅游业和旅游经济的内涵,从而有利于分析和区别旅游业和旅游经济的差别,以及它们之间的内在机制和联系,从而为正确分析和评估旅游业和旅游经济影响力提供了科学的理论依据和方法。

(二)旅游卫星账户构成

以SNA93基本原则为指导而又极具灵活性的旅游卫星账户,详尽分析一国经济与旅游相关的商品与服务需求的全部组成,观察这些商品和服务的提供过程如何与需求相匹配,进而实现从需求和供应两方对旅游的经济过程进行描述,并与中心框架的主要总量在某种程度上取得一致且互为补充,从而成为国民核算体系的组成部分,这正是TSA的精彩之处。

表9-1 中国旅游卫星账户测算(WTTC,2007)

项目	2002	2003	2004	2005	2006	2007(预测)	2017(估计)
个人旅游支出	514.34	548.44	634.76	698.65	786.68	911.05	3561.65
商务/公务旅游支出	142.11	146.93	193.63	240.32	292.53	358.37	1233.64
企业	125.33	130.64	173.00	215.22	262.70	322.57	1117.85
政府	16.79	16.29	20.64	25.10	29.83	35.80	115.79
政府支出(个人)	21.69	23.48	26.57	30.01	33.53	37.27	103.98
旅游出口	179.96	154.84	229.72	260.92	272.94	288.43	883.73
旅游消费	858.10	873.69	1084.68	1229.91	1385.68	1595.12	5783.00
政府支出(集体)	49.74	53.85	60.94	68.84	76.90	85.50	238.50
资本投资	418.87	537.72	698.68	877.22	1079.25	1297.04	3714.61
非旅游出口	113.43	153.16	205.65	262.05	328.53	389.99	1261.00
旅游需求	1440.1	1618.41	2049.45	2438.02	2870.36	3367.64	10997.10
旅游业总计(仅限直接影响)							
就业	15578.62	14092.38	14824.56	15461.68	16069.35	16584.71	18166.47
国民生产总值	321.82	324.97	398.76	458.54	517.42	594.38	1941.42
旅游经济总计(直接和间接影响)							
就业	53697.41	54165.87	59012.58	63958.35	68855.75	72487.88	75710.16

资料来源:WTTC 2007 Tourism Satellite Accounts Country Report China.

一般情况下,一国的TSA可提供旅游供给、资本投入、旅游业增加值以及旅游对国内生产总值、就业和平衡国际收支的贡献等方面的真实有效的数据,具体包括:(1)旅游业对GDP的贡献率;(2)旅游业的总体规模;(3)旅游活动引致的就业数量;(4)与旅游业相关的公共及私人投资额;(5)国际旅游收入对本国平衡国际收支的贡献;(6)旅游业所带来的财政税收。

五、旅游卫星账户的建立与应用

由于TSA的开发者在设计之初就考虑到账户的组合性和灵活性,因而它能够适应对不同信息的要求并根据数据或资金方面的资源限制定做符合要求的统计系统。以WTTC(世界旅游理事会)的TSA建立过程为例,共需四个步骤:第一步,引入虚拟的旅游卫星账户。第二步,建立国民TSA。具体工作包括拟就建立账户的发展计划、资金和人员、数据收集来源、如何管理等。在这一步需要确定目前已有什么数据及将来需要增加哪些数据。第三步,建立动态旅游预测模型。用TSA作为"动态商业工具"对旅游发展做出详细、及时的预测。第四步,建立可将宏观经济指标与旅游增长相联系的旅游经济发展模型。这套模型能够预测政治事件和税收、贸易自由化、取消航空管制、基础设施建设等经济政策变化对旅游业带来的影响。

第三节 旅游经济效益涵义

旅游经济效益是旅游经济发展的目标,本节介绍了旅游经济效益的涵义、旅游经济效益的种类以及影响旅游经济效益的主要因素。

一、旅游经济效益涵义

经济效益是指人们在经济活动中产出与劳动投入的比较或所得与所耗之间的比较。具体说,它是人们在经济活动中取得的劳动成果同劳动消耗(包括活劳动和物化劳动消耗)或劳动占用(包括流动资金和固定资金占用)之间的比较。讲求经济效益,就是通过经济活动,能够用同样的劳动耗费,取得更多的有用成果,或者说是在创造同样多的有用成果的情况下,支出更少的劳动耗费。这不仅是社会主义基本经济规律的要求,也是发展社会主义经济的根本途径。

旅游经济效益是指旅游经济活动中,劳动有效成果与劳动的占用及劳动耗费之间的比值。简言之,即从事旅游经济活动的产出与投入之比。这里的投入,是指生产要素的投入,包括劳动力、资金、物质资料、信息、技术和经营管理等的占用与消耗。这里的产出,是指有效的劳动成果。劳动成果是劳动的最终体现,有效劳动多,劳动成果就多。被社会需要认可的劳动,才是有效劳动。旅游产品作为旅游者在旅游活动过程中所购买的物质产品、精神产品和服务的总和,它同样具有

价值和使用价值。旅游经济效益用公式表示,可以有绝对数和相对数两种:

旅游经济净收益＝旅游经济所得－旅游经济所费

旅游经济效益＝旅游经济所得/旅游经济所费

所谓旅游经济所费(亦称旅游劳动消耗,或旅游经济成本),是指旅游企业在旅游经济活动过程中为取得一定的旅游经济成果所占用和耗费的资金。它主要由四个方面构成:旅游设备和建筑物等固定资产使用引起的费用;原材料和燃料动力费用;旅游业劳务人员的劳动报酬;各个管理层次的管理费用。简言之,旅游经济所费就是旅游人力、物力和财力的耗费。

所谓旅游经济所得(亦称旅游经济成果,或旅游劳务盈利),是指旅游经济活动过程中,为取得一定经济成果而付出的经济代价所获得的最终经济成果,即旅游劳务取得的盈利和外汇。为此,旅游业的经济效益研究应从以下几方面进行:

1. 旅游经济活动的有效成果同社会需要之间进行比较

只有当旅游产品能够有效地满足旅游者的需求时,才能实现其价值。否则,不仅不能体现旅游产品的价值和使用价值,使旅游经营单位遭受损失,而且会因旅游者的反面宣传而使旅游产品失去更多的客源。因此,必须努力生产和提供旅游者满意且又物美价廉的旅游产品,才能促进旅游经济效益的不断提高。

2. 旅游经济活动的有效成果同劳动消耗和占用的比较

作为旅游经营部门和单位,为了向旅游者提供旅游产品,必然要耗费社会劳动,占用资金,从而形成旅游经济活动的成本和费用。如果旅游经济活动只讲满足社会需求,而不计成本高低,则是违背经济规律的。因此,要讲求经济效益就必须把旅游经济活动的有效成果(主要是利润和税金)同劳动占用和消耗进行比较,以评价旅游经济活动的合理性和旅游经济效益的好坏。

3. 旅游经济活动的有效成果同资源利用的比较

旅游经济活动必须以旅游资源为基础,以市场为导向,充分有效地利用各种资源。通过把旅游经济活动的有效成果同旅游资源的利用相比较,可以揭示利用旅游资源的程度和水平,从而寻找充分利用旅游资源的途径和方法。另外,在利用旅游资源时,还要考虑对旅游资源的保护。因为旅游资源是一种特殊的资源,不论是自然景观还是人文风情,对其保护就是保持旅游产品的质量。如果自然生态环境恶化,人文风情遭受破坏,就直接表现为旅游产品质量的下降和损坏,就不能持续地带来旅游收入和经济效益。

4. 旅游经济活动的宏观效益与微观效益的统一

任何一项旅游经济活动都必然涉及和影响到旅游业的宏观效益和微观效益。旅游经济活动的微观效益主要指旅游企业的经济效益，它表现为旅游企业的经营收入与成本之间的比较，从而导致旅游企业必然把追求利润作为其行为目标。旅游经济活动的宏观效益是指整个旅游产业的整体效益，它不仅要讲求本产业的经济效益，同时还要考虑对社会经济所做的贡献和对生态环境的保护和改善。如果旅游经济活动只考虑旅游企业的经济效益，而不顾旅游业的整体的宏观效益，则旅游企业持续的经济效益也是无法保证的。因此，必须把旅游经济活动的微观经济效益同宏观经济效益统一起来，才能保证旅游经济效益的有效实现和提高。

综上所述，旅游经济效益研究分两个层次：一个是单个旅游企业的经济效益，即微观效益，另一个是面向全社会的旅游经济效益衡量。

二、旅游经济效益种类

（一）旅游微观经济效益和旅游宏观经济效益

旅游微观经济效益，即旅游企业在经营旅游产品的过程中投入与有效产出之间的对比关系，它主要是比较直接对旅游者提供旅游产品的旅行社、旅游饭店、餐饮企业、交通部门、旅游景（区）点以及娱乐场所等企业提供单项旅游产品时，对投入的物化劳动、活劳动与企业获得的经营成果。换句话说，也就是比较旅游企业的产品成本、费用与取得的营业收入。

旅游宏观经济效益，即整个社会或部门投入的物化劳动、活劳动以及自然资源的占用和消耗与整个社会和旅游业所取得的经济效益的对比关系。它又包括两个方面的内容：一方面是对间接向旅游者提供服务，而直接被旅游企业、部门所利用的城市基本建设和基础设施的企业部门的支出与所得的比较；另一方面是就旅游接待国（地区）而言，旅游活动给旅游目的地国（地区）带来的影响远远大于旅游客源国（地区）受到的影响，正面影响是宏观收益部分，而负面影响则是宏观损失部分，两者之间应进行比较。

宏观经济效益与微观经济效益表现为全局和局部的关系。宏观经济效益是整个社会经济发展的根本体现，没有整个社会的经济效益，单个企业的发展就会受到影响和限制。微观经济效益是宏观经济的基础，没有单个企业的经济效益，就没有整体社会的经济效益。因此，当宏观经济效益和微观经济效益发生矛盾时，应从全局出发，微观的局部利益应服从宏观的全局利益，但这并不意味着可以否定局部利益，两者是相互关联、相互促进、又相互制约的关系。因此，研究旅游经济效益，首先应把重点放在如何提高旅游企业的微观经济效益上（以旅游微观效益为出发点，把旅游宏观经济效益建立在微观经济效益的基础上）。

（二）旅游长远经济效益和旅游当前经济效益

旅游经济活动不仅要追求近期效益，更需要有战略眼光，注重长远效益。从旅游资源的开发和利用，旅游区域的规划和旅游景点的布局，旅游饭店的建造，以及各项服务性设施的配套和建设等都必须有一个长远的考虑，保证旅游业能持续、稳定的发展。那种只注重追求眼前既得利益，盲目投资，盲目开发，杀鸡取卵的掠夺性经营行为，对旅游业的发展是十分有害的。因此，如何把旅游业眼前效益与长远经济效益有机地统一起来，也是旅游经济效益管理的重要内容。

（三）旅游劳动消耗经济效益和旅游资金占用经济效益

将劳动成果同劳动消耗（包括活劳动和物化劳动）相比较，就是劳动消耗的经济效益。将劳动成果同生产经营中占用的资金（包括固定资金和流动资金）相比较，就是资金占用效益。旅游经济效益之所以要从这两个角度来衡量，是因为经济效益的大小，不仅与消耗的劳动量有关，也与生产过程中所必需占有的资金有关。过去，国家给旅游企业的资金是无偿的，由于不重视资金占用的经济效率，造成资金占有过多，经济效益不好。

（四）旅游直接经济效益与间接经济效益

旅游企业或部门在旅游经济活动过程中，通过一定经济代价的付出而最后所达到的经济所得，就是旅游直接经济效益。与此同时，旅游业综合性特点，决定了它在旅游经济活动过程中，必然要与国民经济其他行业或部门形成协调发展的经济格局，旅游业的发展必然会给其他经济部门带来收入或扩大就业机会，大大带动和刺激社会相关行业或部门的经济发展，进而给整个国民经济产生效益。这就是旅游间接经济效益。这种间接经济效益学术界一般称为“乘数效应”或“关联带动功能”等。因此，研究旅游经济效益既要研究旅游直接经济效益，又要研究旅游间接经济效益。

三、影响旅游经济效益的主要因素

讲求和提高旅游经济效益是进行旅游经济活动的基本准则，也是实现旅游经济可持续发展的客观要求。因此,为了有效地提高旅游经济效益,就必须对影响旅游经济效益的主要因素进行科学的分析和研究，才能有针对性地采取各种措施,促进旅游经济效益的不断提高。通常,影响旅游经济效益的因素是多方面的,既有主观因素又有客观因素,既有宏观因素又有微观因素,既有经济技术因素又有政治法律因素,既有国内因素又有国际因素等。

(一)旅游者数量及构成

在旅游经济活动中,旅游者是旅游活动的主体和旅游服务的对象,也是旅游活动产生的前提。旅游者数量的多少与旅游活动中所占用和耗费的劳动量之间存在着一定的比例关系。若以较少的劳动占用和耗费,为更多的旅游者及时提供了优质的旅游产品和服务,则旅游经济效益就好;反之,若为一定的旅游者服务而劳动占用和耗费不断增加,则旅游经济效益就差。因此,旅游者数量的多少对旅游经济效益具有直接的影响。在旅游者数量既定的情况下,旅游者逗留时间越长,所需旅游服务项目越多,则每个旅游者的平均消费支出就越大,旅游经济效益就越高。因此,不仅旅游者的数量多少对旅游经济效益具有直接影响作用,而且旅游者停留时间长短也对旅游经济效益产生直接的影响。

(二)旅游物质技术基础及其利用率

旅游物质技术基础是指对各种旅游景观、旅游接待设施、旅游交通和通讯、旅游辅助设施的总称。在旅游经济活动中,各种旅游物质技术基础与旅游经济效益具有直接的关系。通常,旅游物质技术基础条件好,则吸引的旅游者就多,而旅游人数多必然使旅游收入增多,使劳动占用和耗费相对减少,从而提高了旅游经济效益。

因此,要提高旅游经济效益,就要适度超前地发展各种旅游基础设施和接待设施,尽可能配备现代化程度较高的物质技术设备和手段,为旅游者提供优美的游览景点、舒适的食宿条件和良好的旅游环境,并不断提高旅游企业的劳动生产率,减少劳动耗费,才能提高整个旅游业的经济效益。同时,还要加强旅游企业的经营管理和旅游行业的宏观调控,不断提高旅游物质技术设施的利用率。因为提高旅游物质技术设施利用率,就能在已有的旅游接待条件下接待更多的旅游者,这意味着花费在每一个旅游者上的劳动占用和耗费的减少，从而有利于降低旅游成本和费用支出，提高旅游经济效益。

（三）旅游活动的组织和安排

旅游活动全过程涉及旅游的食、住、行、游、购、娱等多方面的需求，这些需求是相互联系、衔接配套的。因此，在旅游活动中能否有效地提供旅游产品和服务，能否高质量地组织和安排好旅游者的旅游活动，就直接影响着旅游经济效益的高低。例如，在其他条件既定情况下，若旅游时间超过了计划安排，则势必增加旅游成本而减少旅游利润；若旅游活动组织得单一、重复、枯燥，则可能产生负面影响，导致客源减少，效益下降；若旅游服务质量不高，不能较好地满足旅游者的身心需求，就不能刺激旅游者增加旅游消费支出，从而也就无法增加更多的经济效益。

因此，在旅游活动的组织和安排中，一定要针对不同旅游者的类型、需求特点、消费习惯等，有目的地计划和组织好旅游活动，尽可能在旅游时间安排上张弛结合，留有余地，保证旅游时间有效利用，同时，在旅行线路上尽可能做到安排紧凑、内容丰富、生动有趣，提高旅游者的兴致，使其得到最大的身心需求满足；在旅游服务质量上，要礼貌谦和、服务周到，使旅游者真正能够高兴而来，满意而归。

（四）旅游业的科学管理

旅游经济效益的提高，最根本的是劳动生产率的提高，而劳动生产率的提高离不开现代科学管理。因此，旅游行业必须科学地组织劳动的分工与协作，把食、住、行、游、购、娱等方面衔接配套好，才能有效地提高劳动生产率。另外，劳动者是生产力诸要素中最活跃、最关键的因素，也是决定劳动生产率能否提高的关键，因而要积极培训和提高职工的业务技术水平，充分调动职工的劳动积极性和创造性，真正实现劳动生产率的提高。

第四节 旅游经济效益衡量

要提高旅游经济效益，就必须在旅游经济活动中以尽可能少的投入，获取尽可能多的产出，这是衡量旅游经济效益的重要标准。对此，首先须了解旅游经济效益的中的成本和产出构成；其次，了解经济效益衡量的指标及意义。由于旅游微观效益和宏观效益在以上几方面存在不同，衡量经济效益时，进行分别分析。

一、旅游微观经济效益的衡量

旅游微观经济效益衡量是对旅游企业（旅行社、旅馆、游览点、游乐场所、交通运输部门等）经济效益的评价。旅游企业经济效益的好坏，不仅影响企业自身的生存和发展，而且直接影响整个旅游业的宏观经济效益。

（一）旅游微观经济效益衡量主要指标

旅游企业经济效益指标，是反映旅游企业经营活动有效成果和劳动占用与消耗的量化标志，一般是通过分析旅游企业的收入、成本、利润的实现状况，以及它们之间的比较来体现的。因此，要分析旅游企业的经济效益，首先应掌握好各主要旅游经济指标的经济涵义和计算方法。

1. 旅游企业成本

旅游企业成本，是旅游企业在生产经营旅游产品或提供服务过程中所耗费的物化劳动和活劳动价值的货币表现。在实际工作中，是指旅游企业在生产经营旅游产品时所占用及耗费的资金。这些被占用和耗费的资金按照在生产经营活动中的价值周转方式的不同可以分为两类：一类占用在如房屋建筑物、各种设备设施及交通运输工具等固定资产上，它们是旅游企业经营活动的物质基础，随着经营活动的不断进行，其价值以折旧的形式逐渐转移到旅游产品的成本中，并随着产品的销售逐步得到补偿。另一类是耗费在各种流动资产和活劳动上，如生产经营过程中所必需的各种原材料、燃料、辅助材料及支付给职工的工资和奖金等，它们是生产经营过程中必须的物质资料和活劳动的消耗，它们的价值是在生产过程中一次转移到产品成本中去，并随着产品的销售一次得到补偿。

旅游企业的产品成本，按照不同标准，可将其分为不同的种类：

(1)按成本的经济内容分类：可将旅游企业成本划分为营业成本、管理费用和财务费用三大类。

营业成本，是指旅游企业从事经营活动所支出的全部直接费用。具体包括折旧、修理费、低值易耗品摊销、职工工资、运输、包装、保管、燃料、广告宣传等各种支出。由于旅游企业包括很多不同的类型，使各类旅游企业的营业成本有着不同的内容。例如，旅行社营业成本一般包括代收的房费、餐费、交通费、文娱费、行李托运费、票务费、门票费、专业活动费、签证费、陪同费、劳务费、宣传费、保险费、机场费等；旅游饭店营业成本包括住宿成本、餐饮成本、商品成本、洗涤成本以及其他成本等。分析旅游企业的经营成本有利于分析成本的发生及构成情况，从而有利于加强对成本的控制及管理。

管理费用，是指旅游企业的决策和管理部门在企业经营管理中所发生的费用，也就是不能直接计入营业成本的其他支出，包括行政办公经费、工会经费、职工培训费、劳动保险费、外事费、租赁费、咨询费、审计费、诉讼费、土地使用费、无形资产摊销，开办费摊销、坏账损失、上级管理费用以及其他管理费用等。

财务费用，是指旅游企业为筹集经营资金所发生的各种费用，包括利息支出、汇兑损失、金融机构手续费及筹资发生的其他费用等。

(2)按成本性态分类：旅游企业成本可划分为固定成本、变动成本和混合成本三种。

成本性态分析也就是研究成本总额对业务量(如产量或销量)的依存性，即从数量上具体掌握成本与产量之间的规律性的联系。

固定成本是指在一定的业务量范围之内，成本总额不受业务量变动的影响，因而单位固定成本与业务量成反比例变动，即随着业务量的增加，单位产品分摊的固定成本份额将相对减少，反之亦然。变动成本是指在一定得业务量范围之内，成本总额随着业务量的变化而变化，这种变化一般呈现一定稳定的比例关系，因此，其单位变动成本将不受产量变动的影响而保持不变。混合成本同时包含了固定成本和变动成本两种因素，它是介于固定成本与变动成本之间的各种成本。固定成本和变动成本在现实经济生活中是诸多成本形态中的两种极端类型，其实，大多数成本属于混合成本。进行这一划分是进行经营决策的关键。

成本性态分析中固定成本和变动成本的界定有两个需要注意的问题：一是“变”与“不变”均是在一定的业务量范围之内；二是强调成本总额与业务量之间的关系，若是从产品的单位成本来看，则恰恰相反。企业实践经营过程中，必须做到在保证产品质量和服务质量的前提下，尽可能降低单位产品成本，只有这样，才能使企业取得良好的经济效益。

除以上常用分类方法外，还有一些其他分类方法，用于不同经济分析情况下。如按照管理责任分类：可将旅游企业成本划分为可控成本和不可控成本。按照计入产品成本的方法分类：可划分为直接成本和间接费用；按成本的经济性质分类:可将旅游企业成本划分为:原材料、调料、配料、辅助材料等费用,燃料及动力费,固定资产折旧费,大修理费,工资及职工福利基金,其他支出。

2. 旅游企业营业收入

营业收入是指旅游企业在出售旅游产品或提供旅游服务中所实现的收入,包括基本业务收入和其他业务收入。营业收入的高低,不仅反映了旅游企业经营规模的大小,而且反映了旅游企业经营水平的高低。例如,通过旅游营业收入同企业职工人数的比较,即人均旅游营业收入,就可以反映旅游企业劳动生产率的水平。

3. 旅游企业利润

为详细分析旅游企业利润形成的过程，合理分析影响旅游企业利润形成过程中的相关因素，通常将旅游企业利润按照其形成过程分为经营利润、营业利润、总利润和净利润几个阶段。

旅游企业经营利润 = 营业收入 − 营业成本

旅游企业营业利润 = 经营利润 −(营业费用 + 管理费用 + 财务费用)

旅游企业总利润 = 营业利润 + 投资净收益 + 营业外收支净额

旅游企业净利润 = 总利润 − 企业所得税

在市场经济中,旅游企业经营活动的目的是获取企业利润最大化。为此,企业在经营过程中需要在一定投入总量和结构的前提下，尽量对外提供自己的产品和服务,并减少成本费用的开支,以实现最大利润。同时,旅游企业需要按照国家规定依法纳税,以促进国民经济的良性运转,然后将税后净利润按规定提取盈余公积金和公益金,以满足企业扩大再生产的需要和职工集体福利的需要,并按投资者的投资比例分配红利。所以,旅游企业利润在保证国民收入的不断增长、保障投资以扩大企业规模、不断提高旅游企业职工集体福利、维护投资者经济利益等方面发挥着积极作用。

(二)旅游微观经济效益衡量的方法

旅游企业经济效益的评价方法很多，常用的旅游经济效益评价方法主要有利润率分析法、盈亏平衡分析方法、边际分析法等。三种方法分别从三个角度进行衡量:盈利角度、保本角度、少亏角度。

1.利润率分析法(从盈利角度衡量)

利润率是反映一定时期内旅游企业的经营利润同经营收入、劳动消耗和劳动占用之间的相互关系，一般有资金利润率、成本利润率和销售利润率三个利润率指标，它们从不同角度反映了旅游企业的经济效益状况。资金利润率，反映了旅游企业的利润与资金占用的关系，说明旅游企业劳动占用的经济效益；成本利润率，反映了旅游企业利润与成本之间的关系，说明旅游企业劳动耗费所取得的经济效益；销售利润率，反映了旅游企业在一定时期内利润与收入之间的关系，说明旅游企业经营规模的效益水平。通过以上三率的分析，基本上反映了旅游企业的经济效益状况。各种利润率的计算公式如下：

资金利润率 = 总利润 / 资金总额

成本利润率 = 总利润 / 营业成本总额

销售利润率 = 总利润 / 销售收入总额

利润率分析评价的标准有行业平均指标和本企业历史发展水平，分别说明旅游企业在一定时期内经济效益的横向竞争力和纵向发展状况。资金利润率还可以与银行利率进行比较，若高于银行利息率则经济效益好，若低于银行利息率则经济效益差，从而可以看出该旅游企业资金占用的经济效益水平。

2. 盈亏平衡分析方法（从保本角度衡量）

盈亏平衡分析方法，又称量本利分析法，是对旅游企业的成本、收入和利润三者之间的数量关系进行综合分析，从而确定旅游企业的保本营业收入，并分析和预测在一定营业收入水平上可能实现的利润水平。基本要求是：在保证企业利润为零时，产品在既定的价格水平下，企业的销售量应该是多少。知道旅游企业保本点的业务量或收入额，就可根据下述公式的变换，对旅游企业的目标利润和目标收入进行分析。

因为，利润公式通常可以进行以下变换：

利润 = 销售收入 − 成本总额

= 销售量 × 销售单价 −（变动成本 + 固定成本）

= 销售量 × 销售单价 −（销售量 × 单位变动成本 + 固定成本）

= 销售量 ×（销售单价 − 单位变动成本）− 固定成本

所以，令利润为 0 时，保本时的销售量，即保本点公式为：

$$保本销售量 = \frac{固定成本}{销售单价 - 单位变动成本}$$

上述公式是指企业在没有缴纳税金的情况下，但在实践中，一些企业需要交纳营业税，公式不再叙述。

如某饭店客房平均单价为100元,单位成本40元,固定成本1 800元,则该饭店的保本销售量和销售额分别是多少?

保本销售量=1 800/(100-40)=30(间)

保本销售额=30×100=3 000(元)

3. 边际分析法(从少亏角度衡量)

边际分析方法一般用于判断衡量企业在无盈利的情况下,企业有无必要继续生产。一般说来,企业无盈利时,有时也可以在短时间内继续维持生产。这是因为尽管企业已发生亏损,但停产的损失可能更大,此时,就要用边际贡献分析法,来分析是继续生产还是停止生产。

边际贡献是指每增加一个单位销售量所得到的销售收入扣除单位变动成本后的余额,即不考虑固定成本情况下的企业利润。用公式表示为

边际贡献=销售收入-变动成本

=销售量×(销售单价-单位变动成本)

当销售收入大于变动成本时,边际贡献为正数,说明此产品的生产和销售有边际贡献,可以部分或全部补偿固定成本;若边际贡献大于固定成本,则说明企业有利润;当销售收入等于变动成本时,边际贡献为零,说明此产品的生产和销售只能补偿变动成本,无法补偿固定成本;当销售收入小于变动成本时,边际贡献为负值,说明此产品的生产和销售不仅不能补偿发生的固定成本,就连变动成本也无法补偿。

因此,在企业遇到暂时困难时,只要企业的边际贡献不小于零,也即是销售单价不低于单位变动成本,企业就可以暂时维持生产或经营活动,以便在生产经营活动中,不断寻求降低成本的方法,或等待市场条件的改善和市场机遇的出现,使企业渡过暂时难关。

如某饭店每间客房的变动成本为40元,现在,此饭店遇到一定困难面临亏损,希望通过降价,维持经营,则该饭店房价最低降到多少就绝对不能再降,否则就要意味更大的亏损。用边际贡献法分析,该饭店每间房价最多只能降价到40元,即等于单位变动成本,就不能再降了,否则,该饭店的边际贡献就要小于零,无法经营,选择停业。

(三)提高旅游企业微观经济效益的途径

企业的微观经济效益是由收入和成本的相互作用决定的,旅游企业要提高

微观经济效益，就必须从增加收入和降低成本方面采取相应措施，以努力实现经济效益的最大化。

1. 立足市场竞争，综合采取措施，以增加旅游收入

旅游收入的取得是旅游企业存在和发展的根本。在日益激烈的市场竞争中，旅游企业要想不断生存、发展，就必须努力从旅游资源和产品、旅游设施、服务质量和促销等几个方面综合采取措施，以提高旅游企业的市场竞争力。具体有如下措施：

(1)不断开发旅游资源，优化旅游产品。随着我国旅游市场的不断完善，旅游已成为人们日常工作和生活中一项必不可少的活动，不同的消费者文化层次和兴趣爱好不一样，其旅游的目的也不一样。因此，对旅游资源的开发需要注重深度和广度的开发，将文化、自然观光、娱乐、商务、外交有机地结合起来，运用科技手段，注重旅游资源的创新开发，以增强旅游资源的综合使用价值，尽量满足不同消费者的需求。

(2)强化旅游市场营销，扩大旅游客源。旅游客源是旅游企业取得经济效益的源泉。强化市场营销，既要有高素质的营销队伍，也需要有科学合理的营销手段，符合旅游者的旅游产品。加强市场调研，稳定国内旅游，开拓国际旅游。利用互联网进行旅游资源和旅游企业宣传，快速、准确、直观地传递旅游信息，吸引更多游客。

(3)运用现代管理手段，提高旅游服务水平。现代旅游是全球性的经济活动，在旅游企业经营过程中，旅游信息的传递、旅游市场的调研、旅游企业的内部管理都需要利用科学的管理工具，利用科学的管理技术。旅游服务能力的提高，才可以真正实现优质优价，在同等条件下，提高旅游产品单价，实现旅游经济效益的多重获利。

(4)强化促销手段，扩大旅游产品销售。旅游产品是服务型产品，拓展市场需要借助广泛的市场传播渠道进行宣传和促销。利用电视、广播、报刊及旅游商品展销会等形式已成为旅游企业进行促销活动的常用手段和旅游消费者获取信息的主要方式，同时各地政府普遍认识到借助重大政治、经济、体育、文化等活动，提高旅游资源的知名度，促进当地旅游业的发展也是一种直接有效的促销手段。如 2002 年海南博鳌亚洲经济论坛的顺利召开，使这一无名小镇在短期内迅速成为全国知名旅游城市；2008 年奥运会申办为北京旅游业的发展增添了一个新的亮点。

2. 立足成本预算，控制旅游成本，全面提高旅游企业经济效益

在日益激烈的市场竞争中，旅游企业要想获取和保持一定的市场份额，通常采取低价格的策略参与竞争，为取得良好的经济效益，就必须对其成本进行严格控制，控制成本就等于创造了收益。

(1)实行成本预算，控制成本费用的发生。旅游企业预算是旅游决策的具体化，是旅游企业控制生产经营活动的依据。旅游企业实行成本预算，首先，应根据企业发展的长期规划，依据市场发展状况和行业平均水平，对成本费用的发生制定一定的控制标准；其次，在成本费用发生的过程中用预算成本进行衡量，对于超出预算范围之外的成本费用的发生应尽量予以限制，同时不断检查预算的合理性，并适时进行修订；最后，对已发生的成本费用进行分析考核，评价成本控制业绩，为未来成本费用的合理控制做好积极准备。

(2)有效控制成本费用的发生，提高工作效率。旅游企业是劳动密集型企业，旅游企业职工的工作业绩直接影响企业的经营，为此旅游企业需要不断加强对职工的劳动技能、服务意识的培训，以提高职工的服务水平；完善职工工作业绩的考核制度，做到奖惩分明，以促进职工工作积极性的提高。为此，许多旅游企业的内部管理实行“成本否决制”，将成本预算指标层层分解，对成本费用超支的部门和人员进行惩罚，而对成本费用节约的部门和人员实行奖励，以有效控制成本费用的发生。

(3)健全成本控制制度，监控物资采购、领用全过程。旅游企业监控材料物资的采购需要同时评估采购价格和质量，避免以牺牲物资质量为代价盲目追求价格最低化，以力求所购物资的性价比最大；严格物资的领用手续，对物资的领取应有严格的批准制度，对物资的使用应有跟踪检查制度，对物资的报废应有严格的审批制度。

(4)进行税收筹划，实现合理避税。旅游企业在控制成本费用的过程中，在综合考虑国家税收法律规范的前提下，结合行业和地域特点，充分运用国家税收优惠政策，着眼于企业整体税负的降低，运用转移定价等方式，适时调整经营策略，以实现合理避税。

二、旅游宏观经济效益的衡量

旅游宏观经济效益衡量是指旅游经济活动对旅游业及全社会各方面产生的效益的评价。包括对旅游直接效益的衡量，也包括旅游间接效益的衡量。因此，研究旅游宏观经济效益不能孤立地研究旅游产业，还必须对相关的社会经济和生态环境进行分析和研究。

(一)旅游宏观成本

旅游宏观成本是指为开展旅游经济活动而形成的整个社会的消耗和支出，即旅游的社会总成本。包括旅游企业的各种支出和社会环境等方面的支出。除了旅游企业所发生的旅游经营成本以外，其它旅游宏观成本，可大致划分为有形成本和无形成本两大部分。

旅游有形成本是指为开展旅游活动而必须付出的直接成本，主要体现为经济上的支出。旅游无形成本是指为发展旅游业而导致社会、经济和生态环境等方面产生的消极影响，是为了发展旅游经济活动而支付的“间接成本”。

(二)旅游宏观收益

旅游宏观收益是指通过开展旅游活动对社会带来的成果和收益。不仅包括经济收益，也包括对社会文化的促进，以及对整个社会所带来的各方面的积极影响。具体说，旅游宏观收益有有形收益和无形收益。

有形收益是开展旅游活动而直接给社会带来的经济收益，可以统计测量出来。无形收益是发展旅游业给社会带来的文化、环境等方面的积极影响，一般难以测定量化。

表 9-2　旅游宏观成本与宏观收益

旅游宏观成本	旅游宏观收益
有形成本	**有形收益**
旅游吸引物的开发投入	旅游企业利润
旅游企业物化劳动与活劳动投入	旅游外汇收入
旅游基础设施的投入	各级政府税收
旅游营销活动的投入	相关部门、行业发展的收益
国际旅游业的外汇投入	旅游业与相关部门、行业就业机会
相关部门、行业的投入	**无形收益**
无形成本	促进地区产业结构合理化
旅游活动对生态环境的破坏	促进落后地区经济的发展
旅游活动对文物古迹的损伤	低机会成本的效益
对道德观念、社会安定的冲击	旅游活动带来的科技、经济、贸易成果
引起目的地的通货膨胀	自然景观的开发、历史遗产的发掘和开发
对原有经济结构的消极影响	文物古迹的修复和维护
高机会成本的损失	人民精神需要的满足
	人们消费结构合理化
	国际关系与世界和平的推动

(三)旅游宏观经济效益衡量方法

衡量旅游宏观经济效益的主要指标有：

1. 旅游总收入和外汇收入

旅游总收入是指通过旅游经济活动从国内外旅游者支出中所得的全部收入，是反映旅游产业发展的总体规模，考核旅游经济效益的重要指标。

旅游外汇总收入是国际旅游业经营活动成果的总体指标，反映旅游业创汇能力。

2. 旅游劳动生产率

旅游劳动生产率是指在一定时期内，旅游总接待量与旅游从业人员数量之比。可以与其他行业的劳动生产率加以比较，用以说明旅游业的经济效益状况，反映社会或劳动的节省。公式为：

$$旅游劳动生产率=\frac{旅游总接待量(人次)}{旅游从业人员数}$$

3. 就业机会是指旅游经济增长量与就业人数增长量之比

反映旅游经济发展为社会提供直接和间接就业机会的能力。公式为：

$$就业机会=\frac{一定时期旅游经济增长量}{同期直接、间接旅游就业人数增加量}$$

(四)提高旅游宏观经济效益途径

旅游宏观经济效益的提高，必须以建立健全旅游法规为前提，以旅游行政管理部门制定科学的旅游政策和实施合理的旅游决策为核心，采用集团化科学管理模式，同时规范和强化旅游高等教育，以有效保证我国旅游经济系统的正常运转。

1. 健全旅游法律法规建设

市场经济是法制经济，旅游企业的经济行为必须以遵循国家相关法律法规为前提，国家旅游法律法规的建立和完善，不仅可以规范和约束旅游企业的经济行为，杜绝非法经营，限制不正当竞争，而且可以合理保障旅游消费者的权利，维护旅游消费者的经济利益，为旅游市场的完善发展提供相关法律保障。

2. 搞好旅游市场综合平衡

国家有关部门要对旅游业的发展状况进行科学预测，制定出符合实际的旅游发展计划,用以指导旅游业的发展,定期发布预测信息,避免旅游企业盲目投资建设,造成旅游设施设备的总供给与总需求的不平衡,造成双重浪费,影响旅游经济宏观效益。如国家每年发布的黄金周旅游信息,对旅游市场平衡就起着非常重要的作用。

3. 提高行业服务质量

服务质量问题既与微观效益有关,也与宏观效益相关。一个国家旅游服务质量水平的高低,直接影响到一个国家旅游的形象和声誉,是一个国家旅游吸引力的重要组成部分。旅游服务质量越高,来该国旅游的游客就越多,反之则少。

4. 降低旅游业社会成本

旅游业社会成本是社会为发展旅游业所付出的代价。随着代价的增加,旅游业发展的阻力也在增加。社会成本包括自然环境的破坏、社会治安的维持、文化资源的保护等。任何经济的发展都会不同程度地影响社会、文化、自然资源,但可以采取有效措施,力求把不利影响降到最低程度,这是我们完全可以做到的。提高旅游宏观经济效益,降低旅游社会成本,首先,必须提高全民族环境保护意识,其次,要转变旅游发展观念,使旅游发展模式走向开发与保护并重的道路。

5. 规范旅游教育

旅游教育是不断提高旅游管理水平和服务水平的重要保障。规范旅游教育,需要不断提高旅游从业人员的文化素质和职业技能、不断提高旅游管理人员的组织能力和管理水平,并不断加强旅游职业道德教育,以增进旅游企业的竞争能力和经济效益。

在有效促进旅游经济效益提高的同时,还需要综合考虑旅游社会效益、环境效益的统一,以实现旅游可持续发展。

表 9–3 旅游账户占国民账户百分比

项 目	2002	2003	2004	2005	2006	2007（预测）	2017（估计）
个人旅游	9.78	9.65	9.94	9.85	10.01	10.10	11.51
政府支出	3.74	3.75	3.77	3.80	3.82	3.84	4.02
资本投资	9.63	9.68	9.91	9.88	9.80	9.82	9.93
出口	9.70	7.67	8.02	7.63	7.11	6.77	6.32
旅游进口	7.69	6.34	6.20	5.95	5.64	5.41	6.45
旅游业总计(仅限直接影响)							
就业	2.12	1.90	1.98	2.05	2.11	2.15	2.21
国民生产总值	2.67	2.39	2.49	2.50	2.47	2.49	2.66

续表：

项 目	2002	2003	2004	2005	2006	2007（预测）	2017（估计）
旅游经济总计（直接和间接影响）							
就业	7.31	7.30	7.88	8.46	9.02	9.40	9.20
国民生产总值	10.23	10.18	10.88	11.42	11.86	12.23	12.12

资料来源：WTTC 2007 Tourism Satellite Accounts Country Report China

分析问题：(1)旅游卫星账户报表中为什么分旅游业统计指标和旅游经济统计指标？

(2)表中各项指标反映了什么规律？试以就业指标说明旅游对经济的影响？

复习思考题

1. 如何理解旅游经济的地方影响和国家影响？
2. 旅游经济影响分析方法有哪些？
3. 简述旅游卫星账户特点？
4. 我国建立国家旅游卫星账户有何意义？
5. 影响旅游经济效益因素有哪些？
6. 旅游微观经济效益衡量方法有哪些？ 如何衡量？
7. 联系实际谈谈如何提高旅游宏观经济效益？

主要参考文献

郭春洋，单纬东. 旅游学教程[M]. 广州：华南理工大学出版社，2005.

高敏学，李静萍，许健. 国民经济核算原理与中国实践[M]. 北京：中国人民大学出版社，2006.

罗明义. 旅游经济分析：理论·方法·案例[M]. 昆明：云南大学出版社，2001.

李仲广. 旅游经济学模型与方法[M]. 北京：中国旅游出版社，2006.

李肇荣. 旅游经济学[M]. 北京：高等教育出版社，2003.

张晓鸣，保继刚. 旅游区域经济影响评价研究述评[J]. 桂林旅游高等专科学校学报，2004.

周振东. 旅游经济学[M]. 大连：东北财经大学出版社，2002.

第十章
旅游发展中的政府

政府在旅游业发展中扮演着重要的角色，发挥着重要的作用。了解政府在旅游业发展，尤其是旅游经济中的作用，是旅游经济学的重要研究内容之一。

通过本章的学习，主要了解市场失灵的原因，理解政府进行市场干预的原因、必要性；熟悉旅游规制的特点和原则，掌握政府旅游规制的基本手段；理解旅游行业管理的主要内容、特征及手段，了解各国旅游行业管理模式；理解政府对价格管理的形式；熟悉政府对旅游价格的监督和检查的组织形式。

第一节 市场失灵与政府干预

在经济运行过程中同时存在着市场行为和政府行为，这两种行为之间的关系一直是经济学者争论的焦点。有人认为，既然市场在我们社会主义市场经济运行中起到对资源的基础性配置作用，旅游经济运行所需要的资源就可以通过市场交易来实现，并且能实现资源的有效的利用，那么政府就不应该对旅游经济活动有任何干预，旅游经济运行应该完全由市场机制来配置资源；但是，市场机制完全发挥作用是在市场能充分竞争的前提下完成的，而现实中任何国家的市场经济都不可能完全满足这个前提条件。因此在一个不完全竞争的市场体系中，市场也会出现失灵的现象。因此，由于市场本身固有的缺陷——市场失灵，仅仅通过市场机制是难以有效完成旅游资源的配置，只有通过政府的干预才能使得旅游经济的运行更加有效率。

一、市场失灵

现代经济学之父亚当·斯密在其著作《国民财富的性质与原因的研究》中提出"看不见的手"原理,认为市场就是一只看不见的手,通过各个方面的作用配置资源,他极力反对政府干预市场行为。他的理论经过穆勒、马歇尔、凯恩斯和希克斯等人的发展和修正,已经成为比较完善的一套现代经济学理论体系。现代经济学的基础包括一个前提和三个假设,一个前提是资源的稀缺性;三个假设分别是:假设消费者是完全理性和利己的,他追求自己效用的最大化;假设厂商也是完全理性的,它也追求自己利润的最大化;假设市场是完全竞争的。也就是说,市场上没有哪一个供货商能够可以自己定价,他必须被动的接受市场的价格。在这个理论框架下,一切经济中的问题都可以用市场机制自行解决。那么市场机制是通过什么工具来发挥作用的呢?这个工具就是价格机制。市场通过价格机制来完成对资源的有效配置,使得有限资源达到最佳使用状态。例如,在旅游旺季中,旅游的需求比较旺盛,景点(区)的门票价格可以定的比较高来缓解景点(区)的接待压力;而在淡季由于旅游需求比较疲软,那么景区的门票价格就定的比较低以吸引更多的旅游者来旅游,减少旅游资源空闲的浪费。这门票价格的一高一低有效的调节了旅游经济活动的运行。看起来,市场自己能够运行的很好,不需要任何外界力量干预。当初,亚当·斯密就是反对政府干预的,他主张政府只充当市场运行的守夜人就可以了,不需要有任何动作。但大量的市场经济运行实践表明,市场这只"看不见的手"有其能,也有其不能。一方面,市场机制是人类迄今为止最具效率和活力的经济运行机制和资源分配手段,它具有任何其他机制和手段不可替代的功能优势;另一方面,市场机制也有其局限性,也有其固有的功能缺陷,这个缺陷靠市场自身是难以克服的。完全摒弃政府干预的市场调节会使其缺陷大于优势,导致"市场失灵",因而必须借助凌驾于市场之上的力量——政府这只"看得见的手"来弥补市场失灵。

在现实旅游经济活动中,也确实存在市场失灵现象。设想在某一山区有非常美丽的旅游资源,但是没有方便的交通基础设施直接到达此旅游地,游客就不太愿意去此处旅游消费,那么当地的旅游经济就无法发展起来。可以肯定的是旅游者和旅游企业是不会通过谈判来完成这个交通基础设施,那么就有必要引进一个外部主体——政府来解决这个问题,即由政府牵头筹资进行基础设施建设。诸如此类的市场自身无法解决的问题在旅游经济活动中是普遍存在的,因而便引出了政府干预市场的问题。

二、市场失灵的原因

虽然市场机制是迄今为止最具效率和活力的运行机制，但是它本身也有其不可克服的缺陷——市场失灵。市场失灵的原因非常复杂，但是总结起来，主要有以下几种：

(一)信息的不对称性

在旅游经济活动中，各个主体虽然理性的追求自身利益的最大化，但是不可能像经典理论中假设的那样是无限理性、能了解和掌握市场中的全部信息，而是部分理性的。面对旅游市场上浩如烟海的信息，由于各种原因，旅游消费者不可能在收集、传递、处理和分析信息等方面都做的很好；而同样对于旅游经营者来说，面对瞬息万变的旅游市场，面对由不同旅游个性需求所组成的总体市场需求，也是不可能全面掌握各种与自己经营活动相关的所有信息。另外，市场是瞬息万变的，市场环境是不确定的，在这样的情况下，即使旅游经济活动的各方开始时是了解市场信息的，在不确定的市场环境中也会造成对新信息和知识储存的不完备。在此种情况下，旅游市场主体各方的经济行为就存在一定盲目性。

(二)旅游企业的自然垄断性

经典的市场理论中市场充分发挥作用的一个前提假设就是市场必须是完全竞争的。因此，既然市场不能完全解决所有问题，那么不能解决的那些问题就必须有外来力量来解决，这时候政府的作用就开始显现了。比如，旅游景区景点企业、为旅游企业提供基础供应服务的气、电、水、邮电服务的企业具有一次性投资很大但边际成本很低的特点。由于这些企业具有市场垄断的特点，追求利润最大化的动机使得这些企业定价不是按照边际成本，而是高于边际成本进行定价，则接受旅游服务的消费者就不能以较低的价格接受服务，这样旅游资源就不能得到有效利用，即市场失灵了。

(三)公共物品的存在

在经济学中，根据物品的性质把物品分为公共物品和私人物品。如旅游目的地的旅游环境、形象和通往旅游目的地的交通基础设施等等都是公共产品。无论对旅游企业还是对旅游者个人来说，良好的旅游目的地环境、形象和便利的交通都是旅游目的地发展的必要条件。而提供这些公共物品需要付出一定的成本,比如,通往旅游目的地的高速公路的建设,景区的公共设施的建设、维护和管理,景区的环境保护等等。这些成本需要旅游活动的收益各方共同承担,但是,由于公共物品的特性,它们在建成之后,不论旅游活动的参与各方是否承担了成本,都能从中获得一定的收益。因此,旅游活动的各方都想占这个便宜,不愿意提供这些公共产品。在这个意义上,市场机制就失灵了,不能很好的发挥其配置资源的作用。

(四)外部性的存在

经济外部性是指经济主体(包括厂商或个人)的经济活动对他人和社会造成的非市场化的影响,分为正外部性和负外部性。正外部性是指某个经济行为个体的活动使他人或社会受益,而受益者无须花费代价;负外部性是指某个经济行为个体的活动使他人或社会受损,而造成外部不经济的人却没有为此承担成本。换句话说,外部性就是市场价格没有完全反映市场交易的额外成本或者收益。假设某景区 A 有一个大型酒店 B。对于景区 A 来说,酒店 B 是个经济独立的单位,它无法控制 B 的经营行为,但是对其经营收入有重要影响。正是因为景区的存在吸引了大批游客,才使得 B 能够获得收入,产生利润;没有景区 A 的美丽景色,酒店 B 很难经营下去。所以对于 B 来说,A 对其有正的外部性,它能正面影响酒店 B 的收入,而不需要酒店 B 付出什么成本,也就是说酒店 B 搭了景区 A 的便车。相反,如果 B 产生的废气垃圾得不到正确的处理,而直接排入 A 景区,则破坏了景区的环境,那么景区必须花成本去改善环境,否则它的接待量会下降。因此,对于景区 A 来说企业 B 的经营对其经营形成一种负的外部性,即是一种外部不经济性。在旅游经济活动中,无论是旅游者还是旅游经营企业,当受到外部影响产生了收益时,便是外部经济性;如果受到外部的影响而产生了外部成本,便是外部不经济性。外部经济性和外部不经济现象都存在于旅游经济活动之中,是旅游经济活动经常性的表现。

市场失灵所引起的问题,单单依靠市场机制是无法解决的;在此情况下,市场无法充分发挥它应有的作用,不能有效配置资源;必须引入政府的力量才能克服市场失灵这一致命缺陷。

三、政府干预的必要性

虽然市场机制在旅游资源配置中起到了非常重要的作用，但是它也不是万能的；由于它本身固有的缺陷，也就是所谓的市场失灵，许多问题（例如信息不对称、自然垄断、外部性以及公共物品）不能解决，结果导致旅游经济活动不能按照资源的最优配置运行。为了保证旅游经济资源的有效率配置，有必要通过政府对旅游经济行为进行干预，使得旅游经济活动有序、有效的运行。

政府干预是指政府以管理者的角色，通过采取一系列有效的规制措施对旅游经济活动给予某种程度的干预，使得旅游经济运行和发展符合预定的目标。政府干预不是对具体活动的指挥和控制，而是在宏观总体上的一种综合调控。在我国，宏观调控是政府调控经济的一种常用手段，对旅游经济运行实行总体或总量上的调控，如在我国旅游地区结构中，针对西部地区旅游经济和东部地区旅游经济在总量上的不平衡，政府采取了一系列措施来发展西部的旅游经济。政府干预则不仅仅是宏观的调控行为，它涉及范围比宏观调控要广泛的多，其手段不仅仅限于经济手段，也有行政手段和法律手段。

进行政府干预是与我国当前的国情相联系的。我们还处于社会主义初级阶段，我国的旅游经济是在社会主义制度下建立起来的，国有企业和公有财产是我国经济制度的基础。从这个意义上说，政府干预也是维护和发展社会主义经济制度基础的一个手段。此外，我国的旅游经济是在改革开放之后才轰轰烈烈发展起来的，经历的时间还比较短，市场机制不成熟，市场秩序不健全，市场机制的功能还不能充分发挥作用。在这种情况下，如果完全由市场调节旅游资源，不仅不能实现旅游资源的有效配置，还可能引发旅游经济运行出现一些不可预料的问题。

旅游市场本身所具有的特点也决定了必须有政府的干预旅游经济才能沿着正常的轨道运行。众所周知，旅游经济是一个综合性的经济现象，旅游经济体系所涉及的范围非常广，涉及很多行业和地区；同时，旅游经济运行所必需的一些公共物品，市场是提供不了的，必须借助政府的力量。比如旅游目的地形象，它是旅游经济运行中的一个重要因素，是引起旅游行为的主要力量。因为旅游目的地形象的好坏直接影响到当地的游客数量，而游客数量的多少则会影响旅游目的地的所有旅游企业的经营状况。由于旅游目的地形象具有公共产品的性质，在市场机制下，每个企业都是追求自身利益最大化的，他们谁也不可能自己掏钱去宣传目的地形象而让其他人也受益。另外，旅游目的地形象的好坏也关系当地经济的发展状况，所以对于目的地形象这一公共产品就不能依靠市场的私人行为提供，而是要通过政府提供。

政府干预的主要内容有:培育旅游市场体系;弥补市场不足,向市场提供公共物品;出台一些政策规制,规范和完善旅游市场交易秩序。我国旅游市场起步较晚,处于初级不发达阶段,市场发育还不完善。为了加速旅游市场体系的建立,必须由政府出面清理旅游市场成长中出现的市场主体缺位的障碍。为发展旅游经济,必须培育旅游市场体系,完善市场主体和客体,避免主体缺位。有一点必须明确的是,政府的干预是对旅游经济总体的干预而不是对旅游经济活动中某个市场主体干预,也不是对从事旅游经济的个人进行干预。政府不应该仅仅是一种发布行政命令的角色,应该是一个服务于市场的角色,只能做一些职能范围内的事情,比如,调节旅游市场供给和需求的总量平衡、提供一些景区硬件建设、基础交通设施的建设、旅游目的地形象的宣传、规范旅游市场秩序等等。

四、政府对旅游经济发展的宏观、微观调控

(一)微观方面

政府在微观方面的作用,主要是利用一些行政手段进行市场调节,体现在以下三个方面:

价格规制。本来价格就是起调节市场作用的一个有效杠杆,需求高峰就应该是价格高峰,这不仅合理,而且公平。但是,由于旅游景区具有自然垄断特征,为防止景区经营者滥用其垄断地位损害消费者的利益,以及一些地方在旅游旺季时不对旅游产品的性质(如公益性、经营性、保护性等)进行区分,胡乱涨价而服务质量却在下降的情况,政府需要对景区实行规制。

外部不经济现象的校正。这一点在我国的假日旅游经济中表现最为明显。长假中,因旅游者过多而导致景区拥挤不堪,极大损害了旅游者的旅游体验。此外,外部不经济还表现在旅游污染严重,对旅游地的环境、居民的工作和生活造成破坏,政府必须采取必要的应对措施去校正这些外部不经济的现象。

质量规制。对于旅游企业缺乏诚信、旅游服务质量下降等情况,要有效实施质量保证金制度,健全质量监督体系,并进一步完善旅游交易合同制度。加快制定和实施旅游服务标准和相关法律法规。目前已有《旅游景区服务质量标准与操作规范》,还需要制定更多的服务标准。对旅游景区,可采取限制游人数量的措施,确保其旅游质量。要打击假冒伪劣,查处违法经营者,整治企业的失信行为。如政府于 2002 年上半年开始进行旅游市场“打假打非”专项整治,旅游市场秩序

和环境有了比较明显的改善。提高旅游质量，政府还需要在质量规制上做更多的工作，规范旅游业提供的服务。

（二）宏观方面

政府在宏观方面的作用，主要体现在利用一些宏观层面上的工具从总体上调节和维护旅游市场，其作用体现在以下四个方面。

提供基础设施保障。通往旅游目的地的高速公路的建设，景区的公共设施的建设、维护和管理，景区的环境保护等因素都是旅游经济活动中的关键因素。无论对旅游企业还是对旅游者个人来说，良好的旅游目的地环境和便利的交通都是旅游经济发展的必要条件。而这类产品都具有公共物品的性质，提供这些公共物品需要较大规模初始投资和较长建设周期的投资。这些仅仅靠市场机制是无法完成的，必须借助于地方政府强大的行政职能来完成。

政策调节。政策调节是根据经济形势的变化，相应采取举措从总体上保证旅游经济的平稳运行，降低旅游产业经济发展过程中的过度波动。比如，2003年五一期间，由于“非典”的影响，旅游业遭受重创，政府在此期间，运用财政政策进行调节，国家相关部门就出台了相关措施，对受“非典”疫情直接影响比较突出的旅游、民航等行业实行营业税、公用事业附加、养路费、客运附加费等的税费减免政策。在经济过冷时期，政府增加开支，减少财政收入的政策能帮助危机中的旅游业渡过难关。另外，通过加强旅游经济立法，建立市场规划和实施反垄断法，保护市场竞争机制，让价格机制发挥最充分的资源分配作用。这些是保证市场机制充分发挥作用的关键。

提供信息。目前旅游市场上，仍然存在着盲目出游的现象，特别是在假日期间，服务信息不灵是导致旅游者盲目出游的主要原因，信息不对称性使得市场中的各个主体没有能力了解和掌握市场中的全部信息。有关部门在加强宣传引导的同时，有必要建立旅游信息统计发布制度，增强信息的透明度。

旅游发展规划。政府干预的其中一个措施是制定旅游发展规划。事实证明，只有政府制定并执行的具有宏观意识、科学精神与发展步骤的旅游发展规划，才能保障本地区旅游业健康有序地发展，有效地防止旅游开发中低档次重复建设的盲目行为、急功近利的短期行为、滥开乱挖的破坏行为。

第二节 旅游规制

关于何谓"规制",从目前我国学界的研究来看,对使用规制还是管制一词,尚无达成一致共识。无论是规制还是管制,都来源于英语中的 regulation 一词,只是翻译不同。关于规制的认识,理论界大致有两种泾渭分明的观点。芝加哥大学的斯蒂格勒(Stigler)教授认为"规制是产业所需要的并为其利益所设计和主要操作的法规",其中心思想是政府规制产生于特殊利益集团的需要,因为这些集团有强大的势力(政治上的、经济上的、甚至文化上的)和强烈的动机寻求政府的所谓规制来维持自身的优势。这种观点对一些特定的经济性规制,如我国对铁路、电信、电力的进入规制和价格规制,确实有很强的诠释力。而布雷耶(Breyer)认为政府规制是对市场失灵或缺陷的响应, 即通过一定的和适当的政府行为提高资源分配效率以增加全社会的福利。

一、旅游规制概念

在市场经济条件下,旅游规制的产生与市场失灵相联系。鉴于旅游业具有综合性、配置性和服务性的特点以及国民化的趋势,我们认为对旅游规制的定性应倾向于后一种观点, 即旅游规制是从维护旅游者的公共利益和国家的整体利益出发,纠正或缓解市场失灵与市场缺陷带来的不经济和不公正,从而维护行业经济和社会秩序的稳定、增进所有旅游者的福利水平。旅游规制是弥补市场不足的重要治理工具,也是建立和完善旅游市场竞争秩序的主要手段和有效方法。

二、旅游规制的必要性

总体上,旅游规制的必要性主要表现在经济性和非经济性两个方面。

从经济性上来说, 旅游的诸多方面无论从其内部还是外部来说都具有很强的公共物品属性和外部性。这主要表现在四个方面,一是旅游地的形象建设;二是旅游产品相关领域的文化塑造;三是进行产品创新、市场开发培育和市场秩序维护;四是环境保护和一些公用、基础设施的建设。以上几方面,第一、二、三方面具有外部性,第四方面具有或部分具有公共品属性。对于具有外部性的行为,如果任由旅游市场自行作为,其结果将是个"智猪博弈",即中小旅游企业坐等大集团大企业培育旅游市场、维护与建设旅游目的地或客源地形象和开发各种新旅游产品,而自已却不花成本或花极少的成本搭便车、跟风、模仿甚至是非法或恶意“克隆”大企业集团的成果,而这非常不利于市场的健康成长。在我国国内游市场开始火爆时,旅游企业间一度盛行的杀价(过度)竞争就是一例。而对于公共品,必须对其产权进行排他性界定,否则将会形成“公地悲剧”,即不是自己的东西大家都来使用,而没有人去建设和维护,进而会导致对该资源的过度使用。但是,如果完全由(私人)厂商来提供公共品,博弈的均衡解将是:公共品的供给小于帕累托最优供给,也就是说由私人提供公共品将造成供给不足。如:由与景区有关的所有旅游企业来提供对景区的环保会出现治理不力的情况,只有政府规制的介入才能有效的解决公共品的供给。有一些公共或基础设施,兼有公共品和私人物品的特征,被称为俱乐部物品,如公园门外的停车场,城市内的主题公园,既给所有者带来好处,也给周围的非所有者带来便利,为了保证或提高俱乐部物品使用的效率,最可能也常常是最有效的办法是通过某些制度安排以实现其排他性消费。政府通过法规、条例、政策或调解来界定公园外停车场对周围各单位的影响,常常是一种较为有效的可供选择的方法。

信息不对称在旅游市场上普遍存在也是政府对旅游行业进行规制的一个原因,由于信息不对称而产生的问题给旅游经济健康成长带来了障碍。如景区为了确保承载力范围内的环境质量,用提高门票价格的方法来限制游人数量,但限制的往往正是那些有环保意识、消费少、污染少的游客群,进入的反是那些本就无环保意识、有经济实力消费更多从而产生更多废弃物的游客群。在旅游经济运行中常存在“道德风险”问题,由于旅游产品生产与旅游消费具有同步性,旅游产品供给方又处于信息优势,因此质量差的供给方易于通过各种媒体渠道发布虚假广告信息做出过多的承诺,以骗取不知情旅游消费者使用其提供的服务,这种行为严重扰乱了市场秩序,会对旅游消费者造成经济和心理上的伤害,甚至还会损坏旅游目的地的形象。不幸的是由于信息在传递过程中,信息渠道,信号质量传递时滞等因素的影响,这种“道德风险”类的信息不对称很难通过市场机制彻底根除。因此,为了减少旅游市场上的信息不对称,节约旅游厂商和旅游者的交易成本,引入政府规制的行为是必要的,政府通过一定的制度安排使得信息透明化,既直接迅速又具有事前性和经济性。这几年我国“黄金周”的旅游信息预报制度的不断发展和完善以及它给旅游经济体带来的便利和协助就是例子。政府部门通过一些有效的措施建立信用体系减少信息不对称并优化旅游市场的秩序和风气,以最小的成本提升旅游经济发展水平。

从非经济性上来说，政府对旅游经济进行规制与社会的道德价值体系和政治现实有关。旅游活动和其他一切经济活动一样，体现了一定的民族性，包含有国家利益，同时还是一种彰显文化和社会价值观念的活动。旅游业的发展既要在宏观上承担宣传与维护国家形象、传达国家民族的经济、社会价值信息和沟通国际文化、政治、经济交往的责任，还要在微观上兼顾民风民情、社会治安、市容市貌和人文环境的要求。这些都超越了旅游经济的市场主体自发运作的范围，须经由政府的规制来协调与规范。在现实条件下，市场精神和准则如果不受任何约束和引导，其产生的逐利竞争的无限发展势必导致市场秩序的极度紊乱，因此必须由政府来约束和规范市场。我们国家提出的“以德治国”的方略不仅仅是个政治方针，它更多地是含有极深刻的经济学上的道理，从而会给整个社会带来巨大的经济收益。道德体系的建立不会在市场机制内自动形成，但完全可以经由政府通过适当的制度安排在市场机制下达成。政府在道德体系方面规制旅游市场健康运行的必要性也在于此。

此外，对于像我国这样从政府直接管制经济中走过来的旅游业而言，旅游规制不仅表现在政府对旅游经济的干预，在我国的现实国情下，它更表现于对以往行政主管部门直接管制旅游经济的松绑、对行政垄断和政企不分的破除、对主管部门寻租等公共失灵的纠正。

三、旅游规制的特点和原则

在市场经济条件下，旅游规制的产生与市场失灵相联系，政府通过规制以矫正和改善市场机制存在的缺陷。旅游规制反映了市场机制、行政机制和法律机制的基本性质和基本属性，它是通过政府制定的各项法律条例和各项管理制度实现的。

（一）旅游规制的特点

旅游规制带有很强的行政色彩，是旅游经济正常运行的外部保证，具有三个方面的特点：

首先，旅游规制具有强制性。旅游规制是政府为规范旅游市场，按照旅游市场运行的要求制定和颁布的法律或者行政规章，它反映了市场机制、法律机制和行政机制的作用力，是政府依靠自己所掌握的权力强制执行的，具有强制性，市场中的任何经济活动的相关者都不得违抗必须无条件服从。其次，旅游规制具有综合性。如前所说，旅游经济是一个综合性的经济现象，旅游规制是由各种规章条例组成的一个复杂的具有强制性的完整体系。它不仅包含政府对旅游经济宏观方面的调控规制，也包括为保证企业正常运转所需要的企业管理规制，既有行政性的，也有法律、经济性的规制，各种规制混合在一起相互作用相互联系，共同促进旅游经济的正常运行。最后，旅游规制具有相对稳定性。旅游规制是根据一定时期旅游市场运行条件和环境要求制定的，符合市场经济发展规律的，具有稳定性。只有市场运行的环境和条件发生了根本性的变化，市场规制才会随之发生改变。

(二)制定旅游规制应遵循的原则

旅游规制应符合市场经济发展规律。政府干预是弥补市场机制失灵的一个有效的工具，市场机制又在旅游资源分配中起基础性作用，所以旅游规制的制定必须按照旅游经济运行的目标，必须符合市场运行规律，不能只凭一时之好。政府的干预必须考虑市场发展的实际情况，脱离了市场基础上的政府干预不仅不能帮助旅游市场正常运行，还会“越帮越忙”。

旅游规制要边界明确。众所周知，市场机制和政府干预是相辅相成的，它们在各自的领域内发挥作用。政府干预发挥作用也必须在一定的范围之内，不能越权，如果政府干预了不该干预的事情，那么市场可能会产生混乱。同样，如果旅游规制的边界模糊，会使规制在执行过程中产生大量的管理成本，降低规制的效果，甚至还会对旅游市场的运行产生负的效果。

旅游规制要有系统性。旅游经济是一个跨行业、跨地域、跨部门综合性的现象，所以旅游规制也要符合旅游经济的性质，避免规制中职能单一和职能分裂。旅游规制部门对旅游经济中的价格、环境和社会承载能力进行管理，如果其本身不参与市场进入、需求管理和运作成本的控制，那么就会形成与被规制企业之间的信息严重不对称的局面，在此种情况下，政府规制难免存在盲目性，进而违背市场规律。因此，规制的系统性是必须的。

规制的制定要遵循公正透明的原则。旅游规制是政府规制的一种，政府规制政策的形成是一个交易过程，即旅游规制的需求方(旅游消费者)和被规制方(各旅游企业)之间在政府的主持下讨价还价的过程。由于被规制方的经济能力和市场影响力比规制需求方强，所以被规制方可能比一般消费者更能影响政策的制定。因此，旅游规制政策的制定必须遵循公开透明的原则，以维护旅游经济中的各个利益方的利益。

四、我国旅游规制现状

总的看来,我国旅游业从发展初期到现在,就规制的旅游市场法规、条例、规定等而言就有40余个,加上一些地方性法规和扶持政策,在范围上已涉及到旅游业的各个领域。这些规制措施在促进旅游业发展、调整旅游业结构、规范旅游市场、解决旅游纠纷、保护旅游法律关系主体各方权利义务,以及减少旅游开发与经营过程中的外部负效应等方面起到了一定积极作用,使我国的旅游业步入快速发展道路。

当前,我国旅游行业的专业管理组织体系还在完善过程之中,管理权威缺乏行政性资源的支持,所以我国的旅游规制带有"弱权威"的特征。当前我国的旅游规制所使用的主要工具还是行政手段。具体有:法制工具、审批工具、检查工具、政策工具等。需要指出的是,这些政府干预工具弥补了市场机制的不足,改善了我国旅游经济的运行情况。另外,伴随我国经济体制改革和政治体制改革的深入,旅游规制的实施环境也得到了改善。

但是,我们也必须清醒地认识到,我国的旅游规制建设中还存在一些问题。

首先,长期计划经济体制的惯性使得当前政府管理部门的本位主义依然存在。当前条件下,部门之间的权责还不是非常清楚,使得在一些事情上存在扯皮现象。比如,对景区的环保治理除了景区的管理部门之外还有环保局等政府相关部门,这些相关部门相互争夺管制权的博弈必然影响旅游规制效率的发挥。其次,与西方发达国家的旅游行业的发展相比,我国的旅游行业发展的时间不是太长,加之我国的体制改革和机构改革还不完全到位,地方保护主义依然存在。地方旅游管理部门在业务上与上级旅游部门联系,但是行政上仍然受到地方政府的管辖。地方政府也有其自身的利益,因而不管从经济上还是政治上都难以做到全行业视角上的公正和有效。此外,旅游行业管理的"政出多门"也是一个到目前也没有解决的问题。第三,我国旅游行业的规制方向还有待调整。旅游行业市场秩序比较混乱,虽然总体上说,我国旅游行业的增长速度保持两位数增长,但是许多旅游企业的利润率却持续下滑。酒店业开房率和价格都在不同程度的下降,淡季的情况更是惨不忍睹,旅行社在恶性的削价竞争中效益持续下滑。究其原因,除了旅游企业自身管理水平有待提升之外,就是我国的旅游行业的规制不够完善。可见我国的旅游规制的健全和发展还有一段很长的路要走。

目前,我国的旅游产业仍处于由计划经济体制向市场经济体制过渡时期,市场机制正处在完善之中,还难以带动产业迅速形成规模经济,因而必须发挥政府在产业发展中的积极作用。有一点必须明确,政府在旅游产业中不是扮演市场的替代者,而是扮演市场规制制度的导入者和市场体系的完善者的角色。因此政府必须采取适当的规制方法,以实现政府管理目标。

第三节　旅游行业管理

我国旅游行业的全面管理工作,大体上是从1985年起步的。当年国务院发布了《旅行社管理暂行条例》;随后,1986年北京市旅游事业管理局推出了一整套行业管理的办法;1988年,国家旅游局推出了星级评定制度;加入WTO以后,国家为了加强旅行社对外开放与国际接轨,于2001年12月11日颁布了新修改的《旅行社管理条例》,并于同年12月27日又颁布了新的《旅行社管理条例实施细则》,之后又陆续完善和颁布了一些条例等来规范旅游行业的管理。

一、旅游行业管理概念

旅游行业管理的目的是为了培育旅游市场机制，建立旅游市场运行的游戏规则,维护旅游市场秩序。总的来说,旅游行业管理就是政府运用自己的权力,通过规划、法律政策引导市场趋势,建立市场规则,进而协调监督维护市场秩序、规范企业行为、维护旅游者的权益,为旅游产业的快速、健康持续发展树立良好的形象,创造良好的经营环境。它不仅包括一般意义上对旅游饭店、旅行社和旅游车船公司的管理,也包括虽然土地使用不属于旅游行业部门管理,但其土地上能吸引大量旅游者进入活动的一系列景区、景点和场所的旅游行政管理。如各级风景名胜区、国家森林公园、已经开发旅游的各级自然保护区、有大量旅客前往参观的各级重点文物保护单位和宗教活动场所、各投资实体开发的旅游娱乐场所和主题公园等。

二、旅游行业管理特征

旅游行业管理涉及到旅游行业的各个方面，产业本身的性质和行政管理部门的性质都将对行业管理产生决定性的影响。结合我国当前的旅游经济运行实际情况,旅游行业管理的特征主要表现为以下几个方面:

(1)旅游行业管理要素有很强的综合性。旅游行业是一个综合性极强的经济体系,它所涉及的要素(食、住、行、游、购、娱)使得旅游行业管理的复杂性加大,这些管理要素的多元性、分散性决定了旅游行业管理的综合性。

(2)旅游行业管理基础的脆弱性。我国旅游经济是在计划经济体制的基础上发展起来的,带有很强的行政管理痕迹。由于旅游行业的特殊性使得旅游管理部门具有综合性的特征而没有综合部门的权威。旅游管理部门是个专业经济管理部门,但是它的各种管理功能都不健全,专业管理体系还没有建立起来。虽然在政府管理格局中旅游主管部门是一个职能部门,但是旅游部门没有职能部门的管理手段。这种状况使得旅游部门对旅游行业管理的难度非常大,所以旅游行业的管理基础是十分脆弱的。

(3)旅游行业管理的服务性。在行政规制中,行政性资源如审批权是非常重要的。由于种种原因旅游部门所得到的管理权力只有旅行社的审批权,其他领域还没有得到行政授权。虽然政府干预是一种自上而下的行政性行为,但是其干预要符合市场规律。因此,旅游部门要更好的对旅游行业市场进行管理,就必须摆正自己的位子,要树立为旅游市场服务的精神。把旅游行业管理工作做到位,给旅游企业带来实实在在的利益,旅游企业才会承认管理部门的权威。只有这样,政府规制才能更好的发挥其对市场运行的调节作用,维护旅游市场正常运行。

(4)旅游行业管理的政策性。旅游行业具有很强的综合性和复杂性,旅游管理部门与国家相关部门之间存在一个管理权的交叉问题,对于一些旅游活动管理权的界定和归属需要表现出很强的政策性。

(5)旅游行业管理幅度的宽泛性。旅游消费者的旅游活动涉及多个部门的复杂过程。由于许多旅游问题的管理存在政出多门的现象,所以在某种程度上,可以认为旅游管理部门的主要工作是进行部门之间的协调。在理论上,政府各个部门在宏观经济管理、行业部门管理、职能部门管理上有比较明确的分工,但是在实际操作中,往往涉及权力和利益问题。各个部门争夺权力和利益的过程中形成非常复杂的关系,造成中央一级部门协调工作的困难。

(6)旅游行业管理的动态性。任何事物的发展都是一个长期连续的过程,旅游行业管理要做许多工作,开始时要做市场引导和和开拓,需要采取一些措施让市场接受旅游市场运作模式,进而形成一套能够保证市场正常运行的日常性工作。此外,旅游行业管理工作涉及到旅游企业的运行全过程,旅游企业运行本身就是一个动态的过程。因此旅游企业管理自然具有动态性的属性。

三、旅游行业管理手段

经过前面几节的分析可以看出，旅游行业的管理主要是用行政性手段。在社会主义市场经济制度下，要想有效的管理旅游行业，使其按照正常的秩序运行就必须要有有效的管理手段。根据经典的市场经济理论，在市场经济条件下，各个市场主体都是理性的，都追求自身的利益最大化。有些时候，旅游企业为了追求经济利益最大化，可能采取一些非常规手段，这可能造成市场秩序的混乱。为此，政府必须采取一些手段来规范市场。政府规范旅游行业的主要手段有行政、经济和法律三种基本手段，具体来说有以下几种：

（1）法规手段。社会主义市场经济是法制经济，规范市场不能只靠主观愿望随性而发，必须有正规的程序规范才行。因此，规范旅游市场必须通过法律规范、政策规范和技术标准来实现；其中法律规范的约束力最强，是刚性约束。尽管我国大部分省、自治区、直辖市都已制定了旅游地方性法规，很多城市也制定了地方性法规和规章，国务院也对《旅行社管理条例》作过修订，但我国至今没有一部综合性旅游基本法。在旅游市场上，旅游纠纷不断产生，现有的旅游法规规章已经跟不上行业发展的步伐，难以适应旅游业发展的要求。为此，我们旅游行业当前最需要的是一部完整的《旅游法》来规范市场。

（2）审批手段。审批手段是政府的一个非常重要的行政干预手段，带有很强命令色彩。与其他的行业相比，在我国旅游行业中，行政管理部门的审批权不是很多，主要是旅行社许可证、导游从业资格证、旅游定点饭店的星级标准。如果对旅游市场各个主体不加限制，随便他们自由发展和设立，那么旅行社、酒店就会乱设乱立，不利于旅游市场的健康发展。所以政府必须利用行政审批手段来抬高市场准入门坎和维护旅游市场秩序。

（3）监督手段。除了前面所说的用市场审批手段来抬高市场准入门坎限制市场主体数量之外，就是利用监督手段来监督旅游市场运行。旅游业的监控主要通过统计、情况汇集等途径来掌握旅游经济运行状态、趋势和规律。旅行社业务的年检是政府部门对行业运行实施监督的最好证明。

（4）检查手段。检查是一种政府执法的具体行为，实时掌握和监控市场上各个旅游企业的市场行为，目的是维护市场秩序。在当前法规不健全的情况下，各地旅游行业管理部门已经积累了许多行业管理的成功经验。当前旅游市场检查的主要立法依据是《旅行社管理条例》及其《实施细则》、星级饭店的评定、复核的有关规定以及中央和国务院发布的关于出国旅游管理条理等。

四、旅游行业管理的几种典型模式

世界各地由于各自的政治经济制度、旅游业发展阶段、政府干预经济程度等的不同,旅游行业管理的体制和制度差异较大,其中有三种模式具有典型意义:一是以泰国等为代表的官方权威管理模式;二是以日本、中国香港为代表的官民协管模式;三是以美国、德国等为代表的市场规制模式。

(一)泰国模式

泰国政府对旅游业实行高度集中的宏观管理。泰国旅游管理委员会是政府旅游协调与领导机构,负责产业协调和大政方针制定,对总理负责。泰国旅游局(The Tourism Authority of Thailand(TAT))是政府旅游行政管理机构。到 2003 年 3 月,TAT 已在全国直接设立了 22 个办事处,独立于地方政府,管理和指导地方旅游业。TAT 的主要职责是旅游促销、制订地区旅游发展计划和行业管理。TAT 受理旅游者投诉与索赔, 对旅游企业从市场进入到经营活动都实行严格的审批注册和监督检查,全国旅行社和导游统一编号注册,统一管理。

(二)日本、中国香港模式

日本旅游最高决策机构是直接受首相领导的 "内阁观光对策省厅联络会议",主要负责旅游方针政策的制定。运输省的国际运输观光局具体负责方针政策的实施和行业管理,在旅游企业市场准入方面,根据 1996 年修订的《旅行代理商法》,日本旅行社实行"双重注册制度"和定期注册制度(3 年),申请登记时必须交纳营业保证金。对企业的经营行为政府除对一般旅游业标准合同和代理店旅游合同予以规范外,均由商法和国家公平交易委员会来约束和监督。日本政府对旅游经济实行间接管理,旅游企业必须是相关行业协会的会员,大量的行业协会履行着行业管理职能。

中国香港旅游管理的官方机构是成立于 1999 年的香港特别行政区经济发展及劳工局旅游事务署,旅游事务署设立有由专员任主席、相关协会代表、专家学者参与的旅游业策略小组,定期举行会议,从策略部署的角度,研究并向政府提出促进旅游业发展的对策与建议。旅游署的任务是支持和发展新景点和举办盛事,使香港成为一个历久常新、与众不同的游客必到之地。正副专员下设一个旅行社注册主任和四个专员助理,前者负责审核和发放营业牌照,四个专员助理分别负责到港与出外旅游,规划及项目,盛事、宣传活动、地区发展规划、国际主题公园事务。行业协会在旅游发展与行业管理中发挥重要作用,香港旅游形象推广、旅游信息统计与发布、受理投诉与索赔、旅游业赔偿基金管理、教育培训、行业内外的自律与协调等全部由香港旅游发展局(原香港旅游协会)、香港旅游业议会、旅游服务业协会、香港酒店业协会等行业协会组织管理与实施。

(三)美国、德国模式

美国和德国政府机构没有旅游局，政府强调旅游企业作为一般工商企业的共性,进入旅游行业只是企业行为,只需在工商部门注册登记并受其管理。旅游从业人员是否合格以及能否胜任何种职务完全由人才市场决定，两国都没有政府部门组织的经理人员、导游人员等职业资格考试,德国虽然有行业协会组织的导游考试,但导游证只证明专业水平,不是从业的必要条件。两国政府通过完备的法律和法令约束企业和从业者，约束与干预的重点是调整竞争关系和防止垄断,旅游市场经营活动完全由市场机制调节,企业经营不善通过破产、兼并退出市场。两国行业协会发挥重要作用,协会代表行业利益,服务会员,履行自律、监督和协调等职责,一些行业协会甚至参与或影响国家相关立法,如美国旅行代理商协会为维护会员利益,2000年还向国会提交了几项保护旅游者权益和终止航空公司独占权的立法报告。两国旅游行业协会还代替政府负责部分法律法令的具体实施。例如:德国饭店星级评定及旅行社管理等方面是以法令的形式发布,而其服务质量、服务方式和效果的测试、认证和发牌等均由专业协会实施,向社会公布结果,实行行业监管和社会监管。在两国,旅游专业杂志和专业网站的信息披露和消费教育在消费导向和消费者权益保护方面扮演重要角色。

第四节　旅游价格调控

规范旅游价格行为是为了发挥价格合理配置资源的作用，稳定市场价格总水平,保护旅游者和经营者的合法权益,促进社会主义市场经济健康发展。国家支持和促进公平、公开、合法的旅游市场竞争,维护正常的价格秩序,对旅游价格活动实行管理、监督和必要的调控。

一、旅游产品定价

旅游价格是旅游产品价值的表现形式,旅游价格就是旅游产品的价格。旅游产品分为单项旅游产品和整体旅游产品，因此旅游价格也有两种不同的表现形式,即单项旅游产品价格和组合旅游产品价格。

(一)单项旅游产品的价格

单项旅游产品价格是指旅游者对所需的旅游产品采取零星的购买或多次购买方式而支付的成本,如餐饮价格、客房价格、娱乐价格、景区门票价格等。单项旅游产品价格主要有旅游产品生产成本、流通费用、利润和税金等部分组成。

旅游产品生产成本。生产成本是指在生产过程中所耗费的物质资料和劳动报酬,这是构成价格的基础,也是制定价格的依据。旅游产品生产成本包括三个方面的内容:一是提供旅游服务所凭借的旅游接待设施设备、交通工具、建筑物以及各种原料、燃料和能源等的成本;二是旅游企业从业人员的工资,这是旅游从业人员提供劳务的价值补偿。三是旅游企业经营管理费用,即旅游企业在日常生产活动中所必需支付的费用。

旅游产品的流通费用。产品的流通费用是指从产品生产领域到消费领域所必须支付的各种费用,对旅游产品来说,主要是指促销、推销所支付的费用。旅游产品流通费用是构成旅游商品价格的又一组成部分,是正确制定价格的必要条件。

旅游产品利润。利润是企业存在和扩大再生产的必要条件,分为毛利润和纯利润两种。毛利润是产品销售价格减去营业成本的余额;纯利润是毛利减去营业费用、财务费用、管理费用等所有费用后的余额。一般来说,利润与价格是正相关的,价格水平越高,企业所获得的利润就越多。

旅游产品税金。税金是纳税人依法向国家纳税的金额,是国家财政收入的重要来源,它按照国家税制计入产品价格之中。

(二)组合旅游产品的价格

组合旅游产品或者线路旅游产品，是旅行社把多个单项旅游产品组合在一起提供给旅游消费者，其价格主要是购进成本加上各项旅行社自身经营成本和利润构成。在旅行社的组合产品中,交通费、餐饮费或者住宿费是由旅行社批量代办的,这种批量订购的费用比旅游者分别、多次购买的费用低。组合旅游产品价格由三部分构成,旅游出发地与目的地之间的往返费用、旅游目的地范围内的旅游产品价格以及旅行社的服务价格。

总之,无论是单项旅游产品,还是线路旅游产品,其价格构成基本上一致,即是成本、费用、盈利与税金的相加。

二、政府对旅游价格管理

由于市场机制存在失灵现象，各个理性的旅游企业在追求利润最大化的过程中难免会出现乱定价的行为和过度竞争现象。为了促进旅游市场机制的正常运转,维护竞争的正常进行,防止旅游价格的大起大落,保护旅游者的切身利益,政府必须对旅游市场价格实施适当的干预,以保证旅游业持续、健康发展。

(一)政府对旅游价格管理的形式

政府对市场价格的调整主要有三个手段,即市场调节价、政府指导价和政府定价等。

市场调节价。市场调节价是指经营者自主制定,通过市场形成的具有竞争性的价格。它是市场主体在经营过程中按照自己的意志制定和调整的价格;制定价格时,主要依据经营成本和市场供求状况来决定价格的高低。有一点必须表明,经营者虽然自主制定价格,但是必须遵守国家的法律、法规、规章和有关政策。

政府指导价。政府指导价是指政府价格主管部门或者其他有关部门按照定价权限和范围规定基准价及其浮动幅度,指导经营者制定的价格。政府指导价是由政府和经营者两个主体共同制定的价格。政府先制定一个基准价及其浮动幅度后,经营者可以依照这一基准价在浮动幅度的范围内自主制定价格。

政府定价。政府定价是指由政府价格主管部门或者其他部门按照定价权限和范围制定的价格,其制定主体是政府,这种直接制定的价格有很强的强制性和相对稳定性。一般来说,只有垄断性的、资源稀缺需要保护的关系社会稳定和公益性行业的价格才需要保留政府定价。

政府对旅游市场进行价格管理并不是限制旅游市场的发展，相反是为了保护旅游市场各方的利益、维护旅游市场的竞争秩序,为市场机制正常发挥作用创造一个良好的环境，防止旅游市场价格过分波动而导致旅游经济发展的大起大落。此外,为了维护旅游者的利益,杜绝高价宰客的现象,政府有关部门也有必要对旅游价格进行有效的管理和监督。

制定政府指导价、政府定价,应当依据有关商品或者服务的社会平均成本和市场供求状况、国民经济与社会发展要求以及社会承受能力,实行合理的购销差价、批零差价、地区差价和季节差价。

(二)政府对旅游价格管制

政府的价格管制干预市场主要有两个方式:最高限价和最低限价。

最高限价是指政府规定某种产品或服务的价格不得超过某个水平,如规定某种旅游景区门票的价格不得超过80元,如果其擅自定价超过此最高限价,那么相关部门发现后就可以采取一些措施强制纠正。实行最高限价的目的是为了维持旅游市场物价的基本稳定,保护广大消费者的利益的,并且体现国家的价格政策。

有效的最高限价必定导致供不应求。这是因为,既然要采取限价必定是由于此种商品的需求旺盛导致其均衡价格过高而不得不采取政府限价的形式来规定价格。那么,这个最高限价就会低于均衡价格;否则,就不是有效限价,不能发挥限价的作用。比如,景区的门票价格本来的市场价格是200元;那么,价格不得超过300元的规定不会起作用,因为价格本来就不会超过200元。最高限价是国家指导价的一种形式,是国家规定商品买卖的最高价格。从长期来看这种限价将会导致严重的产品短缺,但是由于旅游需求和供给在短期内较为缺乏弹性,所以最高限价所导致的短缺程度将小于限价的长期影响。

最低限价又称"保护价",是指政府对某种商品规定的最低价格界限。比如维护农民种植小麦的热情,对小麦收购实行最低限价,规定收购价格不得低于政府规定的价格;同时为了保护收购商的利益,国家对收购商也有政策补助。它有效地保护了市场中的各方利益,维护了市场秩序。

由于我国的旅游业的超常规发展使得旅行社和旅游饭店的数量不断增加,旅游市场竞争日益激烈。为了相互争夺市场份额,市场上开始出现了降价竞争的现象。在市场机制的作用下,适度的竞争是必要的,它有效的抑制了市场价格的上扬, 而且给相关企业以市场压力促进其改进管理和提高产品和服务质量,对旅游市场的长期发展是有利的。但是由于市场失灵存在和市场调节的盲目性,可能使得市场竞争过于激烈。过度的价格竞争违背了价值原则,扰乱了市场公平,减少了旅游企业的市场收益、国家税收,也在某种程度上损害了消费者利益。针对于此种现象,政府采取最低限价的方式来保护市场,消除市场上的降价竞争现象,维护市场竞争秩序。针对旅游市场上此种降价竞争,政府需要做的有两点:一是加大对通过价格竞争导致的垄断的规制;二是将解决降价竞争尤其是恶性价格竞争问题的切入点放在产权基础上的深入改革上,让企业真正成为市场的主体。

三、政府对旅游价格的监督和检查

旅游价格监督检查是指县级以上各级人民政府价格主管部门及受其委托的组织对其相对管理人在执行价格法律、法规、规章和政策时进行的检查监督活动。

对旅游价格的监督和检查是政府保证其价格管制效果的一个非常有力的措施。没有这一措施政府的价格管制措施可能会沦为摆设,不起任何作用。

归纳起来,政府进行旅游价格监督检查主要有以下三种形式:

国家监督。国家监督是指各级政府的物价监察机构以相关的法律规章依据对旅游价格监督检查,这是政府价格监督的主要形式。如果在监督中发现一些价格执行中的问题,相关部门就可以运用手中的权力来纠正。从1983年起我国建立各级省、市、县物价检查所,对市场的价格运行进行监督和检查。

社会监督。社会监督是指消费者组织、职工价格监督组织、居民或村民委员会等组织以及消费者、新闻单位等对旅游价格行为进行监督检查。这种监督具有很强的社会广泛性,它发动了社会力量,有效弥补了国家监督的不足,使得价格监督更加全面有效。

企业内部监督。企业内部监督是指旅游企业内部价格管理机构或者人员对本企业实行价格法规政策的情况进行监督,这一措施发挥了企业作为市场主体的自主性。

中国限价令收效甚微　国内景区门票全球最贵

随着元旦和春节临近,出游热潮即将到来。不少人都在为自己的出游做预算,但是很多时候预算的结果往往是门票费用会占去相当大的一部分开支。九寨沟旺季门票310元(含90元观光车票费用),张家界进山大门票245元,相较于国外,我国的景区门票价格还是比较高,如举世闻名的金字塔,对埃及本国人却只象征性地收取1埃镑(1埃镑约合1.3元人民币),对外国人也才收20埃镑。国内外景区收费差别之大,让不少游客苦恼不已。部分游客表示,在这样对比悬殊的情况下,选择出境游要相对划算一些。

事实上,国内景区门票价格过高一直是百姓讨论的热点话题,无奈近年来门票价格随着物价上涨一涨再涨。国家发改委多次出台限价令,却收效甚微。一听到景区票价听证会,潜台词往往就是“门票将要上涨”,为何听证会大多数代表均赞成价格上调? 日前一位曾参与过听证会的代表向笔者讲述了听证会的“潜规则”,听证会已经形同虚设,绝大部分的代表均在利益集团之内,令人唏嘘不已。

少喝两杯啤酒可逛白金汉宫

在国内很难找到门票免费的景点景区,即使是爱国主义教育基地也凭票才能参观。

据环球网报道,中国景点门票价格,不仅中国游客连外国游客也抱怨说太贵。英国的白金汉宫成人票价 12 英镑(1 英镑约合 16 元人民币),夫妇二人带一个小孩总共 30 英镑。这个价格在英国和到酒吧喝两杯啤酒差不多。美国的景点门票多是按车收费,一辆车 10 美元到 25 美元,可在七天内自由进出景区,并且许多国家公园是免费的。韩国最美丽的山雪岳山免费向公众开放,世界文化遗产昌德宫门票是 3 000 韩元,约合 3.3 美元,这个价格在韩国也就是买两个苹果。

据了解,某夫妇二人今年 7 月去杭州和黄山旅游,两人 6 天的花销一共 7 000 多元人民币,其中各景点门票钱就花了 1 200 多元。杭州的灵隐寺号称“江南第一名刹”,要看它的真面目,先要花 35 元买飞来峰的票,因为飞来峰在外面,必须经过,不买不行。再买灵隐寺的票,又花 30 元,加起来 65 元。不仅国内游客嫌票价太贵,连一个俄罗斯游客也抱怨说:“在我们俄罗斯,像灵隐寺这样的宗教旅游场所大部分是不收费的。”

其实不仅仅是灵隐寺,国内很多景区都存在着大门票内再套小门票的做法,峨眉山进山门票 120 元,可是要看看里面最重要的景点——峨眉开山第一寺的万年寺,还要另外缴纳 10 元的门票费用。虽然小门票并不昂贵,但往往引起游客的反感,有关人员表示,大门票和小门票分别购买,往往是因为所管辖的单位不一样,“峨眉山归口峨眉山景区管委会,而万年寺则归口峨眉山佛教协会,所以需要收取小门票。”

“限价令”收效甚微

今年 8 月,国家发改委下发了《关于进一步规范游览参观点门票价格管理的通知》,对比 2005 年的首次限价令,此次国家发改委的限价令更为严格,原通知规定同一门票价格上调频率原则上“不低于 3 年”,而新的限价令则明令上调频率“不得低于 3 年”,并对提价幅度作出了 15%至 35%不等的限制。此外,新版限价令还规定景区门票原则上实行一票制,需单独设置门票的应从严审批,不得变相提高门票价格。

不过就在《通知》发布前,五台山原本 90 元的门票已经涨到 168 元,涨幅高达 87%,超出了相关提价幅度。此外,峨眉山风景区门票价格听证会 8 月 24 日在峨眉山市举行,来自当地旅行社、消费者、专家学者等 23 名代表参加了此次听证会,经近 3 个小时辩论,竟没有一名代表反对涨价方案,最终有八成代表赞成峨眉山景区门票价格由现在的 120 元涨至调价最高的 170 元。这一“民意”与门户网站网易的调查结果截然相反,这项调查显示,赞成景区通过涨价来增加收益仅占总调查网民的6%。

听证会代表爆出“潜规则”

张颖(化名)是某家地接旅行社的工作人员,今年曾作为正式代表参与某风景区门票价格听证会。“在我成为正式听证代表之前,有关人员已经与我进行对话,若我赞成第一套票价最高的方案,在执行新票价后,我们旅行社将能拿到比以往多出5%左右的门票返点,这对于旅行社来说是一个不小的利润空间,我欣然接受。”

张颖透露,参与听证的二十多名代表,全部与景区有过接触,像一些所谓的专家,实际上也就是景区的座上宾,他们与景区唱反调,最后损失的可能是自己,也许会因此降低他们中标景区新规划的可能性。而消费者代表的筛选,也没有公开透明。

听证会本是一个渠道,当作为民意代言人的听证会代表们的言论,与垄断企业或公共管理部门的想法完全“合流”时,这样的听证会还能实现它的初衷吗?中国景区门票价格有什么理由不会越涨越高?

游客声音:门票支出所占比例太大

在近日举办的春节出境游热卖会上,正在选择出境游产品的邓先生表示,已经看过相关的报道,所以相比之下,更倾向于选择出境游。“物价上涨,景区门票也是涨得奇高,一些景区门票动不动就要上百块,钱都花在门票上面了,而出境游的很多产品,成本往往都在往返的交通和住宿上,门票费用所占的比例不大,国外也有数不清的世界遗产,一样值得看,相比之下我宁愿选择出境游,至于国内游,等门票价格趋于合理的时候再考虑。”笔者从热卖会现场了解到,像邓先生这样的人并不在少数,他们一致认为国内景区服务质量没有国外好,但是票价却比国外高,属于严重的“货不对板”。

某食品企业工作刚满一年的孙恬看到国内与国外景区门票之间的悬殊,表示很震惊,却也无可奈何,“很无奈,可是又有什么办法呢?故宫、九寨沟在这个世界上是唯一的,在广州生活工作都很忙,或许一辈子去北京、四川也就一次,即使门票再高,到了北京、四川后,你能说不去这两个地方看看?”这样的想法代表了一部分人的心声,风景名胜特别是世界遗产,除了资源本身的稀缺性以外,更重要的是它们都是唯一的,具有不可替代性,更致命的是这些景区往往具有无以伦比的吸引力。乐观的小林表示:“就算被宰也是宰一次,我也认了,只能细细游览,不要错过每一个精彩的景点。”

景区声音:提高票价是价值的体现

故宫有关负责人曾表示,故宫目前的门票价格难以体现故宫在中国乃至世界上的地位,更不能体现作为世界文化遗产的价值。调整门票价格有助于缩小价格与价值水平的差距。故宫每年所需古建修缮费用1亿元,到2008年共需要维修资金7亿元,这些费用全部来自门票收入。一些重大修复项目或靠境外捐助,或靠国家专拨经费,故宫本身无力承担。

复习思考题

1. 什么是政府干预？政府干预的必要性是什么？
2. 旅游规制的涵义是什么？它的特点和原则分别是什么？
3. 旅游行业管理的特征有哪些？
4. 政府在旅游经济发展中的作用是怎样的？
5. 政府对旅游价格管理的形式有哪些？有何意义？

主要参考文献

林南枝，陶汉军. 旅游经济学[M]. 天津：南开大学出版社，2006.
田里，牟红. 旅游经济学[M]. 北京：清华大学出版社，2007.
张辉，厉新建. 旅游经济学原理[M]. 北京：旅游教育出版社，2004.

第十一章 旅游经济发展模式与发展战略

随着全球经济一体化进程的加快和人们生活质量的提高，旅游业越来越为各国政府及实业家所注目。在世界旅游强国(如美国、法国、西班牙)继续保持旅游业强劲发展势头的同时，新兴旅游国家和地区(如东南亚、韩国、香港)迅速崛起并取得成功。在国内，无论东部经济发达省份，还是西部经济欠发达省份，均把旅游业作为产业结构升级或经济结构调整的重点选择。可以预见，未来20多年中，旅游业的发展，无论是规模、速度，还是质量、水平，都将以一种超常规的状态在世界经济和区域经济增长中起到巨大的拉动作用，与之伴随的，则是旅游经济的增长，将由自然增长转向竞争性增长，旅游业的竞争，将成为国与国间竞争、区域间竞争的重要组成部分。而不同地区选择何种发展模式，采取哪种发展战略，将是其发展中竞争力强弱从而能否成功的关键。

本章主要介绍相关的旅游经济发展模式和旅游经济发展战略，同时，对我国旅游经济发展战略进行了介绍。

第一节 旅游经济发展模式

在世界各国的旅游业发展中，由于社会制度、政治体制、经济发达程度、文化传统背景、国土幅员大小、地理位置以及旅游资源条件等方面的国情差异，形成了多样化的旅游发展模式。这些不同的模式，可以说是这些国家发展旅游业基本条件的综合反映。

各国从扬长避短、充分发挥自己的优势出发，选择符合本国国情的旅游发展模式，以创建强有力的竞争体系，树立一种鲜明的旅游形象，是旅游业获得成功发展的基础。

一、旅游经济发展模式概念

旅游经济发展模式是指一个国家或地区在某一特定时期内旅游产业发展的总体方式。不同的国家或地区,因其国情或地区差异,旅游经济发展模式可能完全不同。决定和影响旅游经济发展模式的主要因素有:

第一,社会经济发展水平。社会经济发展水平高,科技发达,一方面使得社会基础设施和公共设施比较完善,另一方面又促成了居民收入水平的提高,两者为旅游业的发展奠定了坚实的基础,从而使旅游业的发展成为社会经济发展的必然结果。反之,在经济不够发达的国家和地区,由于上述两方面的条件都不具备,其旅游业的发展方式也必然与前者有所不同。

第二,社会经济制度和经济发展模式。经济制度是指一个国家在一定历史时期生产关系的总和。不同的经济制度,其经济发展的根本目的不同,它对旅游产业发展模式也会产生重大影响。从经济模式来说,目前除少数国家外,世界各国都实行的是市场经济模式。在市场经济模式中,有资本主义市场经济模式和社会主义市场经济模式两大类。当它们分别与资本主义经济制度和社会主义经济制度结合时,构成社会经济主体的所有制形式也不同,前者以私有制为基础,后者则以公有制为主体,它们对旅游产业的发展模式也会产生重要影响。

第三,旅游产业形成时期和发展阶段。如果旅游产业形成时期早,其发展就具有较好的基础,它同旅游产业形成时期晚、基础薄弱的情况截然不同。这种情况的不同也会对其产业发展模式产生影响。例如,欧美一些国家的旅游业早在19世纪后半期便已形成,它们的发展模式同旅游业始于20世纪下半叶的大多数发展中国家肯定是不同的。

第四,旅游资源条件。如同工业发展的关键是工业产品一样,旅游发展的关键是旅游产品。世界各国(地区)因旅游资源条件差异,形成以产品主导型的发展模式。各国依托资源,打造特色旅游产品,支撑其旅游业持续发展并不断提高竞争力。例如西班牙凭借地中海沿岸美丽的港湾和平坦的海水浴场,大力开发度假型旅游产品,成为世界旅游度假胜地;意大利、法国则以一批世界著名的历史文化遗迹成为世界著名的文化旅游城市。

二、旅游经济发展模式类型

(一)旅游发展的经济增长驱动型模式

它的特点主要有:第一,这种旅游发展模式主要发生在经济发展相对落后的国家或地区,它们的经济发展长期受控于政府,或者政府对经济干预较多。因此,这种旅游发展模式从发展目标制定到执行过程中,政府发挥着巨大的作用,市场自发的调节机制往往被放置在次要的地位(或者意识到市场的重要作用而现实的执行和实现过程中却表现出大量的政府干预现象)。第二,这些国家或地区往往因为经济发展的相对落后,存在着希望实现发达国家发展水平的“追赶情结”。旅游发展的目标往往服从于国家整体的经济增长目标,旅游业从整体到企业均以获取利益最大化来确定发展目标。第三,由于本国居民的生活水平相对低下,国内旅游没有起步,旅游收益的主导消费群体为国际旅游者。因此,这些国家或地区的旅游发展轨迹,是按照国际入境旅游–国内旅游–出境旅游的逻辑来发展的。第四,旅游发展的主要收益并不主要回馈于旅游业发展自身,而是更多地用于国家急需的其他方面的发展。第五,这种旅游发展模式由于给旅游目的地国家或地区带来巨大的经济利益,外来游客与当地居民的关系比较融洽,甚至使当地人产生一种“旅游盲目崇拜”心理情结。

显然,在这种旅游发展模式中,政府以及相关的行政管理部门起着十分重要的作用。政府和相关机构在其中扮演着主角或主持人的作用。

这种旅游发展模式的优点在于,能够为国家的经济增长与社会发展提供巨大的资金收入,同时,在借助国外资金和服务来提升本国的旅游业管理水平时,能够引进国外旅游业管理的先进经验,并加速本国向世界的开放过程,因而,从旅游业自身发展的角度来看,更容易受到国家的重视和尽快成为国民经济增长的主要产业和发展的突破口。但其缺点是,这种发展模式往往忽视旅游业发展的自身规律,在快速增长目标和利益的驱动下,容易造成对旅游资源(自然和人文)的破坏,甚至出现不可逆的损害结果,进而损害了这些国家或地区的可持续旅游的发展。

(二)旅游发展的市场调节驱动型模式

它的特点主要有:第一,这种模式主要发生在经济比较发达的国家或地区。

由于这些国家的发展是市场机制调节的结果，它们的市场运行和调节机制都比较健全，它们对市场机制的配置效率有深刻的理解。因此，这种旅游发展模式更加注重市场调节在发展中的主导作用，政府及其相关管理机构在其中主要承担发展方向指导、协调和监督作用。第二，这种旅游发展模式的发展目标并不追求经济的快速增长，它主要的目标在于满足本国居民及国外旅游者的休闲与享受的消费需求。它的发展注重本国经济均衡发展的要求，以实现充分就业和缓解经济周期波动的负面影响，来实现社会福利的最大化。其发展目标的指标不具有强制的性质，仅仅作为发展方向为旅游企业提供参考依据。第三，这些国家和地区的旅游发展过程基本上是由社会发展内在需求的演变而发生进化的。因此，这些国家和地区的旅游发展轨迹一般是按照国内旅游—临近国家和地区的出境旅游—远程海外旅游（在这一过程中伴随着国际入境旅游的不断发展）。第四，这些国家和地区的旅游企业基本上以私人民间企业为主，因此，旅游发展初次分配的主要收益基本按照市场机制的内在分配原则进行，而再次分配的收益也很大程度上用于旅游业的发展（如用于旅游资源的保护、旅游市场的开发与营销活动、资助旅游小企业的发展等等）。第五，这种旅游发展模式虽然也给当地居民带来利益上的好处，但是，当地居民有时会因为自己的平静生活和原有生存环境被大量外来游客所打扰，因而，当地居民会与外来游客产生抵触，并引发对发展旅游认识的矛盾心理。

由此可见，在这种旅游发展模式中，市场机制发挥着主要的作用，政府以及相关的行政管理部门在其中扮演着协调者和调度者的作用。它们更侧重于对市场旅游需求监测和对游客的管理；从供给的角度来看，则主要注重游戏规则的制定和监督。

三、两种旅游经济发展模式比较

（一）发展旅游业的目的不同

这两种不同发展模式实际上是经济发达国家和经济发展水平较低的发展中国家对待旅游发展的宏观目标不同的具体体现。

1. 从发达国家来看，它体现了民众对后现代化享受生活方式的追求

在发达国家，由于经济基础比较雄厚，经济结构门类比较齐全，加上科技水平较高，因而，旅游业发展所需要的基础设施和公共设施比较完善，国家或地方政府

无需进行大量投资，而由私人资本根据市场需求适当增建一些旅游地面设施即可。

一般地说，发达国家发展旅游产业的目的不是经济增长的直接需要，而是人民消费的要求，特别是现代西方发达国家消费者追求的后现代化生活方式，这种生活方式的重要特征并不在于重视物质财富的多寡，而在于重视休闲的自由支配时间的拥有。因而，这种旅游发展模式追求的不主要是旅游经济的波及效益，它的发展从经济和经营的角度来看，属于完全市场化的运行和旅游企业追求的自身利益最大化。宏观目标则是社会福利的最大化和旅游业的可持续发展。当然，从旅游目的地整体的市场竞争的角度来看，增强旅游目的地的竞争力也是其追求的目标之一。

2. 从发展中国家来看，它体现一种追求旅游业快速增长和产业的波及效应

一般来讲，发展中国家由于经济发展水平低，经济结构不甚合理，门类又不齐全，旅游业的发展难以得到相关产业的配合与支持。因此，国家为获取外汇而发展旅游业，不能不由国家来主导，由政府制定支持其发展的相关政策和进行必要的投资。

同时，在国内居民生活水平较低、旅游消费需求有限的情况下，其旅游业的发展主要依靠境外的旅游需求。这样，为迎合境外游客（尤其是发达国家游客）的高水平生活质量的需要，势必要加大旅游业的投资。发展中国家的旅游发展模式是建立在国民经济较低水平之上的，因而，这种发展模式追求的并不是社会福利的最大化，而是旅游产业的快速增长和由此产生的旅游经济的波及效益，即利用旅游经济的综合性特点，通过对以入境国际旅游为主体的旅游产业的高强度的经济投入，来全面带动国民经济相关产业的发展。

在这种旅游发展模式下，旅游产业的作用不仅是为经济建设获取外汇和回笼货币，而且，旅游发展的决策者希望使旅游业发展成为经济腾飞的突破口。

（二）经济发展观不同

这两类旅游发展模式由于对待旅游发展的目标不同，因而，它们之间的发展观念也存在着较大的差异。从理论上讲，实际旅游发展的过程中体现出三种不同类型的旅游发展观。

1. 经济增长驱动型发展观

经济增长驱动型发展观是指从经济的角度出发，国家、地区和企业将旅游发展的经济功能置于首位的发展观念。

这种发展观多见于发展中国家。因为,在这些国家,一方面经济不够发达,另一方面发展经济又缺乏资金,尤其是外汇资金,因而,把发展入境旅游作为获取外汇的一个重要渠道,并借此带动其他相关产业的发展。事实证明,许多发展中国家通过发展旅游业,赚取了可观的外汇收入,使之成为弥补外贸逆差和平衡国际收支的重要力量;也有不少国家或地区,尤其是一些岛国,其经济结构甚为单一,通过发展旅游业带动了相关产业的兴起和发展;还有一些国家,在旅游业的发展中已取得了可观的经济效益,其旅游业产值已占到国内生产总值的30%左右。至于旅游企业,无论是公营的还是私营的都是以获取利润为主要目标。

在经济增长驱动型发展观指导下,旅游业发展的主要特征有:第一,旅游业的发展以发展入境国际旅游为主。发展入境国际旅游可以为国家或地区带来所需要的外汇,因而它便成为大多数发展中国家或地区发展旅游业的首要目标。在这种发展观的指导下,旅游业的发展主要是围绕满足境外游客的需要展开的,其旅游业政策的制定、旅游设施的建造、旅游产品的设计、旅游价格的确定和旅游产业体系的建立多是以境外游客为对象。第二,政府主导下的超常规发展。在经济动力型发展观指导下的旅游业的发展,一般属于政府主导下的超常规发展。即旅游业的发展不是随着国民经济的发展自然而然产生的,而主要依靠在政府的推动下,借助国外的资金和吸引境外的旅游需求发展起来的。其中,政府的作用是关键。因为如果没有政府制定吸引外资的优惠政策,境外资金不可能投入到其旅游业中;没有政府配置旅游发展所需要的各种资源要素和采取吸引和招徕境外游客的种种措施,境外游客也不会大量进入。第三,外延型数量扩张。在经济增长驱动型发展观的指导下,旅游业的发展往往容易以旅游接待人次和旅游收入作为衡量其经济效果的主要指标,特别是在其旅游业发展的初期阶段。其主要特点是以旅游资源要素的大量消耗为代价换取旅游业产值的数量增长,它是一种典型的外延型数量扩张。这种外延型数量扩张的好处是能使旅游业以较高的速度取得发展,国家旅游外汇收入会较快地增加,旅游企业收入也会迅速增长。但是,这种数量扩张消耗的资源甚巨,不仅容易引起对旅游业经济效益质量上的忽视,而且也容易导致由于外资和境外经营管理人员的进入所形成的大量旅游外汇收入的流失。第四,在这种发展观指导下,旅游资源的利用往往不太合理,容易造成对自然环境和人文环境的双重损坏。

2. 双重动力型发展观

双重动力型发展观是指从社会和经济相结合的角度出发，既考虑旅游业发展的社会功能，又考虑其经济功能。这种发展观多见于经济发达国家的早期发展阶段。在这些国家，由于经济发达，人均收入水平高，对旅游具有强烈的需求。为适应这种需求，政府一方面给予积极支持，另一方面鼓励私人资本投资于旅游业。政府的支持主要表现在：第一，成立相应的旅游管理机构，制定旅游发展的有关政策；第二，开展旅游宣传活动，吸引境外游客前来旅游；第三，在主要客源国或地区设立旅游办事处，开展旅游宣传、调研和促销；第四，给予旅游业一定的资金补贴，支持其开展有关活动。

由于这些国家经济比较发达，旅游业的发展是其社会经济发展顺乎自然的结果，所以，在这种发展观指导下，其旅游业发展一般具有如下主要特征：第一，旅游业的发展主要是以本国居民的旅游消费需求推动的。这些国家经济发展水平高，居民的支付能力强，出外旅游已成为人们生活中的一种必需，旅游产业的发展主要由市场机制调节。在这些国家，市场机制对经济的各个方面起主要的调节作用，旅游业也不例外。市场机制就像一只“看不见的手”，对旅游资源要素的配置、旅游设施的建设和游客的流动起着调节作用。这种调节在正常情况下主要通过旅游供求、旅游价格和市场竞争来实现，政府很少干预。只是在特殊情况下，政府才采取某些限制措施，如提高旅游税收、限制居民出境旅游所携带的外汇数额等。第二，旅游业发展的规模较大，速度相对较低，但旅游服务质量高、效益好。在这些国家，由于经济发达，旅游设施完善，交通、通讯手段先进，旅游活动的开展十分便利，因而无论是国内旅游，还是入境旅游和出境旅游，其旅游人次的规模都比较大，旅游市场比较繁荣。其中一些国家既是世界国际旅游的重要旅游目的地国家，又是重要的旅游客源国家。在这些国家，双向旅游十分发达。但是，由于其基数大，发展速度相对较低，每个增长的百分点包含的绝对数较大。由于这些国家旅游业发展历史较长，人们受教育水平较高，因而旅游从业人员的素质较好，管理水平较高，经济效益也比较显著。

这种发展观虽然兼顾了旅游业发展的社会和经济利益，但是，由于市场竞争激烈，旅游业经营者各自追求自身的利益，而政府的干预较少，因此常常会对旅游资源和环境造成破坏和污染，影响国家和地区的旅游形象和整体利益。

3. 可持续发展观

可持续发展观是指旅游业发展要从经济、社会、文化和环境等方面利益相协调的角度出发,确保旅游业发展利用的资源能用来"满足当代人的需要,而不危及满足今后各代人需要的能力"的发展观念。

按照这种发展观,首先是旅游业的发展要满足当代人的需要,无论是富国还是穷国,富人还是穷人,都有生存权和进行旅游的权利;其次是旅游业的发展要与自然、文化和人类生存环境形成一个整体,必须建立在生态环境和旅游资源可承受的能力之上,符合当地经济发展状况和社会道德规范,使之与经济、社会、文化等方面的发展相协调;再次是旅游业的发展既要满足当代人的需求,又要从长远观点出发,考虑今后各代人需要的满足;最后是在旅游业的发展中,要同时注重维护和改善自然环境和社会环境,节约使用资源,而且应该成为所有参与旅游活动的人们的共同责任。这种发展观是当代经济发达国家追求的目标之一。

在可持续发展观的指导下,其旅游业发展应具有的特征是:第一,在政府总体规划下的循序渐进发展。要实现旅游业的可持续发展,政府要充分发挥重要的作用,制定与各时期的经济、社会、文化和环境发展相协调的旅游发展规划,在规划的指导下加强管理。同时,制定切实可行的法规和制度,对旅游投资者、经营者、旅游从业人员、游客的行为进行规范,调节国家、地方、社区、当地居民和旅游投资者、旅游者的利益,以确保旅游业健康、协调、有序地发展。第二,资源得以可持续利用的发展。旅游业发展需要利用的资源分为两大类:一类是能形成旅游吸引物的资源,即旅游资源;另一类是旅游发展所需要的经济资源和人力资源,如资金、原材料、能源、技术、人才等。前一类资源可分为可再生的和不可再生的两种。对于可再生的资源,应充分利用为旅游服务;对于不可再生的资源,应坚持"保护第一"的原则,实行保护性开发、有限利用。对于后一类资源,其利用应是集约型的,使等量的资源能产生最大效益,并根据旅游业中饭店、交通和旅游购物品生产的资金密集、人才密集和劳动密集的不同情况,合理配置和利用资源,以保证旅游发展所需要的资源的有效利用和永续利用。第三,经济效益、社会效益和环境效益相统一的发展。按照可持续发展观,旅游业的发展不仅要努力实现其经济效益,为国家和地方经济的发展扩大内需、增加税收,赚取外汇,而且要扩大其社会效益和环境效益,为社会创造更多的就业机会,改善居民的生活质量,更好地满足人们日益增长的物质和文化生活的需要。同时,还有精心地保护和管理好自然生态环境,从而实现经济发展目标、社会发展目标和环境发展目标的结合。

总之,上述三种旅游发展观是在不同的社会经济基础上产生的,反映不同的社会经济发展水平的旅游经济发展模式。

四、几种主要旅游经济发展模式简介

(一)美国模式

美国模式是指经济发达国家旅游发展的模式。它包括美国、英国、法国、德国、加拿大、比利时、荷兰、挪威、日本等。美国模式的主要特点如下:

1. 旅游事业开展比较早,国内与国际旅游都比较发达

在这些国家中,旅游业是随着本国经济发展而发展起来的,一般都经历了由国内旅游到邻国旅游、国际旅游的常规发展过程,它们的国内旅游与国际旅游都发展到成熟阶段,国内旅游是整个旅游业的基础。

2. 发展旅游业是以扩大就业、稳定经济为主要目标

虽然旅游业在这些国家中是重要的经济活动,但追求外汇收入、平衡国际收支并非是它们发展旅游的主要目标,而是把发展旅游业作为促进经济稳定、改善国家形象、扩大就业机会、促进友谊与了解的手段。

3. 旅游管理体制以半官方机构为主,而管理职能主要是推销与政策的协调

由于旅游开展的历史比较长,旅游业比较成熟,各方面法规比较健全,因此相比之下旅游行政管理比较松散,不直接从事或干预旅游企业的经营。

4. 旅游经营体制以公司为主导,小企业为基础,行业组织发挥着重要作用

在这些国家中,由于多年的竞争,在旅游业中形成一些大的旅游公司、跨国公司,在旅游业经营中起主导作用,由于旅游业发展比较均衡,旅游业又是为数众多的小企业组成,有着灵活的经营方式。

(二)西班牙模式

西班牙模式是指旅游业发达国家的模式。它包括西班牙、奥地利、瑞士、葡萄牙、希腊、意大利、土耳其、意大利、新加坡等。西班牙模式的主要特点如下:

1. 旅游业是国民经济的支柱

这些国家或地区,依靠其地理位置与旅游资源等优势,旅游业已经成为国民经济的支柱。一般国际旅游收入占其商品出口收入的10%以上,旅游业的收入相当于国内生产总值的5%~10%。国际旅游业的外汇收入是这些国家最重要的外汇来源,当然,发展旅游业是它们重要的产业政策。

2. 旅游发展速度快

在这些国家或地区中,虽然有的国家(如瑞士)早就是驰名世界的旅游目的地国,但大多数国家到20世纪60年代以后旅游业才发展起来,70年代以来旅游业持续高速发展,无论在国际旅游者接待人次上还是国际旅游收入上,其发展速度都高于世界旅游平均增长速度,也高于美国模式国家的平均速度。

3. 国际旅游收支呈顺差

虽然这些国家或地区中出国旅游人数在不断增加,它们既是世界上重要的旅游目的地国也是重要的客源国,但从总的方面讲,来访旅游者的人数多于出国旅游者的人数,国际旅游收入超过出国旅游支出,有的超过好几倍。

4. 以大众市场为目标

由于这些国家或地区旅游资源集中,特点突出,而且又多靠近主要客源国,有便利的交通条件,因此,这些国家的旅游业多以邻国的大众市场为主要目标,特别是邻国与本区域内的驾车旅游、周末旅游或短期度假旅游等。这些国家或地区在入境、关税等方面放宽限制,使旅行更加方便,旅游企业提供便宜的价格,以薄利多销取胜,使之保持很强的竞争力。

(三)印度模式

印度模式是指不发达国家旅游发展的模式,包括巴基斯坦、斯里兰卡、尼泊尔、孟加拉、肯尼亚、坦桑尼亚、卢旺达、冈比亚和不丹等。印度模式的主要特点如下:

1. 有特殊的旅游资源,但旅游业发展受到经济落后的制约

这些不发达的国家中致力于旅游业发展的国家多是拥有一些独特的旅游资源,有发展旅游业的潜力。但由于经济落后,资金短缺,旅游基础设施与旅游设施薄弱,人才缺乏等制约,旅游资源的潜力难以发挥出来。也有一些国家,如老挝、斯里兰卡、埃塞俄比亚,虽然有很好的旅游资源,但由于灾荒战事与政局混乱,旅游者不敢或不能进入,使得那里的旅游业陷于停滞。

2. 旅游管理体制不完善

这些国家虽设立了不同的管理机构,有的成立了独立或混合的部门或其他形式的旅游组织,但由于对旅游业认识不一致,旅游业的发展不稳定,因而往往得不到各有关部门应有的重视与支持。相反,又往往是政出多门,政策相互矛盾,旅游机构本身也难以发挥作用,不能制定出明确的旅游政策和合理的规划。又由于国际旅游业本身的不稳定性，使旅游业发展起伏不定。

3. 国有企业发挥着主要作用

这些国家为了发展旅游业，国家专门成立旅游开发公司，从事资源开发和旅游服务设施的投资、建设与经营，由于旅游业规模小、范围窄，又涉及外汇收入与外国人的活动，这些国有公司在一定程度上占据着垄断的地位。

（四）岛国模式

这里的岛国不包括上面提及的诸如澳大利亚、日本、英国、新西兰等经济发达、面积较大的岛国，而是指那些面积比较小、人口比较少，在历史上曾是西方某个国家殖民地的岛国。属于岛国模式的国家有塞舌尔、马耳他、巴哈马、百慕大、牙买加、多巴哥、塞浦路斯、马达加斯加、斐济、马尔代夫等国家。岛国模式的主要特点如下：

1. 有着发展旅游业的优越条件

这些岛国大多风光秀丽，气候适宜，是比较典型的阳光、沙滩与海水型（3S型）的旅游目的地。由于它们临近旅游客源国或地处交通要塞，又与许多西方发达国家政治、经济、文化与种族等方面存在着长期、紧密的联系，因此，有着比较充裕的客源市场。

2. 旅游业逐渐成为国民经济的支柱

虽然有些岛国早在殖民主义占领时期就已是旅游胜地，但大部分国家的旅游业是在 20 世纪 70 年代开始大规模发展起来的。现在旅游业在这些岛国中已经成为外汇收入的主要来源，国民经济的最重要的产业部门，旅游收入在这些岛国中，一般都是国家外汇收入 20%以上，有些国家如牙买加、塞舌尔高达 60%，旅游业是国家经济的支柱和最大的产业。

3. 旅游行政管理机构地位高

由于旅游业对国民经济有至关重要的作用，这些国家中的旅游行政管理机构在政府中的地位一般都较高，权限较大，而且多由国家首脑和政府要员直接管辖。

4. 在旅游业的经营中外国公司发挥着重要的作用

由于这些岛国地域狭小，人才缺乏，它们在发展旅游业中，利用大批外资，引进了外国的管理，有的国家，其旅游业主要靠外国企业来经营。特别是旅馆业，外国的旅馆联号、旅游管理公司或外籍人员起支配作用。

五、我国旅游经济发展模式

我国是一个历史悠久、人口众多、幅员辽阔的多民族社会主义国家，目前经济发展水平总体比较落后，区域差异较大，但经济发展速度很快，因此，旅游发展模式不能单纯的模仿发达国家或发展中国家的现有模式，必须从实际出发，走具有中国特色的旅游发展之路，既能发挥旅游业的经济效益，又能体现社会主义精神文明，弘扬民族文化，推动社会进步，实现资源的可持续发展。

我国旅游业经历了从单一入境旅游市场，到入境旅游、国内旅游两个市场并举，再到入境旅游、国内旅游、出境旅游三个市场全面发展的过程。我国旅游经济发展模式基本特点如下：

1. 民间外交

改革开放前20多年时间里，我国旅游工作按照党和政府的要求，把旅游业作为对外交往的一条重要渠道，属于民间外交的范畴。通过接待海外旅游者，宣传中国社会主义革命和建设的伟大成就，加强了与各国人民的友好往来，促进了海外侨胞、港澳同胞和国际友人对我们的了解和认识。总之，这一期间旅游工作一直是外交工作的补充形式，对于宣传中国的建设成就、加强国际友好往来，起到了重要的历史作用，但还没有形成完整的产业范畴。

2. 入境旅游

改革开放以后，我国旅游业很快实现了"外事接待型"向"经济创汇型"转变的重大突破。改革开放初期，旅游业的基本模式是单一发展入境旅游市场，不提倡、不鼓励发展国内旅游，即以国际旅游业为先导，以创汇和经济效益为中心，为国家的现代化做出了较大的贡献。因为在此期间，国家还没有大力发展国内旅游的条件，经济发展水平较低，人民生活水平不高，广大群众可用于旅游活动方面的支付能力还很低。

3. 协调发展

20世纪80年代后期到90年代初期的基本模式是以入境旅游为主导，以国内旅游为基础，走国际旅游、国内旅游协调发展，共同促进的道路。

1998年中央经济工作会议上明确要把旅游作为国民经济新的增长点，给旅游业的发展在国民经济体系中定位，引起了各地对旅游业的高度重视。同时，1999年9月18日，国务院发布了新的休假规定，全年形成春节、五一、暑假、十一四个国内旅游高潮。因此，从1999年开始，国内旅游空前膨胀，进入新的发展阶段。

各地应该从实际出发,因地制宜,根据具体条件办事。已确定发展国际旅游的重点地区和城市,要用最大力量抓好国际旅游,同时也要分出适当的力量兼顾国内旅游。而有些根本没有发展国际旅游条件的地区,则应集中力量发展国内旅游。

4. 出境旅游稳步发展

我国的出境旅游经历了一个从无到有,从出境探亲游到公民自费出国游的发展历程:(1)20 世纪 90 年代初的探亲旅游。1990 年 10 月,国家旅游局与外交、公安、侨办等部门协商,并经国务院批准,决定开展中国公民赴新加坡、马来西亚、泰国的探亲旅游,1992 年又增加了菲律宾为探亲旅游目的地。(2)20 世纪 90 年代中后期的自费出国游。真正意义上的出境旅游开始出现,使旅游业形成了包括入境、国内和出境在内的三大旅游市场。(3)21 世纪之后的出境旅游阶段。2002 年 7 月 1 日开始实行《中国公民出国旅游管理办法》,将出境旅游带入一个新的发展阶段。

目前,我国已经成为亚洲地区一个新兴的客源输出国。世界旅游组织在 1997 年的研究报告中提出,到 2020 年中国出境总数达到 1 亿人次的目标,中国将成为世界上第四大客源输出国。出境旅游的发展,从根本上完善了我国旅游业的发展模式,形成了入境旅游、国内旅游和出境旅游三大市场。20 世纪末和 21 世纪初,我国提出了“大力发展入境旅游,积极发展国内旅游,适度发展出境旅游”的总方针。

第二节　旅游经济发展战略

随着现代旅游活动的蓬勃发展,旅游业在社会经济发展中的地位和作用日益突出,同时随着人们对旅游经济活动内在规律认识的深化,各国或各地区深切地感受到制定本国或本地区旅游经济发展战略的必要性,并把旅游经济发展战略纳入到社会经济发展战略中去,成为社会经济发展战略的组成部分。

一、旅游经济发展战略概念

旅游经济发展战略是指一个国家或地区对其旅游产业的发展所作的长期规划和指导原则。它是在全面分析旅游产业发展的各种因素和条件的基础上,从关系旅游产业发展全局的各个方面出发,制定在较长时期内旅游产业发展所要达到的目标、所要解决的重点以及实现这些要求所采取的措施的总称。因此,对于旅游产业的发展来说,带有根本性、全局性和纲领性,不仅关系到旅游产业的发展方向,而且也提出了旅游产业发展的总体要求。

旅游经济发展战略的主要内容有:

第一,旅游产业发展的战略目标。它是制定旅游经济发展战略的首要问题,是旅游产业发展的核心,是旅游产业整体发展战略的主线。旅游产业战略目标是指在长时期内,旅游产业发展所要达到的最佳程度。一般来说,旅游产业发展战略目标具有质量、数量、时间和空间等四个方面的规定性。旅游产业战略目标的质量规定性表现为旅游产业发展应达到什么水平、什么程度,在世界旅游产业以及国民经济中应处于什么地位;旅游产业战略目标数量规定性是通过一系列总量指标说明并反映战略目标的质量规定性;旅游产业战略目标的时间规定性是指在不同的时期或不同的发展阶段内,旅游产业发展所达到的程度;旅游产业战略目标空间规定性是指旅游产业战略目标在不同地区或区域内的表现形式以及发展程度。

第二,旅游产业发展的战略重点。旅游产业战略重点是旅游产业发展战略的一个重要内容。所谓战略重点,是指旅游产业在特定时期内,具有重大关键性作用方面的战略布置和战略行动,往往是那些涉及旅游产业发展全局以及对旅游产业发展起关键性作用的重大问题,也是战略期内旅游产业发展的主要矛盾以及存在的主要制约因素。目前,我国的旅游交通网特别是航空港的布局建设、旅游区域布局、旅游产业组织建设以及旅游资源开发等等,都属于旅游产业发展的战略重点。一般来说,旅游产业发展的战略重点,是根据一定时期内社会经济和自然条件的现状、旅游产业发展的战略目标和旅游产业发展的战略模式来制定的。

第三,保证战略目标实现的对策、途径和手段。基本对策通常包括国家的体制改革、结构调整、政策取向、宏观调控等方面的内容。

旅游经济发展战略可分三个层次,即全国旅游经济发展战略、地方旅游经济发展战略和旅游企业经济发展战略。三个层次的旅游经济发展战略既相互区别又相互联系,下一层次的发展战略的制定要以上一层次的发展战略为指导,并成为上一层次发展战略的组成部分。所以,在这三个层次的发展战略体系中,全国性的旅游经济发展战略是最重要、最关键性的。

二、制定旅游经济发展战略原则

旅游经济发展战略是带有全局性的,因此在制定的时候,要坚持科学的态度，要符合以下原则：

第一，与国民经济发展相适应的原则。制定旅游经济发展战略首先要掌握有关国情和国力的基本资料，这是制定旅游经济发展战略的客观基础。

旅游业是个综合性的产业，它的发展有赖于国民经济其它部门的配合与支持。因此，必须根据整个国民经济的发展水平所能提供的物质条件及其他条件的多少来制定旅游经济发展战略。旅游经济作为整个国民经济的有机组成部分，其发展规模和速度无时无刻不受到国民经济发展规模与速度的制约。因此，旅游经济发展战略的选择不能脱离国情，要根据不同的经济发展状况选择适合本国特点的旅游经济发展战略。忽略了这一点，必然会使旅游经济发展战略脱离实际，影响旅游经济正常稳定的发展。

第二，面向世界旅游市场的原则。旅游经济发展战略应充分体现出其作为国际性产业的特点。当今的世界是个开放的世界，每个国家都在采取各种措施，积极参与世界市场的分工，以图在世界市场上占一席之地。因为旅游业是一种"无形贸易"，它在创造外汇收入、参与国际市场竞争方面有独特的作用。对于旅游资源丰富的发展中国家来说，当其利用商品贸易打入国际市场尚有一定困难的情况下，利用旅游经济活动参与世界经济循环，利用旅游产品分得国际旅游市场的一定份额却具有得天独厚的优势。要实现这一点，必须从发展战略的高度认识它，必须研究世界旅游市场发展变化趋势，并将它体现在旅游经济发展战略中。

第三，整体利益与局部利益相协调的原则。整体利益代表整个社会经济发展的全局利益，局部利益代表社会经济发展中某个部门或地区的利益。按照系统论的原理，为了系统的总体利益，大系统中各个子系统必须摆正自己的位置，明确自己在总体中分担的功能与任务。国家是整体，各地区、各部门要服从并体现国家总体发展对自己的要求。实现这一原则，需要对旅游业在国民经济中的地位有个正确的认识。对于发展中的大国而言，旅游业的重要作用是不容忽视的，但要依靠旅游立国也是不现实的。

相对于整个社会经济发展的利益而言，旅游经济发展利益代表局部利益。但如果把旅游业作为一个大系统来看，则旅游经济发展利益便是整体利益，其内部的各行业、各地区就是局部利益的代表。这些行业和地区在旅游经济发展中发挥着独特的功能与作用，具有各自独立的利益追求。正是由于作为子系统的这些行业的配合和利益的满足，才构成了旅游业这个大系统的正常运行和利益的实现，如果各个行业都只看重自身的利益，就会脱离其他行业的发展，从而危及整体利益的实现，这对于旅游业这个综合性极强的产业来讲是十分危险的。因此在制定旅游经济发展战略时，一定要注意整体利益与局部利益的协调。

三、案例分析——西部旅游经济发展战略

在《西部开发旅游发展战略》（西部开发旅游发展战略课题组，2002）一书中中国西部地区包括12个省、市、自治区以及湖南省湘西土家族苗族自治州、湖北省恩施土家族苗族自治州、吉林省延边朝鲜族自治州，面积约675万平方千米，人口3.65亿。这片广袤的土地，孕育出了举世闻名的旅游资源，是我国旅游业跨世纪大发展的主要后劲所在。

这里以西部旅游经济发展战略的制定为例，解析旅游经济发展战略的具体内容。

西部开发旅游发展战略（目录）

二、原则

三、发展目标

四、总体战略

五、西部开发保障战略

六、总体战略的实施步骤

七、实施战略的运行模式

第五章 西部旅游市场开发战略

一、西部旅游客源市场分析

二、市场开发

三、分区客源市场开发

第六章 西部旅游区域发展战略

一、西北区

二、西南区

三、青藏高原区

第七章 西部旅游区域重点产品开发战略

一、区域旅游开发格局与重点建设领域

二、建设世界级旅游精品,形成骨干产品

三、重视跨省区旅游线路的衔接,形成省际大型旅游产品

四、旅游产品建设与扶贫和生态环境恢复紧密结合

五、通过鼓励各种创建和申报活动推动旅游产品的完善

第八章 区域重点线路和各省(直辖市、自治区)重点旅游项目建设

一、大型跨区域旅游线路

二、各个省区重点旅游产品

第九章 湘西土家族苗族自治州、恩施土家族苗族自治州和延边朝鲜族自治州旅游发展战略

一、湖南省湘西土家族苗族自治州(简称湘西)

二、湖北省恩施土家族苗族自治州(简称鄂西)

三、吉林省延边朝鲜族自治州(简称延边)

第十章 西部旅游业发展对策与保障措施

一、西部旅游可持续发展战略对策

二、西部旅游发展战略的保障措施

西部旅游发展总体目标与战略构思(节选)

1. 指导思想

以邓小平同志发展旅游的经济思想和江泽民总书记“三个代表”的理论为指导,探索改革开放和加快发展的新思路,吸纳一切有利于生产力提高和加速人民生活富裕的新的科学成果和经营理念,推进经济体制和经济增长方式的根本性转变,在国家西部大开发战略框架下,把发展旅游业与西部大开发统一起来。要立足高位,放眼世界,以新思路、大手笔、高起点谋划和开发西部地区的旅游业,将西部地区旅游业的发展纳入中华复兴的宏伟规划蓝图中;要抓住中国加入 WTO 的机遇,实现西部地区旅游业“跨越式”发展,进而赶超东部,领先世界;要保护生态、保护文化多样性,实现旅游的可持续发展。

2. 目　标

通过 10~15 年时间的努力,把西部建设成为中国最有区域特色的旅游胜地,亚洲的旅游中心带,世界的旅游精品极品汇聚区。使西部融入国际社会,成为中国乃至世界重要的生态旅游、极地探险旅游,中华民族历史文化和民俗风情游的目的地。

3. 阶段性发展目标

2005 年,国内游客 3.5 亿人次,收入 1 700 亿元,海外游客 700 万人次,创汇 26 亿美元(占全国 12%)。总收入 2 000 亿元(占全国 25%),占 GDP 的 7.5%。

2010 年,国内游客接近 5 亿人次,收入 3 000 亿元;海外游客 1 000 万人次,创汇 44 亿美元。总收入达到 3 500 亿元(占全国 30%),占 GDP 的 7.6%~8.0%。

2015 年,国内游客 6.5 亿人次,收入 5 000 亿元,海外游客 2 000 万人次,创汇 65 亿美元(占全国 15%)。总收入 6 000 亿元(占全国 33%),占 GDP 的 10%。

4. 总体战略

坚持政府主导与企业自主经营相结合,强调区域联动和资源共享;走精品路线,以旅游中心城市和国家级景区景点为依托,据点式开发和点轴式开发相结合;在自然风光游的基础上大力开展生态旅游,在保护文化多样性的基础上大力开发民俗风情游,在有效保护的基础上发展历史文化游;创新思路,全面融入国际社会;开拓进去,与时俱进,推动西部旅游业进入崭新时代。

5. 西部开发保障战略

为充分保证总体开发战略的实现,实施以下五大保障战略。

(1)科教兴旅战略。加大科技投入,尽快实施“金旅工程”;加强人才培养,提高劳动生产率;提高各项投入的产出效益,提高产品的科技含量和附加价值;向科教要产品,向科教要效益,向科教要发展。

(2)以法治旅战略。加强法治观念,加大执法力度,通过制定和完善旅游业法规和政策,规范企业、从业人员行为,严禁坑客、宰客现象发生。

(3)精品带动战略。集中人力财力物力,高起点,大手笔,开发精品、极品,重点培育和建设一批国家级和世界级的名牌旅游产品。力争经过 10~15 年的培育和建设,使西部拥有一系列世界水平的名牌旅游产品,各省区拥有系列的国家级旅游名牌产品。

(4)外向牵动战略。根据市场的需要和变化开发产品、组织线路;进一步扩大对内对外开放与合作领域,全面与国际对接;加大招商引资力度,引进先进技术和管理经验,提高旅游开发和管理效益。

(5)区域协调发展战略。树立"大区域旅游观",建立现代信息通道和高效的协调机制;加强区内各省市区人、财、物的交流,在大区层面上实现旅游资源、市场、信息的共享;充分平衡各地区的利益,全面发挥各省市区发展旅游的积极性。

6.总体战略的实施步骤

与总体目标相对应,总体战略的实施分三步走。

(1)交通先行,点线突破;一手抓品牌,一手抓生态;联合抢占市场。加快公路铁路的建设步伐,初步构建西进东出的空中走廊,水路以长江三峡为突破口,带动黄河流域、珠江流域、湄公河沿线的开发。加大现有景区景点秩序整顿力度,打通制约重要旅游景区景点发展的"瓶颈",提高旅游景区景点的客流容量;依靠国家已经启动的多个大型生态工程、扶贫工程的建设,把生态旅游、扶贫旅游项目配套就位。

使观光旅游、民俗风情游、文物古迹游成为国内著名的、有国际影响的大众旅游品牌。生态旅游要逐渐形成影响力。

建立由地方政府组织,大企业集团参与的"西北—北方联合体"、"西南—东南协作圈",联合抢占市场份额,实现安全旅游、满意旅游。

(2)落实"T"、"C"工程;全面提升旅游质量;重塑秀美山河;雅俗产品共抓;巩固已有市场

在这个阶段中,要保证已经开发的景区景点基本完善,基础设施基本到位,著名旅游线路上景区景点得到补充和维护。加强旅游人才的培养,服务质量要有明显提高。围绕长江三峡库区、青藏铁路的建成,启动跨区域的旅游项目和旅游线路的设计,落实相关的旅游项目,构成"T"型结构;完善环西部边界口岸的旅游景点景区建设,形成环西部边界的旅游走廊,组成"C"型结构;同时完善其他跨区域的重点旅游项目和旅游线路的设计。大江大河的生态保护和恢复工程要全面到位,国家级重要景区景点的生态保护工程基本落实,山川秀美的西部雏形展现世人面前。

开发大众旅游产品与专题旅游产品。

巩固现有市场,选择性的实现以数量为主的市场向以质量为主的市场转化,实现顺利旅游,愉快旅游。

(3)树立区域旅游形象,形成亚洲旅游中心区域,抢占世界旅游产品制高点;依靠科技突破,实现量变到质变的转化;旅游全方位开放。借助东盟自由贸易区的建立、上海会议合作组织功能的延伸,确立西部在亚洲旅游中心区域的地位,重点落实国际旅游线路的开辟和重点民族文化和民俗风情园的建设,以大中华文化之根立足世界旅游。为了实现世界旅游精品极品汇聚地的总目标,除现有的世界自然和文化遗产外,西部远期必须投资建立世界级的国家动物、植物园区、国家地质园区、国家民族风情园区、国家历史文化园区和国家第三极地探险

园区。

对西部其他国家级的景区景点的深度开发,项目重点选择是全面提升景区景点的科技含量;加大对旅游景区内社区的建设投资,实现景区利益共享,创造一流的社会环境和秩序,强化中国作为世界最安全的旅游目的地的总体形象。

管理规范化、网络化,重点投资领域是信息化工程,最终能体现旅游业的人文关怀,实现以人为本,便捷旅游,快乐旅游。

主要开发度假旅游、专项旅游和特种旅游产品。

对生态环境脆弱地区和通达性差的景区景点,不再追求客流量,只创造完美的条件,对特殊的群体开放,重点延长游客滞留的时间,实行高收费。随着国家进一步的繁荣和富强,全面开放旅游市场,完全启动出境旅游,实现全方位旅游。

第三节 我国旅游经济发展战略简介

旅游经济发展战略是涉及旅游全局性和长远性发展的根本问题, 形成科学的、明确的发展战略就把握了发展的主动权,并可以由此衍生出一系列的政策和工作部署,从而促使旅游业快速、持续、健康发展。

我国旅游经济发展战略的制定,必须立足中国国情,借鉴国际经验,坚持走中国特色的旅游产业发展道路。近年来旅游活动规模迅猛扩大,旅游业在国民经济产业地位的不断提高,要构筑21世纪旅游发展的宏伟目标,需要针对新的历史阶段,制定旅游发展新战略。

新时期的旅游发展战略可以概括为三句话:动力产业,质量为本,全面创新。

一、动力产业

动力产业的提出是对旅游业在新时期发展优势的新认识,即旅游业已经不仅仅是经济产业,而是在经济和社会发展过程中具有多功能、全方位推动作用的动力产业。表现在两个方面:一方面旅游业的自身能动作用,它的发展具有三方面的优势:

(1)入境旅游的发展形成了“四个就地”的效益,即入境旅游是就地出口风景,就地出口劳务,就地出口商品,就地出口文化。这“四个就地”一方面可以使现有的各种资源得到优化组合,以比较低的成本获取比较高的效益,另一方面可以避免或减少国际货物贸易中的种种壁垒,谋求更大的发展。

(2)国内旅游的开发形成了“四个转化”的效益。一是可以把现存的无效资源转化为有效资源;二是进一步把有效资源转化为高附加值的产品;三是把创新的旅游产品转化为市场的有效需求；四是把有效的市场需求转化为旅游企业的经营效益。这个转化过程是对各类社会资源重新优化、组合，不断提升完善的过程，也是旅游业的功能和作用全面体现的过程。

(3)在实际发展过程中，除了规模的扩大和增量的调整所起到的作用之外，旅游业还实现了四个层次的交流。一是实现了国际之间的交流，改变了国际间的财富分配比例；二是实现了产业之间的交流，改变了产业结构的比例；三是实现了城乡之间的交流，实质上是完成了又一次国民收入的再分配；四是实现了地区之间的交流，也是各地财政收入的再分配，是货币与资源的再交换。

另一方面，旅游业的发展对经济和社会的发展起到了多功能、全方位的推动作用：

(1)一流带动，八流竞先。在交流过程中，以游客流为载体形成了服务流和物料流，带动了资金流和人才流，拉动了信息流和商务流，创造了文化流和科技流。流动规模越大，流动频率越高，越能体现出旅游发展的意义和对各地经济发展的推动作用。

(2)一点为主，六点并进。在发展过程中，对应旅游业作为国民经济新的增长点，会形成一点为主，六点并进，全面推动现代化的格局。即以经济增长点为主，同时形成社会发展点、环境优化点、区域协调点、国际合作点、文化促进点、生活质量点。从长远发展来看，随着旅游业从新的经济增长点成长为新的支柱产业，自然形成以经济功能为主、多种功能并进的良性发展格局，从而在建设旅游强国的过程中为中华民族的振兴起到更大的作用，真正成为发展的动力产业。

二、质量为本

中国旅游业要实现20年翻三番的持续倍增目标，要求旅游业的发展首先形成数量的扩张，只有不断壮大产业规模，才能适应不断增长的海内外需求。这种扩张从两个方面体现出来：一方面是新设施、新产品的不断投产，另一方面是老设施、老产品不断提高效能。同时，行业内部的各种要素需要加以充分利用和进行优化配置与结构调整，这就要求在发展战略上必须强调以质量为本，才能不断适应发展的需要。还可以从以下三个方面，说明旅游业的发展为什么要以质量为本。

(1)发展的目的。旅游产业发展的目的是为了不断适应广阔的海内外市场需求，推动社会经济的发展，发展的最终目的是使旅游成为人民群众的生活要素，并以此提高广大人民群众的生活质量。旅游需求是综合性要求，范围广，分层次，不同系列的产品组合形成不同系列的价格组合，不可能要求每一个系列都是高档次的，但是每个系列在相应的价格水平都应该是高质量的，尤其是高文化品位的，这样才能适应旅游品位不断提高的市场需求，也才能满足人民群众生活质量不断提高的要求。

(2)竞争的焦点。旅游业的市场机制已经全面建立，又面临着激烈的海外竞争。在发展过程中，竞争的焦点会逐步从基础的和原始的价格竞争转向高层次的质量竞争，在竞争的过程中也会不断产生优胜劣汰的现象，甚至是最优淘汰较优的新局面。这样，在发展之初，尤其是在夯实旅游发展基础的阶段，突出以质量为本，就可以在一定程度上减少不合理的重复建设，减少资源浪费，通过政府的主导作用和市场机制的基础性作用，把资源集中到更高质量的，更适应市场需求的产品和服务上来。

(3)产业的提升。从当前旅游发展的总体情况来看，中国虽然在旅游接待人数和国际旅游收入方面已经位居世界前列，发展成为令世人瞩目的亚洲旅游大国，但旅游业还处于粗放型增长阶段，资源开发水平和利用效率低，旅游企业效益不理想，人均产出不高，旅游接待质量差，产品开发能力和市场促销能力与发达国家相比还有明显的差距，因此，还远远称不上是一个旅游强国。一般来说，规模为大，质量为强，效益为优，而质量为强的最终体现是在市场的竞争力上，要从亚洲旅游大国发展成为世界旅游强国，必经之路是不断提高质量，不断提高竞争力，因为旅游强国的核心就是质量。今后中国旅游的目标就是要大幅度地提高旅游的综合竞争力。

从宏观来看，对旅游业总体发展质量的要求，是产业提升追求的总目标。从微观来看，则要不断的完善和提高各项产品质量与旅游企业的服务质量，完善服务设施，增加服务项目，确定合理的服务价格，树立全面的服务观念，不断提高服务技术和服务效率，在全行业形成良好的服务态度。

三、全面创新

江泽民同志指出，创新是一个民族进步的灵魂，是国家兴旺发达的不竭动力。树立创新意识对于发展旅游业显得特别重要，旅游经济是特色经济，没有特色就无法在市场上树立影响，没有特色也不可能吸引客人前来旅游，而特色就需要有充分的创新意识，做到人有我有，人有我优，人优我精。中国旅游业在长远发展中要实现两个赶超，实现跨越式的发展，关键是要有新认识、新思路、新办法，在长期发展过程中,我们必须坚持全面创新的主导方针,只有这样,才能做到事半功倍,真正发挥后发优势,后来居上。

(1)产品创新。现在全国各地发展旅游业的积极性都很高,世界各国发展旅游业的积极性也很高,所以在旅游市场上竞争十分激烈。一个地区的旅游产品要赢得市场,必须有独到之处,必须要有精品,这就要求经营者必须要有创新意识,不能照抄别人的思路,不能用旧的思维来考虑问题,指导工作。要立足本地资源,精心搞好策划,使旅游产品有高起点、高要求、高水平。从发展趋势看,没有可观赏性,没有特殊性,没有参与性和文化内涵的旅游产品是难以吸引游客的。旅游产品的开发和旅游景区(点)的建设是百年大计,策划第一,策划好了才能有好的规划,才能有高水平的建设,才能有全新的管理和服务,才能建立起一个完整的创新发展体系,才能赢得市场,取得良好的效益。

(2)市场创新。发展旅游经济有两个重要环节:一是把旅游资源变成旅游产品,二是要把旅游产品变成商品推向市场,这两个环节缺一不可,功夫少了也不行。因此,在市场宣传促销上要全面创新,以新产品为基础,以新形式为手段,以新渠道为延伸,不断取得新成效。

(3)管理创新。一是宏观管理,要通过政府管理职能的转变和机构改革,研究和创立在社会主义市场经济条件下,新的管理方式和工作方式。二是微观管理,要通过全面推行现代企业制度,构造微观运行基础,改进运行的质量,提高运行的效率。如果企业只满足于现状,总有一天会在激烈的市场竞争中败下阵来。

(4)知识创新。新兴产业需要新的知识体系,新的知识体系要通过不断的知识创新逐步形成。在数字化革命的浪潮面前,传统的经营方式和管理方式虽然仍是运行的基础,但是已经远远不能适应发展的需要。因此,要构筑国家旅游科学创新体系,全面推动旅游增长。

(5)人才创新。新兴的产业需要新型的人才,新型的人才首先需要有强烈的创新意识,其次需要有新型的知识结构,第三是要形成人才群体,最重要的是要形成人才创新的内在机制。

总之,要在今后的20年的长远发展中树立全面创新的主导方针,通过全面创新推动旅游业的全面发展。要全面抓住机遇,应对激烈竞争的挑战。在发展过程中,动力产业是发展战略的基础,质量当先是发展战略的核心,全面创新是发展战略的主导,由此形成旅游发展战略框架。

复习思考题

1. 比较发达国家和发展中国家旅游经济发展模式的主要区别。

2. 什么是旅游经济发展战略?

3. 制定旅游经济发展战略的依据是什么?

4. 以某区域或旅游区为例,尝试制定该地的旅游经济发展战略。

5. 简述我国旅游经济发展战略的主要内容。

主要参考文献

葛全胜. 西部开发旅游发展战略[M]. 北京:中国旅游出版社,2002.

林南枝,陶汉军. 旅游经济学[M]. 天津:南开大学出版社,1994.

罗明义. 旅游经济学[M]. 北京:高等教育出版社,1998.

宁泽群. 旅游经济、产业与政策[M]. 北京:中国旅游出版社,2005.

孙忠才. 我国旅游产业发展战略研究综述[J]. 集团经济研究,2006,(28).

田里. 旅游经济学[M]. 北京:高等教育出版社,2002.

王大悟,魏小安. 新编旅游经济学[M]. 上海:上海人民出版社,1998.

钟勉. 区域旅游发发展模式与选择——兼论四川旅游发展战略 [J]. 财经科学,2002.

周继文. 中外旅游产业发展模式之比较[J]. 商业经济,2007.

周振东. 旅游经济学[M]. 大连:东北财经大学出版社,1999.